CAMBRIDGE LIBRARY

Books of enduring schol

Medieval History

This series includes pioneering editions of medieval historical accounts by eye-witnesses and contemporaries, collections of source materials such as charters and letters, and works that applied new historiographical methods to the interpretation of the European middle ages. The nineteenth century saw an upsurge of interest in medieval manuscripts, texts and artefacts, and the enthusiastic efforts of scholars and antiquaries made a large body of material available in print for the first time. Although many of the analyses have been superseded, they provide fascinating evidence of the academic practices of their time, while a considerable number of texts have still not been re-edited and are still widely consulted.

Yorkshire Sessions of the Peace, 1361–1364

The period 1361–4, when these five court rolls from Yorkshire were compiled, was an important era in medieval English jurisprudence, as the older system of keepers of the peace was transformed into that of justices of the peace, who were given full powers to judge cases of felony as well as to enforce the labour laws. Yet in 1364 this system was suddenly abandoned and the powers of the justices diminished. Published in 1939 for the Yorkshire Archaeological Society, the original Latin texts of the five rolls are prefaced here with an extensive introduction by the noted historian of medieval jurisprudence Bertha Haven Putnam (1872–1960), who provides historical and legal context and analyses the content of the rolls, tabulating the various types of offences that were committed, including homicide, larceny and trespass. Putnam also includes, as appendices, selections from the rolls of the exchequer and the king's bench.

Yorkshire Sessions
of the Peace
1361–1364

EDITED BY BERTHA HAVEN PUTNAM

CAMBRIDGE
UNIVERSITY PRESS

CAMBRIDGE UNIVERSITY PRESS

Cambridge, New York, Melbourne, Madrid, Cape Town,
Singapore, São Paolo, Delhi, Mexico City

Published in the United States of America by Cambridge University Press, New York

www.cambridge.org
Information on this title: www.cambridge.org/9781108058858

© in this compilation Cambridge University Press 2013

This edition first published 1939
This digitally printed version 2013

ISBN 978-1-108-05885-8 Paperback

The Anniversary Reissue of Volumes from the Record Series of the Yorkshire Archaeological Society

To celebrate the 150th anniversary of the foundation of the leading society for the study of the archaeology and history of England's largest historic county, Cambridge University Press has reissued a selection of the most notable of the publications in the Record Series of the Yorkshire Archaeological Society. Founded in 1863, the Society soon established itself as the major publisher in its field, and has remained so ever since. The *Yorkshire Archaeological Journal* has been published annually since 1869, and in 1885 the Society launched the Record Series, a succession of volumes containing transcriptions of diverse original records relating to the history of Yorkshire, edited by numerous distinguished scholars. In 1932 a special division of the Record Series was created which, up to 1965, published a considerable number of early medieval charters relating to Yorkshire. The vast majority of these publications have never been superseded, remaining an important primary source for historical scholarship.

Current volumes in the Record Series are published for the Society by Boydell and Brewer. The Society also publishes parish register transcripts; since 1897, over 180 volumes have appeared in print. In 1974, the Society established a programme to publish calendars of over 650 court rolls of the manor of Wakefield, the originals of which, dating from 1274 to 1925, have been in the safekeeping of the Society's archives since 1943; by the end of 2012, fifteen volumes had appeared. In 2011, the importance of the Wakefield court rolls was formally acknowledged by the UK committee of UNESCO, which entered them on its National Register of the Memory of the World.

The Society possesses a library and archives which constitute a major resource for the study of the county; they are housed in its headquarters, a Georgian villa in Leeds. These facilities, initially provided solely for members, are now available to all researchers. Lists of the full range of the Society's scholarly resources and publications can be found on its website, www.yas.org.uk.

Yorkshire Sessions of the Peace, 1361–1364

(Record Series volume 100)

This volume is one of a number of county studies (Cambridgeshire, Kent, Lincolnshire, Northamptonshire and Warwickshire among them) published between 1933 and 1955, either written by the distinguished American medieval historian Bertha H. Putnam (1872–1960) or inspired by her work, and based on the proceedings of justices of the peace in the fourteenth century that Putnam discovered among the records of the royal courts held by the National Archives. This Yorkshire volume, edited by Professor Putnam herself, contains the text of proceedings of the justices of the peace in the East Riding between May 1361 and May 1364, and in the North Riding from June 1361 to May 1362. There is also an introductory analysis and discussion of the contents of the rolls. The records to be found in this volume now have the National Archives references JUST 1/1134, 1135, 1136 and 1143.

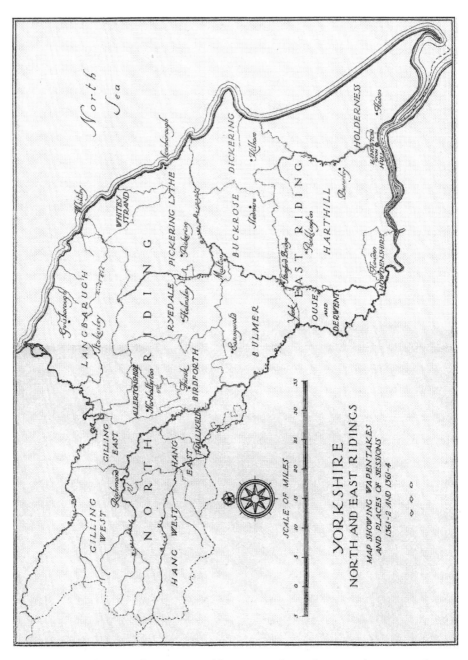

The material originally positioned here is too large for reproduction in this reissue. A PDF can be downloaded from the web address given on page iv of this book, by clicking on 'Resources Available'.

THE YORKSHIRE
ARCHÆOLOGICAL SOCIETY

FOUNDED 1863   INCORPORATED 1893

RECORD SERIES

VOL. C

FOR THE YEAR 1939

YORKSHIRE
SESSIONS OF THE PEACE,
1361—1364

EDITED WITH AN INTRODUCTION BY

BERTHA HAVEN PUTNAM, Ph.D.,

Sometime Professor of History at Mount Holyoke College

PRINTED FOR THE SOCIETY

1939

Printed by
THE WEST YORKSHIRE PRINTING CO. LIMITED,
WAKEFIELD

YORKSHIRE
SESSIONS OF THE PEACE,
1361—1364

PREFACE

The rolls of the Yorkshire justices of the peace contained in this volume antedate by over two centuries Yorkshire quarter session records previously published and are among the most important of the early rolls of the peace thus far discovered.

Since the printing in 1933 of the rolls of the Kent keepers of the peace for 1316-1317 (*Kent Archæological Society*), there has been notable progress in the publication of similar fourteenth century records for other counties : Lincolnshire, 1937 (*Lincoln Record Society*) ; also a second volume in preparation ; Warwickshire and Coventry to appear in a few weeks (*Dugdale Society*) ; Northampton-shire, in the press (*Northamptonshire Record Society*) ; Gloucester-shire, to be published in 1940 (*Bristol and Gloucestershire Archæological Society*) ; Cambridgeshire, nearly completed (*Cambridge Antiquarian Society*) ; Essex,[1] in preparation (*Essex Archæological Society*). In addition to these recent enterprises of the county societies, and to the printing long ago of an early Wiltshire roll in a local journal and of extracts from several rolls in my *Statutes of Labourers* (1908), there are now in print in my *Proceedings before the Justices of the Peace in the Fourteenth and Fifteenth Centuries* (*Ames Foundation*, 1938), twenty rolls (in full or in part), covering twelve counties, including Yorkshire rolls *temp.* Richard II. In fact, of the rolls of the peace from 1327 to 1485 at present identified (excluding the palatinates and boroughs), only meagre fragments for Berkshire, Buckingham-shire and Oxfordshire and a beautifully-clear roll for Shropshire remain unprovided for.

It is a pleasure to express my appreciation to Miss L. J. Redstone and Miss D. Leech for transcribing the manuscripts, to Miss M. K. Dale for checking the proofs with the originals, to Miss V. M. Dallas for making the map used as a frontispiece, and to Mr. G. E. Morey for the arduous task of compiling the two indexes. My grateful thanks are also due to Professor A. Hamilton Thompson for his initial interest in the project and to the Record Committee of the Yorkshire Archæological Society for their willing-ness to undertake it, and particularly to the honorary secretary, Mr. C. T. Clay, whose editorial skill has been of invaluable aid at every stage of the volume.

B. H. P.

---

[1] Two fragments of Essex rolls of the peace for 1277 and 1308 were printed in 1925 (*E.H.R.*, xl).

CONTENTS

ABBREVIATIONS

Calendar of Close Rolls	*C.C.R.*
Calendar of Fine Rolls	*C.F.R.*
Calendar of Inquisitions Post Mortem	*C.I.p.m.*
Calendar of Patent Rolls	*C.P.R.*
Dictionary of National Biography	*D.N.B.*
English Historical Review	*E.H.R.*

Putnam, B. H.

Early Treatises on the Practice of the Justices of the Peace in the Fifteenth and Sixteenth Centuries, 1924 .. .. *Early Treatises*

Kent Keepers of the Peace, 1316-1317. Kent *Archæological Soc., Records Branch, 1933* .. *Kent Keepers*

The Enforcement of the Statutes of Labourers during the First Decade after the Black Death, 1908 .. .. *Stat. Lab.*

"The Transformation of the Keepers of the Peace into the Justices of the Peace." *Trans. Royal Hist. Soc.*, 4th ser., vol. xii, 1929 .. "Keepers."

Proceedings before the Justices of the Peace in the Fourteenth and Fifteenth Centuries, Edward III to Richard III. Ames Foundation, Harvard University Press, 1938 .. .. .. *Proceedings*

Testamenta Eboracensia, Surtees Soc., vol. 4, 1836, ed. J. Raine, pt. i .. .. *Test. Ebor.*, i

Victoria County History .. .. *V.C.H.*

Yorkshire Archæological Society, Record Series .. *Yorks. Arch. Soc.*

All the manuscripts either cited or printed in this volume are in the Public Record Office.

INTRODUCTION

I General Background

The years of the Yorkshire sessions of the peace, 1361-1364, fall within the period of a little over a decade from 1357 to 1369 that may well be called the most prosperous and the most brilliant era of Edward the Third's reign. The "culminating point of Edward's glory" was not, as Stubbs thought, in 1349-1350,[1] but rather as Tout wrote later, "in the years immediately succeeding the treaty of Calais" of 1360.[2] The celebration of Edward's jubilee, that is, of his fiftieth birthday, in 1362, reveals the full measure of the magnificent splendour of the life of the courtly class, so vividly described by Froissart,[3] their chivalry and their generosity towards their peers, especially towards their illustrious prisoners of war. Very different is the picture of England presented in these Yorkshire rolls. But before turning to them it is essential to describe briefly a few details of the external and internal situation, familar though its main aspects are, and then to explain certain legislative and administrative changes that will make clear the significance of the proceedings in the sessions of the peace.

Next to the Babylonian Captivity of the papacy at Avignon and to the dynastic rivalries for the imperial title, the most showy fact in European international politics of the fourteenth century is the beginning of the Hundred Years' War between England and France.[4] By 1357 the war had lasted for twenty years, interrupted however by various truces. In fact, since the successes at Crécy and Calais in 1346-1347 there had been until 1355 an almost perpetual truce. Then after the victory at Poitiers in 1356 and the capture of King John and his youngest son the truce was renewed. After abortive efforts at negotiations for peace and a renewed campaign in France in November 1359, a preliminary agreement was signed at Brétigni in May 1360 and transformed into the treaty of Calais by October. It represented, in popular opinion, a great triumph for the English, a notable increase of area in southern France as well as in the neighbourhood of Calais, and the pledge of a ransom for King John unparalleled in amount. When in 1363 the instalments were in arrears and some of the hostages had fled, John returned voluntarily to captivity. Until his death a year later he was treated by Edward with the fullest courtesy that the existing code of chivalry required.

[1] *Const. Hist.* (ed. 1896) ii, 418.
[2] *Polit. Hist. Eng., 1216-1377* (1905), 419.
[3] He arrived in England in 1361.
[4] For the following account I have relied mainly on Tout.

From the point of view of life within the realm and particularly from the point of view of the importance of York, so long
the virtual capital, the most significant clause in the treaty of
Calais was that in which the French gave up their alliance with
the Scots. The chronic warfare between the Scots and the English
had lasted ever since the accession of Edward III. The ill-feeling
and the actual fighting had been greatly intensified by Edward's
unsuccessful espousal of the cause of Edward Balliol against David
Bruce. Even the English victory at Neville's Cross in 1346, the
capture of King David and his long imprisonment in the Tower,
could not secure peace as long as the French were actively helping
the Scots. But a year after the French defeat at Poitiers and with
the certainty of a peace with France favourable to England, it
was safe to release David under conditions that left him helpless.
Until his death in 1371 there were only border feuds between the
Scots and the English. Inevitably, therefore, York loses its
importance as the seat of government.

But to match the renunciation by the French of their
Scottish alliance Edward had to promise to give up his alliance
with the Flemings. In the first stage of the war, say from 1338-
1345, the need of English wool by the burghers of Ghent and
Ypres for their cloth industry had aided in the rising of van
Artevelde against the count of Flanders, the ally of the French
king, and had furnished Edward very valuable military support
as well as good prices for his wool. The loss of Flemish support
at that stage might have been fatal. By 1360, however, the
situation was different; a native cloth industry had increased in
England, the export of raw wool was no longer as essential; in
any case, Calais served as an excellent distributing centre for the
Flemish cities. The marriage in 1369 of Margaret, the heiress of
Flanders, to the French king's brother, Philip of Burgundy, instead
of, as Edward had planned, to his own son, Edmund of Cambridge,
resulted later to the advantage of England by creating a new
state dangerous to France.[1]

The troubles of the 'forties were over; the troubles of the
'seventies had not yet begun. In the 'fifties, apart from some
unsettled questions such as the powers and the procedure of the
council and the precise distinction between "ordinance" and
"statute," many of the serious outstanding problems had been
attacked and partly solved by the great code of 1351-1352 and by
acts of the next few years, in subjects as different from each other
as relations with Rome and the organization of the staple. Although between 1361 and 1364 important measures were passed
on economic and administrative matters, to be discussed below,
yet even in regard to the subsidy on wool there is little evidence
of any acute tension between king and parliament over what in

[1] The history of the "middle kingdom" under Charles the Bold is
familiar.

popular parlance are called "constitutional" issues. Edward's military successes had enormously increased the strength of his position. The marriages arranged for his three eldest sons and the bestowal upon each of them of the distinguished but still somewhat unfamiliar title of duke[1] seemed to ensure effective support for their father's policies.

If success in war is the chief explanation of the prosperity of the years 1361-1364, wool and woollen cloth are the main factors that made this military success possible. A suitable motto for Edward would have been : "I thank God and ever shall It is the sheep hath payed for all."[2] Sheep are now receiving due attention from many distinguished scholars. Valuable studies have recently been published,[3] and others are in progress,[4] on the wool trade and its organization for home distribution and for export through the staple; also on the growing manufacture of native cloth, both woollen and worsted, at a far earlier date then had previously been believed.[5]

The inevitable slump in economic activities after the great plague of 1348 lasted for several years. Recovery in cloth-making was naturally slower than recovery in sheep-raising : "sheep could be tended and shorn even though there were fewer hands to spin and weave."[6] But even for the native cloth industry recovery was complete between 1354 and 1356 and in spite of the new plague of 1361 expansion continued throughout the 'sixties. The increased use of wool at home eventually reduced the amount available for export, but not until 1363 did the drop below the normal 30,000 sacks a year actually occur.[7] The south-east and the south-west of England were not the only areas where the cloth industry flourished; by the fourteenth century York and Beverley had long been centres for the manufacture of fine cloth, and the West Riding was becoming famous for cloth of a coarser variety.[8] But it is a matter of common knowledge that, apart from the industrial development of York and Beverley and apart, of course, from agriculture,[9] the chief economic significance of Yorkshire

[1] The Black Prince in 1337, Lionel and John of Gaunt in 1362.
[2] Cited by Professor Power, *Eng. Trade in Fifteenth Century* (ed. Power and Postan, 1933), 41.
[3] *e.g.*, by Professor H. L. Gray, Mr. E. E. Rich, and by various authors (including the editors and Professor Gray) in the valuable volume just cited.
[4] Professor Power's *magnum opus* is impatiently awaited.
[5] Gray, *E.H.R.* (xxxix, 1924), "The Production and Exportation of English Woollens in the Fourteenth Century."   [6] *Ibid.*, 17-18.
[7] *Ibid.*, 25; but *cf.* A. Beardwood, *Alien Merchants in England, 1350-1377* (1931), 160.
[8] For the whole subject see H. Heaton, *Yorkshire Woollen and Worsted Industries* (1920); *The Early Yorkshire Woollen Trade* (ed. J. Lister), *Yorks. Arch. Soc.*, vol. 64 (1924); *The York Mercers and Merchant Adventurers, 1356-1917*, ed. M. Sellers, *Surtees Soc.*, vol. 129 (1918); *Beverley Town Documents*, ed. A. F. Leach, *Selden Soc.*, vol. 14 (1900).
[9] For coal, iron, lead, copper, see *V.C.H. Yorks.*, II, 338, *et seq.*

during the period covered by this volume lay in the raising of sheep and in the selling of wool both at home and abroad. The fact that Hull was rated as one of the four greatest ports in the realm for the export of wool[1] shows the very great importance, particularly in the East and North Ridings, of the foreign trade in wool.[2]

II RECENT LEGISLATIVE AND ADMINISTRATIVE CHANGES

In view of Yorkshire's economic activities it is clear that changes in regulations for the traffic in wool were of supreme importance. The Yorkshire native merchants must have rejoiced when the alien monopoly insisted on in the ordinance of the staple of 1353 ceased in 1356 and when they could again share in the export trade, although only on condition of paying the higher alien duties.[3] In spite of the grant of a new subsidy on wool[4] in the parliament that sat from 13 October until 17 November, 1362, the export of wool was completely suspended from Michaelmas to February 1363, while the shift from the home-staple system to the staple at Calais was taking place. When export began again the native merchants returned to their old privileged position of paying duties lower than those paid by aliens,[5] but meanwhile had been involved in certain difficulties connected with the new provisions for standard weights and measures enacted in 1361.[6]

Of the other economic measures of the early 'sixties the sumptuary laws of 1363 and the prohibition against trading in more than one commodity might easily have caused serious friction had they not both been repealed two years later.[7] The prohibition against practising more than one handicraft also made in 1363,[8] was probably not vital in a non-industrialized region like Yorkshire.

Apart from wool, the changes most important in local administration are those concerned with the re-organization of the office of the justice of the peace, and with new efforts to deal with recalcitrant labourers and with the distribution of arrears of penalties under the old labour laws. To understand the legislation of 1361 and 1362 it is necessary to understand what had happened

[1] Gray, op. cit., 31-2, 15-16. The others are London, Boston and Southampton.
    [2] Only to a lesser extent in cloth.
    [3] Beardwood, op. cit., 26.
    [4] Rot. Parl. ii, 271, 273; Statutes of the Realm, i, 371-8; Stubbs, Const. Hist. ii, 433, 434.
    [5] Beardwood, loc. cit.
    [6] See A, infra, p. 17, notes 2, 3.
    [7] 37 Edw. III, cc. 5, 8-15; 38 Edw. III, st. i, c. 2.
    [8] 37 Edw. III, c. 6.

since the plague of 1348.[1] As a result of the crisis, the *keepers* of the peace were, by the terms of their commission, transformed into *justices*, with powers to hear and determine felonies and trespasses (with a quorum for felonies), to supervise array, and to enforce the new labour laws of 1349 and 1351. But very soon, in fact by the end of 1352, the experiment was tried—at first sporadically, then systematically—of *ad hoc* justices known as justices of labourers. Thus the justices of the peace lost their powers over economic offences but kept them over other trespasses and over felonies. Two other novel experiments were also resorted to. (1) Many commissions to justices of labourers were issued for areas cut out from, and smaller than, whole shires, often for "liberties." In Yorkshire, these areas included not only towns and "liberties" but also groups of wapentakes. (2) To lessen the burden of the triennial tenth and fifteenth granted in 1352, the penalties collected from labourers offending against the statutes of labourers were to be distributed to the taxpayers as a bonus. The resulting figures are astounding: in two counties the penalties equal half the tax, in seven they equal a third ; in Colchester they are more than three times the total tax. The Yorkshire communities on the whole had relatively little benefit, those of the West Riding faring best ; yet Ravenser Odd in the East Riding (soon to be "lost") reduced its tax burden of 100s. to 40s. by the receipt of 60s. in penalties.[2]

With the cessation of the triennial grant in 1354, the penalties on labourers including those in arrear went to the crown.[3] But in 1356 and 1357 magnates whose charters gave them the familiar right to penalties imposed on their tenants in any court of the realm made good similar rights to "fines and amercements" under the statutes of labourers, although they were forced to surrender to the crown the penalties known as "excess" and also to abandon the convenient privilege of "private" or "special" justices of labourers. Meanwhile the "regular" justices of labourers had had their duties increased by being made responsible for the enforcement of legislation on weights and measures and on the price of iron.

But instead of a further development that would eventually (and it seems to me logically) have left all economic offences to *ad hoc* commissioners, revolutionary administrative changes took

---

[1] It has seemed necessary to repeat briefly what I have printed elsewhere, recently in my "Keepers" and in my *Proceedings*, long ago in my *Stat. Lab.* The last includes a very detailed account of the experiment in taxation; also extracts from the accounts and summaries of figures (app. 315-63).

[2] Printed in my *Stat. Lab.* app. 359. Cf. *Place-Names, Yorks.* (*E.R.*), 16, for its fate.

[3] With the grant in 1357 of a one year's subsidy, escapes and chattels of felons and fugitives (instead of penalties on labourers) were to go to the communities in aid of their tax; 31 Edw. III, st. 1, c. 13.

place between 1359 and 1362, that is, just before and during these Yorkshire sessions. On 3 October and on 16 November separate commissions of array were appointed;[1] on 4 November all commissions for labourers were withdrawn; on 4 December commissions of the peace were issued, with no power over array or over the labour laws, the latter being left for the moment to the sheriffs. By the act of 1360-1361[2] the justices of the peace were to include in each shire one lord, several men of local distinction, and one lawyer; they were now given by statute the authority which they had exercised for eleven years without statutory sanction, namely, to determine felonies; also to arrest vagrant soldiers, to take surety "de se bene gerendo" from those of good fame and to punish the others;[3] likewise to exercise jurisdiction over economic matters previously in the hands of the justices of labourers, standard weights and measures (including new provisions), the existing labour laws (not clearly stated), some modification of these laws whereby for financial penalties on recalcitrant labourers corporal punishment was substituted—imprisonment and in certain circumstances, branding—and whereby higher wage rates were permitted for carpenters and masons. In 1362,[4] dates differing from the earlier ones of 1351 were specified for quarter sessions; and finally, the central government not only surrendered its claim to arrears of penalties under the statutes of labourers but bade the subsidy collectors account for the distribution to the communities of such arrears, not as before at the exchequer but to the justices of the peace.

The sequence of the changes just described is clear but the motives for them are difficult to disentangle. The following explanation must be considered merely tentative. The peculiar device of allowing the taxpayers to benefit from "la malice de seruantz" suggested the plan of using justices of labourers (instead of justices of the peace), on the ground that they would be relatively more efficient in convicting labourers. It was probably the surprising success of the scheme that tempted the magnates to assert their right to these lucrative penalties and also to secure private justices of labourers. It was in turn the too great share of penalties thus obtained by the magnates that led the central government to abolish these private justices. Then with the renewal of the war in the autumn of 1359 and the campaign on French soil led by the king, military measures naturally seemed more important than economic ones; the separate commissions for labourers were never intended to be permanent but were designed to meet an emergency now considered as past ; the

[1] "Keepers," 45. Professor Prince is working on the whole subject of array.
[2] 34-5 Edw. III, cc. 1, 5, 6, 9-11.
[3] "not" inserted before "good fame" in many versions; see references, p. xv, note 3.
[4] 36 Edw. III, st. 1, cc. 12, 14.

administrative difficulties of distinguishing "excess" from other financial penalties were very great, also of distinguishing estreats of justices of labourers from estreats of justices of the peace, especially when so often the same individuals were serving in both capacities; three sets of commissioners for each shire would be intolerable. When the hope of no further labour troubles proved fallacious the recourse to justices of the peace, as in 1351, was inevitable. The fact that by 1362 the crown was willing to renounce its claim to arrears of penalties on labourers goes to prove that such penalties were becoming increasingly difficult to collect, perhaps because the labourers had immediately spent their "excess";[1] the experiment with corporal punishment was therefore reasonable.

But whether this interpretation of motives is sound or not, the significance for the Yorkshire sessions of these changes lies in their effect on the powers and activities of the justices of the peace. An examination of the clauses of their commissions is the best approach to an understanding of this effect.

III   THE FORM OF THE COMMISSION OF THE PEACE AND THE POWERS OF THE JUSTICES

The rolls here printed contain four enrolments of the commission of 20 March, 1361, two for the East Riding and two for the North ; also one enrolment for the East Riding of the new form of 20 November, 1362.[2] A glance at the dates in the Calendars given in the Appendix shows that for the East Riding twelve sessions were held under that of 1361, and twelve under that of 1362; and that for the North Riding all twenty sessions were held under that of 1361. This commission of 1361 was drawn up soon after the enactment of 1360-1, presumably on the advice of experts in council and parliament, and was issued to all counties, but instead of registering clearly the changes made since December, 1359, the form like the statute on which it was based is confused and unsatisfactory and in some ways marks retrogression. There is revived again—for the last time—a preamble in the old trailbaston phraseology ; in the peace clause, to the statutes of Winchester and Northampton are added the new statute of Westminster and a clause on suspects, somewhat modified from that in the statute ; power is given to the justices to arrest returning soldiers suspected of misdeeds and to punish them according to their discretion[3] and also (under the common law writ de minis)[4]

---

[1] As they had sometimes done at an earlier date; *C.F.R., 1347-56*, 220 (1350).   [2] *Infra*, pp. 1-3, 32, 80, 131, 42-4.

[3] The peculiar problems connected with this clause in both statute and commission have been fully discussed by Crump and Johnson ; "The Powers of Justices of the Peace," *E.H.R.*, xxvii (1912), 226-38. See also my *Early Treatises*, 203-6.

[4] This clause does not appear in the statute nor is the writ itself mentioned in the commission.

to take surety from any people who threaten bodily harm or arson; after the familiar inquiry clause into felonies and trespasses are added the right to "determine," and the duty of enforcing the new legislation on weights and measures and also of punishing labourers offending against the "ordinance" made in the last parliament, technically therefore referring, though somewhat ambiguously, to the old labour laws as well as to the modifications. The omissions are notable; array, economic offences like forestalling or regrating, and a quorum. Now that the justices at last had statutory sanction for determining felonies, the continuation of the quorum would have been natural. It is possible, however, that the requirement for a lawyer on each commission was considered an adequate safeguard.

Although sporadic commissions of the peace for various counties (not for Yorkshire) were issued between March 1361 and November 1362, there was no change in their form. But obviously the provisions made in the parliament of 1362 will be reflected in the commissions issued on 20 November to all counties. The form deviates slightly, but only slightly, from that of 1361. It omits the preamble, and has no clause on suspects except that based on the writ de minis; it remedies the ambiguity as to labour legislation by a definite statement that *all* labour laws are to be enforced ; finally, it includes clauses on the distribution of penalties and on the new dates for quarter sessions. The quorum is still conspicuous by its absence.[1] Concrete proof of parliamentary responsibility for these modifications is afforded by the fact that the commission for Cumberland, the one chosen for enrolment on the patent rolls, is tested "per ipsum Regem et totum parliamentum."[2] It is somewhat surprising that the copy enrolled by the East Riding clerk of the peace is tested merely by the king.

At their session of 11 March, 1364, the East Riding justices report that they had been superseded by new justices.[3] It is interesting to find that their successors had been appointed on a commission dated 8 March and issued for all counties, in a form which had not received the sanction of parliament and which flatly contradicted the statute of 1361.[4] The justices were no longer to determine felonies, but, as much earlier in their history,[5] were to send their indictments to the justices of gaol delivery; although given for the first time authority over forestalling and regrating, they were deprived of much of their control over labour laws, the main work being left to local officials. This reaction against the justices of the peace was not ended till the statute of 1368[6] and is exceedingly difficult to explain. But through a

---

[1] For a detailed analysis of the commissions cited in this section see "Keepers," 41-7, and *Proceedings*, xx-xxvii.
[2] Pat. 36 Edw. III, pt. 2, m. 7d.
[3] *Infra*, p. 75 and note 1.
[4] Through action of council and chancery; "Keepers," 46
[5] In 1330.   [6] 42 Edw. III, c. 6.

study of their actual proceedings recorded in the rolls here printed and covering just these crucial years, it ought to be possible to find out how, in Yorkshire at least, they were interpreting the powers conferred upon them by statute and by commission and how far their activities exceeded these powers; possibly also some clue to an explanation of the reaction against them in 1364.

IV DESCRIPTION OF THE MS. ROLLS OF THE PEACE HERE PRINTED AND EXPLANATION OF THEIR PRESERVATION

The Yorkshire rolls for the reigns of Edward III and Richard II classified in the Public Record Office official *List of Plea Rolls* (*List IV*) as "Assize Rolls, etc.",[1] afford convincing proof of the need of a careful study of all the rolls noted in this *List*, especially of their relation to the movements of the king's bench. The first question to be asked in regard to the rolls of a given shire is : when did the king's bench sit in that shire ?[2] The answer for the Yorkshire rolls is significant. The court sat in the shire 28 times ; 27 at York (once at Tickhill also), once at Stamford Bridge. The table printed in my *Proceedings* shows how frequently during the early part of Edward's reign it was at York (the virtual capital), steadily between 1332 and 1335, moving only to Lincoln, Warwick and Wigan; a number of times in the 'forties, the latest being in Hilary term 1349; and again in Trinity and Michaelmas terms 1362. Then came a gap of thirty years and not until Michaelmas and Easter terms, 16 Richard II, 1392 and 1393, did the court return to York, for the last time as far as I know.

Even a superficial investigation of Assize Rolls 1122-1145, reveals a close correlation between their dates and the presence of the king's bench at York; but here I am concerned specifically only with nos. 1129-1136, and nos. 1143-1145.[3] A study of the last two in the smaller group (1143 is omitted for the moment) shows that 1144 is a file of *coram Rege* presentments (97 membranes) made at York in Trinity term 1362 and ought not to be included in *List IV* at all,[4] but belongs with a file of similar presentments for Michaelmas term (K.B. 9/141) in the class of documents known as Ancient Indictments, long ago recognized as connected with the king's bench ; and that 1145 contains sessions

---

[1] Now to be called for as Justices Itinerant 1. The lists of rolls of the peace for Edw. II to Rich. III (as far as I have identified them) are printed in *E.H.R.* xxviii (1913), xxix (1914), xlv (1930); also in my *Proceedings*, 34-7 (for Edw. III to Rich. III).

[2] A "Table" of its migrations, 1327-1422, is printed in my *Proceedings*, 29-33; the following account of the relations of the court to the justices of the peace is based on the far fuller discussion, *ibid.*, lvii-lxxvi.

[3] The analysis in *List IV* of 1146 shows that it contains 13 separate rolls ("assizes," etc.) from Edw. I to Henry VI and is not connected with the group under discussion.

[4] Fully explained in my article on "Ancient Indictments" (*E.H.R.*, xxix), p. 502.

of the peace in all three Ridings and in the city of York, mainly
for the years 13-16 Richard II, just before the king's bench sat
at York in 1392. Extracts from these rolls are now in print in my
Proceedings and their connexion with the king's bench shown. An
examination of nos. 1129-1136 shows that they all belong roughly
to the early 'sixties: 1129-1131 are "assize" rolls in the technical
sense, 1132 an oyer and terminer roll for a special case ; 1133 is
a roll of undetermined indictments before the sheriff, Marmaduke
Constable; 1134 and 1136 contain commissions of the peace,
writs, indictments, trials, fines, etc. in sessions of the peace for
the East Riding, 1135 includes similar material for the North.
In turning now to 1143, we find that in its present form it is the
result of comparatively recent stitching together of membranes
originally disconnected, and of re-numbering with arabic numbers
that ignore the old numbering. Thus m.1 contains undetermined
indictments before Richard de Aske, the seneschal of the liberty of
Howden; mm. 2-4 resemble in shape, size and handwriting the
membranes of 1135.   The old numbers are at the foot of the
membranes, "j" on m.2, and "ij" on m.4, a short membrane
stitched (by old stitching) to m.3 and undoubtedly constituting
with it one membrane of normal length ; these membranes contain
the 1361 commission of the peace for the North Riding and undetermined indictments that duplicate those in 1135 having
"coram Rege" on the margin. Similarly, mm. 5-6 resemble the
membranes of 1134 and have old numbers "primus" and "ij" ;
they contain the 1361 commission of the peace for the East Riding,
a writ, and a number of undetermined indictments, a few of which
duplicate cases in 1134.   The rolls printed in this volume are
1134 (A), 1143, mm. 5-6 (B), treated with (A) ; 1136 (C) ; 1135 (D),
1143, mm. 2-4 (E), treated with (D) and much of the duplication
omitted.

Aside from 1144 and 1145, just how did the rolls above
described find their way to Westminster and therefore to the
Record Office ? To what extent is their preservation due to
the presence of the king's bench at York ? The three assize
rolls, 1129-31, and the oyer and terminer roll, 1132, would normally be sent to the treasurer and the chamberlains, in accordance
with the provision of the statute of 1335[1] that justices of assize,
of gaol delivery and of oyer and terminer should send in their
rolls once a year, but very probably in this instance were actually
transported in the carts provided for the records of the king's
bench on its return to Westminster for Hilary term 1363. The roll
of the sheriff, 1133, and of the seneschal of Howden, 1143, m. 1,
were undoubtedly brought into the king's bench at York, in
accordance with the principle that when the court came into a
"foreign" county, courts of inferior jurisdiction, such as the
sheriff's or the coroners', ceased to act and automatically sent

[1] 9 Edw. III, st. 1, c. 5.

in their records. It is not without significance that no writ is at-attached to either roll.

For the justices of the peace the procedure was somewhat different. Although they too ceased to act, there was no automatic delivery of records. For a completed case, a special writ from the king's bench was necessary, but was rarely used ; for undetermined indictments a general writ was often adequate. Hence for 1134, full mainly of completed business, there is no writ from the king's bench, but instead a writ signed by the clerk of the crown and addressed to the presiding justice citing the statute of 1335 as if it now applied to justices of the peace (perhaps because of their new powers under the act of 1360-1) and requesting that before delivery of the rolls to the treasurer the estreats should be sent to the exchequer.[1] My belief is that a similar writ, now lost, explains the preservation of 1135, also full mainly of completed business, and that both rolls may have been conveyed to West-minster by the method suggested above. On the other hand, for 1143 (omitting m. 1) consisting entirely of uncompleted business, there are two writs from the king's bench, identical for the East and the North Ridings. They are dated 23 June, 36 Edward III, in the midst of Trinity Term 1362, signed by Thomas de Ingelby, and ask that all undetermined indictments be sent to the court at York by 27 June.[2]

The above account shows that, apart from 1136, which must be considered separately, the preservation of these Yorkshire rolls is due chiefly to the presence of the king's bench at York. Further, it is difficult to avoid attributing to Yorkshire members of the court, especially to Thomas de Ingelby, some measure of re-sponsibility for the advice of the council in the spring of 1362 that decided the king to send the court to York. Ingelby had been appointed to the king's bench on 30 September, 1361,[3] some six months after the death of another Yorkshire justice, Thomas de Seton ;[4] Henry Grene of Northamptonshire had been chief justice since 21 April, 1361;[5] William de Notton, another York-shireman had been on the bench from 1355 until the summer of 1361.[6] On 30 May, 1362, Robert Isham, "custos rotulorum," and several others, were bidden to arrange for the carts necessary to carry the rolls, etc. to York;[7] certain fines paid by offenders con-

---

[1] *Infra,* p. 1.

[2] They are attached to the edges of mm. 5 and 2; *infra,* pp. 32, 131. Trinity term in 1362 lasted from 17 June to 6 July.

[3] Foss, *Judges.*

[4] He was dead by 15 April ; *C.C.R. 1360-4,* 270.

[5] He had succeeded Shareshull; see my *Proceedings,* 86 (Foss is in error in making him succeed Seton).

[6] He was sent to Ireland in July.

[7] *C.P.R. 1361-4,* 218; the plan to send it "elsewhere in the northern parts" was not carried out.

victed at York in Trinity and Michaelmas terms[1] are assigned to
Isham to meet the expenses of the double transportation, to York
and then back to Westminster.

We are left with the problems concerning our latest roll,
1136 (C), made more difficult by the comparatively recent changes
in the original sequence of the membranes as indicated by the old
numbers; m. vij has been inserted after m. ij as m. 3, and the old
numbers ignored for the remaining membranes.[2] There are unfortunately no writs surviving to tell us how the roll got to Westminster ; the sessions began in March 1363, after the king's bench
had left York, not to return in Edward's reign; they lasted until
interrupted on 11 March, 1364, by the appearance of justices
under a new commission, described previously. The note at the
bottom of m. vj explains that because of this new commission the
existing justices were superseded and were unable therefore to
determine their indictments, but fails to explain the addition of
m. vij containing a hodge-podge of cases, about half duplicating
cases on the previous membranes, and not clearly distributed
among the various sessions. My tentative hypothesis is that the
new justices on their unexpected arrival immediately demanded
the unfinished business still pending before their predecessors;[3]
that the clerk intended to produce a separate roll of undetermined
indictments like the earlier one for the East Riding (1143, mm. 5-6)
and that in his haste he made a confused job of it and by numbering
the extra membrane "vij" and attaching it to mm. j-vi he made
confusion worse confounded. But although this suggestion may
explain the form of the roll, it throws no light on the reason for
its preservation. Fortunately, however, the still unsolved problems
connected with the survival of rolls of the peace do not affect the
value of the abundant information that they contain on the
activities of the justices of the peace and the results of their
sessions.

V   ORGANIZATION OF THE SESSIONS OF THE PEACE : DATES AND
PLACES ; AREA OF JURISDICTION ; OFFICIALS, JURORS,
AND PLEDGES

Dates and Places[4]

The sessions in the North Riding began on 14 June, 1361,
and ended on 30 May, 1362. In the East Riding they began on
25 May, 1361 and ended on 11 March, 1364; plans for a session on

[1] K.B. 27/407, Rex, Adhuc de Finibus, etc.; 408, Rex, Adhuc de
Finibus, etc. Later, some of the fines are used to pay for the repairs of
York castle; *C.C.R. 1360-4*, 20 Feb., 1363, 453.
[2] I am printing the membranes in their original order and also restoring
to their proper places two writs that had been attached at wrong points to
the edges of the membranes.
[3] But it must be admitted that they are no longer distinctly empowered
by their commission to complete the unfinished business of their predecessors
[4] App., *infra*, pp. 146-7, 135, 142-3.

27 May were abandoned because of a new commission. As in sessions of the peace in other shires during this period there is almost no correlation with the statutory dates of 1351 ;[1] the justices were evidently using very freely that "discretion" which had been allowed them. The frequency of the sessions held in May and June in 1361 and 1362, particularly in the North Riding, suggests that the July dates of the statute of 1351 had proved inconvenient and that therefore in the new arrangement for quarter sessions made in the parliament of 1362 the period between Pentecost and the Nativity of St. John the Baptist had been substituted. The compulsory inclusion in the commissions of 1362 of these new dates was clearly designed as a check on the justices' "discretion"; that it was effective is shown in rolls for other counties as well as in the East Riding roll for 1363-4.

In contrast to both the mediæval and the later practice of holding sessions at regulaı intervals at chief shire towns such as Worcester or Winchester, the variety of places in Yorkshire is astounding, many of them clearly tiny agricultural villages. In the East Riding, for example, York is inevitable, Pocklington and Kilham not easy to understand. In the North Riding, beside the obviously important centres like Scarborough and Whitby, Richmond and Northallerton, the number of small towns is still more noticeable.

The rapid horse-back journeying of the justices and their officials, with all the paraphernalia of rolls and writs, was indeed an achievement. The most striking instance appears in the June sessions of 1361 in the North Riding ; they were held in six different towns within eight days, with only the week-end, Saturday and Sunday, for rest.

On a motor trip undertaken in the summer of 1936 for the purpose of following the itinerary of the Yorkshire justices, I came to the conclusion that of the various difficulties involved in sessions in small towns, such as of providing food and housing for the justices, their attendants and their horses, the greatest must have been that of finding a hall suitable for court proceedings. As in many other shires,[2] a castle, if it existed, was the obvious place. At York it was specifically mentioned in 1392;[3] at Scarborough or at Richmond there can be no question. At Pickering, the very aged custodian referred to the fourteenth-century chapel of St. Nicholas within the castle enclosure as the "court house" and explained that until recently the "assizes" were held in it. At Helmsley it seems possible that the sessions were held at the neighbouring castle of lord Thomas de Roos, since the presiding justice was Sir Walter de Fauconberge, a grandson of Isabel

---

[1] In force until Nov. 1362; for the whole subject see my *Proceedings*, xcvi.

[2] *Proceedings*, xcvi-vii.

[3] *Ibid.*, 438, 440.

de Roos.[1] At Kilham the justices are described as sitting "in aula";[2] to what does this refer ?

Area of Jurisdiction

In a shire as large as Yorkshire the three Ridings were ordinarily the areas for which commissions of all kinds were appointed to act; for administrative purposes they differed little from distinct counties except that they were served by one sheriff. The problem presented to the justices of the peace is the constantly recurring phrase in their commission bidding them act "tam infra libertates quam extra," while at the same time certain sections were excluded from their jurisdiction by the separate commissions of the peace issued to urban centres[3] and to "liberties" of powerful lords. Before the crisis of the Plague only Holderness and Scarborough had secured such commissions ; but between 1351 and 1353 Beverley (liberty and town), Hull and York are added to the list. Then during the period 1353-9, when the labour laws were being enforced by the justices of labourers, Beverley, Hull and York are excluded from the list of separate commissions of the peace, Hartfordlyth, Pickering, Richmond, Ryedale, and Whitby added.[4] It has already been shown that separate commissions for labourers were issued for groups of wapentakes and for towns and "liberties." It is noteworthy that out of twenty-four franchise-holders in all England who secured such commissions, nine were in Yorkshire.[5] After the administrative revolution of 1359 and during the years of our sessions, the "separatist" movement was temporarily checked ; the liberties of Beverley and Holderness alone kept their privileges. The latter had received two commissions of the peace, one of 20 Oct., 1361, the other of 20 Feb., 1363; by prompt action after the second the bailiff of the liberty delivered to the justices of the peace a writ dated 24 Feb., in time to secure exemption from sending to Stamford Bridge on 12 June the jurors summoned by the sheriff.[6] Beverley acted more slowly; although it had received two separate commissions, one of 2 June, 1361, and another of 21 Nov., 1362, it was not until the sessions at Kilham on 2 Oct. that the "villate" of the liberty (through an

---

[1] See *infra*, p. xli. For the history of the mayor and castle of Helmsley, see *V.C.H. Yorks., N.R.*, i, 485 *et seq*. For the organization of the castle see *C.I.p.m.* vol. 10, no. 45, the inquisition of William de Roos (d. 1352).

[2] C 159.

[3] The investigation of urban commissions is sadly needed and will soon be undertaken by Dr. E. G. Kimball. I am citing mainly from her list printed in her *Warwickshire and Coventry Rolls of the Peace*, Dugdale Soc., vol. 16.

[4] *C.P.R. 1354-8*, 61, 389.

[5] See the lists printed in my *Stat. Lab.*, app. 34-42, 138-41.

[6] C, pp. 61, 62, and note 1.

attorney) produced a writ, identical, *mutatis mutandis*, with that for Holderness and thus obtained a similar exemption.[1]

The treatment of the bishop of Durham's liberty of Howden was very different. Richard Aske had been appointed seneschal for life in 1355; in 1356 he was named on the one separate commission for labourers issued to the liberty, and was twice, in 1356 and in 1360, associated to a commission of the peace for the whole of Yorkshire;[2] on 20 March, 1361 he was named on the commission of the peace in the East Riding previously described. The peculiarity of the resulting situation is that Aske, both before and during his service on the East Riding commission, sat alone as seneschal at Howden and heard presentments[3] for offences identical in character with, and many of them of the same date as, those in the presentments which he and his fellow-justices of the peace were hearing in their two sessions at Howden. The incident is a good example of the conflicting or overlapping jurisdictions during the early development of the justices of the peace.[4]

The area actually dealt with by the justices is shown not only by the places at which they held sessions but also by the districts for which the presenting juries were acting. In the East Riding during 1361-2 all the wapentakes are represented and a few towns and liberties also;[5] Buckrose, Dickering, Harthill, Holderness, Howdenshire, Ouse and Derwent, the "villata" of Hedon, and the chapter of St. John of Beverley, "infra libertates" was not without meaning. During 1363-4, although the sheriff had been bidden to summon juries from every wapentake, soke and liberty, there is specific evidence only for the action of juries from Dickering, Harthill, and Ouse and Derwent.[6] There are some presentments, it is true, of people from the other wapentakes, but the unusual concentration on one place, Pocklington, and the exemption of Beverley and Holderness indicate that the whole area was less thoroughly covered than previously.

In the North Riding during 1361-2 all the wapentakes are represented and several towns and liberties:[7] Birdforth, Bulmer, Langbaurgh, Ryedale, the town and the liberty of Northallerton, the town of Pickering, Pickeringlythe, the liberty of Richmond (including Gilling, Hallikeld, and Hang), the town of Scarborough and the liberty of Whitby.

[1] C, pp. 67, 68, and note 1. It is significant that Beverley had received its "Magna Carta" in municipal government in 1359; *Beverley Town Documents, Selden Soc.*, vol. 14, pp. xx-i; 1-5.

[2] *C.P.R. 1354-8*, 416; 393, 227; *1358-61*, 420.

[3] Preserved in A.R. 1143, m. 1; *supra*, p. xviii. For popular opposition to seneschals on the commissions of the peace, see my *Proceedings*, lxxx.

[4] For such conflicts, see my "Keepers," 20-1.

[5] A writ to summon jurors is preserved only for Dickering (A, p. 4) but A10 and B (*passim*) supply evidence for other districts.

[6] C 15; C 116, 4a (m. vij); C 115.

[7] D, p. 80; E, *passim*. Of the three wapentakes in Richmondshire, Hallikeld is the only one specifically mentioned; E 11.

Officials, Jurors, and Pledges

The justices. In the East Riding the commission of 1361 was directed to William de Aton and six others. As the first on the list, "capitalis iusticiarius," Aton always sat, with at least three associates, usually including Aske, Benteley or Ryse. In the North Riding Walter de Fauconberge was the first on the list of five. As "capitalis iusticiarius" he always sat, but the vague headings, "and his colleagues," make it impossible to identify the others who were actually present. The commission of 1362 in the East Riding was directed to Ralph de Neville, Aton and Middelton; Neville seemed never to have taken part, again therefore Aton acted as the presiding justice, always with Middelton as his colleague.

The clerk of the peace for the East Riding is certainly Robert Bruys by 1363, and very probably for the years immediately preceding.[1] For the North Riding he has not been identified unless, possibly by analogy with later practice,[2] he be Thomas Gretheued, the king's attorney.[3]

The sheriff, Marmaduke Constable until Nov. 1362, and then Thomas Musgrave,[4] is consistently referred to (sometimes by name)[5] as if acting in person—an obvious impossibility in view of the rapid series of sessions in both Ridings, once at least two on the same day, at Sledmere and at Guisborough. He must have relied on assistants like the four whom Constable appointed at Northallerton on 10 June, 1361.[6]

Coroners must always have been present to deal with the frequent exigends and outlawries;[7] but except once at Pocklington[8] they are not specifically mentioned. Fortunately, however, the beautifully full and clear Yorkshire Coroners' Rolls[9] that have been preserved, covering the dates of the sessions of the peace, serve to identify the acting coroners: in the East Riding, John de Burton in 1361 and '62, Simon de Heselarton by 1363 (removed in 1366, '67 and '69 as "insufficiently qualified"[10]); also William de Lackenby (removed in 1371 as too busy[11]); in the North Riding, Thomas de Lokton in 1361 (removed in 1365 as "insufficiently qualified"[12]), Thomas de Sturmy in 1361, and '62, in spite of being indicted in the sessions of the peace in June 1361.[13]

[1] C, p. 55, and note 1.   [2] *Early Treatises*, 66, 102.
[3] D, p. 113.
[4] A, p. 3, note 1; C, p. 44, note 1.
[5] C, pp. 47, 57, 60; A, p. 29.
[6] D, p. 81.
[7] *Cf.* especially D, p. 129 *et seq.*
[8] A, p. 29 (name not given).
[9] J.I. 2/215, mm. 16-18, 20, 26-30; 217, mm. 1-15; 218, mm. 1-14.
[10] *C.C.R. 1364-8*, 217, 362; *1369-74*, 57.
[11] *Ibid.*, 237.
[12] *C.C.R. 1364-8*, 156.
[13] D 78. The "purge" of unfit coroners in 1358 had apparently not been drastic enough; *C.C.R. 1354-60*, 475.

Bailiffs. There are occasional references to the presence of bailiffs of liberties and sub-bailiffs; none to bailiffs itinerant so common in other shires.[1]

Constables, although often mentioned in presentments in connexion with their various local duties, do not seem to be following the usual custom (especially in labour cases) of acting as presenting jurors.[2]

Jurors. The names[3] and the number of the presenting jurors are frequently given; 24 usually constitute the panel from a wapentake, often also from a town or a liberty,[4] and are normally reduced to 12, but sometimes actually to 11 or 13.[5] The descriptive phrase "jurors of different wapentakes," in one instance 15,[6] suggests the "Magna Inquisicio" of later times.[7] At least once in the East Riding 18 are summoned as the panel from a liberty and 12 from a soke.[8] The trial jury varies in number, either 12 or 24. With only one case[9] in which their names are given it is not possible to determine the effect of the legislation forbidding presenting jurors (if challenged) to serve on the trial jury.[10]

If one adds to the above list a varying proportion of attornies, pledges, mainpernors,[11] and at least some of the parties to cases, the total attendance must often have been inconveniently large. The device of frequent sessions at different places may have been adopted in order to reduce the number of people necessary for a given day.

VI THE WORK OF THE JUSTICES IN SESSION AND OUT OF SESSION

The work could begin only after the delivery of a copy of the commission to the first name on each list, to Aton and Fauconberge therefore in 1361, to Neville in 1362 (who must have turned it over to Aton), and also of a writ de intendendo to the sheriff.[12] We know that the justices of the peace and their clerks were sworn before they opened a session, but by whom at this date or by just what form of oath is uncertain.[13] In 1361, between 20 March, the date of the commission, and 25 May and 14 June, the dates of the first sessions in the East and North Ridings, respectively, the gap is long, but far longer the next year in the East Riding, from 20 November, 1362, to 23 March, 1363. Delays in delivering the commissions and in administering the oath may have been responsible.

[1] In Lincolnshire, *e.g.*, at just about this date; *C.P.R. 1358-61*, 29, 367.
[2] *Proceedings*, xcix.
[3] Rarely in A and C, never in D; but regularly in B and E, to meet the requirements of the king's bench as to the form of presentments called for by it.
[4] A, p. 4; D, p. 80.
[5] E 11; E 4.
[6] C 153.
[7] *Proceedings*, xcix.
[8] C, p. 44.
[9] D, p. 124.
[10] 25 Edw. III, st. 5, c. 3; *Proceedings*, civ-v.
[11] *Infra*, p. xxviii.
[12] D, p. 80.
[13] *Proceedings*, lxxxvii-viii, xci-ii.

At the first sessions in 1361, the sheriff reported that, as ordered by the justices, he had summoned the panels of presenting jurors; in the East Riding at Kilham, jurors from the wapentake of Dickering; in the North Riding at Northallerton, jurors from the town and from the liberty of Northallerton, from the liberty of Richmond, and from the wapentake of Birdforth.[1] The reduction of the total attendance at a given session (already referred to as imperative) was undoubtedly secured for the North Riding by the justices' careful distribution of the jurors, *e.g.*, those from Ryedale only were to appear at Helmsley, etc.   A similar plan apparently was used for the East Riding in 1361, but because of inadequate evidence is more difficult to discover.

The jurors, after being selected from the panels, were sworn, as is proved by the constantly recurring phrase in their presentments, "super sacramentum suum." Further, since the justices had been ordered by letters close of 16 April to proclaim to their sessions "de nouo" the act of 1361[2] (the weights and measures clauses were to have been proclaimed by 28 March),[3] and since there is concrete evidence that the sheriff produced at Northallerton a transcript of the act; since also by the commission of 1362 he was bidden deliver to the justices copies of all the recent "articles" in "ordinances and statutes," concerning labourers and the keeping of the peace, it is certain that a list of articles based on the commission and on statutes, such as Winchester and Northampton as well as on more recent ones, were read and probably copies handed to the jurors, in order that they might inquire into these articles and "do what should be enjoined upon them." Although for this period no formal "charge" to the jurors has been discovered for Yorkshire, it is my belief that the above list would not differ materially from the oldest articles (of about the same period) in the earliest charge thus far identified, originating in all probability in the neighbouring county of Lincoln.[4] But just how the jurors, apart from their own knowledge through local gossip or through local officials, secured their information is not always clear; although there are several instances where the source is obvious, for example, an important person like lord Henry Percy involved in the case, or the clerk of the peace, or a presenting juror who was himself an injured party.[5] There is also one instance of what later became the recognized method; a "bill" has been handed to the jurors who pronounce it a "true bill."[6]

---

[1] A, p. 4; D, p. 81.

[2] To be proclaimed by sheriffs also, in both cases with special reference to clauses on carpenters and masons ; *C.C.R. 1360-4*, 262-3.

[3] See c. 6 of the act, and references p. xxix, note 4, *infra*.

[4] *Proceedings*, xxxii-iv, 10-25.

[5] C 12, 13, 14; C 35a; B 41. At a session at which he was an acting justice of the peace John de Benteley brings suit against a carpenter; A 20 (*cf.* D 149 for John de Fulthorpe's similar action).

[6] C 159.

When the jurors have made their presentments, the procedure is the familiar one.[1] If the presentments are for felony, and if the two writs of capias permitted by law do not result in the capture of the accused, exigend and outlawry follow. It is, however, exceedingly puzzling to find entries that give the impression of the proclamation of outlawry in the sessions of the peace,[2] instead of in the county court, surely an impossibility. If the accused is captured or surrenders and pleads not guilty and puts himself on the country, the sheriff is ordered to summon a trial jury, usually for a later session ; meanwhile the accused is either imprisoned or mainprised. The jury is sometimes in default,[3] but when it appears, it is duly sworn and renders its verdict; conviction of course means death by hanging; acquittal, immediate dismissal, unless the accused had ever withdrawn.[4] There is one interesting example of the successful challenge of a trial jury by the king's attorney ; the justices decide that since the accused was of the livery of the sheriff, Marmaduke Constable, by whom the jury had been summoned, the whole panel must be "quashed" and a new one summoned by the coroner.[5] In another instance, a trial jury selected by the bailiff of the liberty of the abbey of Byland was dismissed by the justices as too favourable to the abbot who was a party to the case.[6]

If the presentments are for trespass, the writs are venire facias, and then distringas or attachies; if the accused still fail to appear, and the sheriff returns "nihil habent," three writs of capias are permissible before the exigend, except in labour cases where one is enough. If the accused finally come or are produced, they sometimes plead not guilty and ask for jury trial; far more often they admit guilt, put themselves in the king's mercy and are allowed to pay fines. Ever since the new labour legislation convicted labourers should of course be punished by prison.

Both forms of commissions (1361 and 1362) refer specifically to "suit of the king only," i.e., presentments by jurors of both felonies and trespasses (with exception for labour cases implied); it is therefore of interest to discover what actions, if any, are begun by individuals. As is natural, there are a number of suits on the statutes of labourers brought "per billam," even in a session with a specific heading as to "suits of the king only."[7] There are several instances of failure to prosecute a "bill,"[8] in which the pledges are in mercy, but with no indication of the nature of the

[1] For the opening ceremonies at a little later date and for a discussion of process, see *Proceedings*, xcviii-cv. For delinquent jurors, see C, p. 57.

[2] *Cf.* D, pp. 129-30.

[3] D, p. 122.

[4] *Cf.* App., *infra*, p. 139 for an example in king's bench.

[5] A 106, 107.

[6] D, pp. 121-2.

[7] C, pp. 46-8, no. 12.

[8] *e.g.*, D 106.

offence, probably, however, against the labour laws; there is also a puzzling case[1] in which the plaintiff is apparently bringing a personal action, on a clause of a recent statute, almost certainly not at common law. The interesting aspect of the "true bill" already mentioned is that the "bill" was a complaint by an individual presented to the justices who in turn passed it on to the jurors.

The machinery of pledges and mainpernors is fully illustrated. For securing the payment of fines the number of pledges varies from 2 to 5; the king's attornies are found serving as pledges,[2] the clerk of the peace,[3] the sheriff's assistants,[4] many of those who appear on jury panels; the recurrence of the same names suggests professional bail. That fathers, sons and brothers are permitted to act as pledges for each other is natural, but that men indicted for the same offence are likewise permitted seems absurd.[5] For surety of good behaviour (surety of the peace is not mentioned) the chief problem is that of the justices' interpretation of the clause in the statute of 1360-1, already sharply modified by their commission.[6] Surety "de se bene gerendo" or "de bono gestu" is recorded frequently, but combined either with the production of an indicted person on a certain day[7] or with the payment of a fine by someone who has been indicted and convicted on a specific charge and who, in addition, is described as "communis malefactor et pacis perturbator";[8] or the surety is demanded because of a general charge in a presentment (not merely because of suspicion) that the individual is "communis malefactor et pacis perturbator."[9] Either therefore the Yorkshire justices were not applying the clause to mere suspects or else, as other justices did a little later,[10] they were acting out of session; such action is unfortunately not recorded on the rolls made up by the clerk of the peace.

For the work out of session, the only concrete evidence consists of references to officials carrying out instructions of the justices,[11] especially the constables in relation to the labour laws, and the sheriff and his assistants. But before the statutes of forcible entry, and the labour laws of Richard II, apart from surety of the peace and possibly mainprise, there is little that the

---

[1] A 104 and notes 3, 4.

[2] John de Foxoles A 16, p. 10 (cf. A 63); Thomas de Gretheued, D [118] pp. 113, 108. Another attorney for the king, Thomas del Hay, served as juror; A, p. 29; B 37.

[3] Robert Bruys, C, p. 55; A, pp. 8, 20.

[4] Gilbert de Aton, A, p. 8, C 160; Alan Mersk, D, pp. 81, 116; Thomas de Fencotes, D, pp. 81, 121.

[5] e.g., John de Scortwayt, A, p. 20; William Tauerner, D, p. 117.

[6] Supra, pp. xv-xvi.

[7] A, p. 29.   [8] D 1; p. 104 (the fine ijs., the surety xx li.).

[9] D 40.

[10] The earliest example that I have noted is for Dorset in 1394; Proceedings, cviii and note 2.

[11] Sometimes refusing to carry them out; e.g., C 149.

justices were empowered to do out of session. It is of interest
therefore to find that important writs were sometimes sent to them
when they were not sitting, such as that from the abbot of St.
Mary's of York, dated 20 April, 1361 (before the recorded sessions
had begun),[1] claiming financial penalties imposed on his tenants;
or that from the king's bench of 23 June, just after the Sledmere
session of 21 June;[2] or that from the exchequer of 6 December,
1362, asking for estreats of penalties.[3]   More often such writs
seem to have been delivered at a session; for example, Hugh de
Miton, a great wool merchant, appears at Hedon on 26 July, 1361,
with a writ of urgent importance for the wool business;[4] it has
already been shown that the bailiff of Holderness and the attorney
for Beverley interrupted sessions at Stamford Bridge and Kilham
in 1363. Writs from the king's bench at York calling for special
cases were probably delivered at a session, but perhaps the most
telling example of direct communication between the justices
of the peace in session and the government at Westminster is the
case of the delinquent subsidy collectors in the East Riding and
the exchequer.[5] In fact, the distinctive value of the office of the
justice of the peace lies in this combination of local work in the
shire, performed by local magnates and gentry, but subject to
control by the central government.

VII   Classification of Offences : Preponderance of Economic Offences

The tripartite classification here adopted[6] of felonies, trespasses, and economic offences is of course illogical; from the point
of view of law, economic offences *are* trespasses. But in order to
understand what was actually happening amongst the people of
Yorkshire it is essential to differentiate violent assaults, for
example, from the use ot non-standardized weights or measures.

[1] Enrolled by the clerk at the Sledmere session of 21 June; A, pp.
9, 10 and note 2.

[2] B, p. 32.

[3] A, p. 1.

[4] A, pp. 16-18; *cf.* D, p. 99 for the delivery at Richmond on 12 July,
1361, of a similar writ (dated 28 June) to the North Riding justices.

[5] Discussed *infra*, pp. xxiii, xxxvii.

[6] And also in my *Proceedings*, cxii-xiii.

Roll	Felonies	Trespasses	Economic Offences	Total number of cases [1]
A	15	35	63	113
B	15	35	0	50
A and B (combined)	30	70	63	163
C, mm. i-vj	8	15	189	212[2]
m. vij	1	2	26	29
mm. i-vij (combined)	9	17	215	241
D	39	78[2]	62	179
A, B, C, D (combined)	78	165	340	583

Before discussing the very large proportion of economic cases, a more detailed analysis of the offences within each of the three groups will be of value. For felonies it is a fairly simple matter.

Homicide.   A, 4 cases; B, 6; D, 14; total number, 24.
Larceny.   A, 4 cases; B, 8; C, 3; D, 10; total number, 25.
Robbery.   A, 2 cases; D, 7; total number, 9.
Burglary.   A, 1 case; C, 1; D, 4; total number, 6.
Rape.   A, 1 case; C, 5; D, 2; total number, 8.
Accessories to felony.   A, 3 cases; B, 1; D, 2; total number, 6.

Conspicuously few as are the felonies, all the familiar ones appear on the list except arson and petty treason. High treason is not within the competence of the justices and petty treason only recently defined[3] is not a common offence. But a charge of arson, together with larceny, is included in a presentment for homicide (D 148). Rape is unusually rare, in reality only 7 cases,[4] 3 of them presentments of the same man (C 153-5). It is always treated as felony and in one instance is said to have resulted in the death of the victim (C 9, 10). As always, homicide and larceny are by far the most numerous of the felonies, with only two examples of petty larceny (A 101, C 14). Robbery (indicated by the use of the verb "depredare") is not common, burglary still less so. In 4 of the

[1] Four cases in B duplicating A have been omitted from this enumeration (B 17, in part; B 37, in part, 38, 39), also the 33 cases in C, m. vij duplicating mm. i-vj, and all of E, since it is a mere duplication of cases in D; but single cases repeated on the rolls have been counted twice.
[2] The 211 cases have been increased to 212 by 147x noted after the cases on the roll had been numbered. D170x was noted too late to be included.
[3] 25 Edw. III, st. 5, c. 2.
[4] C 10 duplicates C 9.

6 cases classified as burglary, some part of the verb "burgare" is used, accompanied by "felonice" or "furtiue" and in one instance by "noctanter" (A 106, D 8, D 41, D 126). Possibly C 3 and D 178 should not have been included, since they are not described as "burglary" even though they involve house-breaking by night and theft or robbery. They must be compared with D 162 in which there is also entry of a house by night and a "taking" but which the jurors present as trespass. Quite evidently the final definition of burglary has not yet been achieved.[1] But it is worthy of note that at a time when the term is still comparatively rare, it is found in both the East and the North Ridings, just as it was a little later, in the reign of Richard II.[2] For legal history it is significant that no distinction occurs on these rolls between murder and other forms of homicide; in contrast to the practice on the later Yorkshire rolls just mentioned, only the verb "interficere" with "felonice" is used, never "murdrare."[3]

The trespasses, because of the large proportion of assaults, are less difficult to classify than usual.

Assaults. A, 31 cases; B, 30; C, 9; D, 61; total number 131.

Extortion. D, 9 cases.

Taking goods, a horse, a servant. B, 4; C, 1; D, 2; total number, 7.

Miscellaneous. A, 5 cases; B, 1; C, 7; D, 5; total number, 18.

The monotony of the assaults, striking, wounding, and ill-treating, which make up so large a proportion of the cases in mediæval courts of criminal law, is relieved by considerable variety of detail; there is one case of mayhem (A 78), one of an armed attack during a session of the peace (C 159), several cases in which the assault is accompanied by threats, and imprisonment, once of a foreign fisherman in his own ship (D 176), several attacks on constables trying to perform their duties, one on a "clerk and minister of the king" because he was helping to prosecute a case against his assailant (B 44); a novel use of violence is an attack on all the tenants of a prior in order to compel the latter to appoint a certain man as parochial chaplain (D 14). Many of the presentments for assault include general charges, "communis noctiuagus," "communis malefactor et pacis perturbator"; in one instance the presentment includes only such charges (D 40).[4]

Of the "Miscellaneous" group a few deserve special mention; bribing a juror in court (A 104), "contempt" in the presence of the justices (C 208), an important road case (B 29), significant as showing the extent of the justices' jurisdiction, destruction of hedges and cutting down of trees by a mob of nearly fifty men (D 122), the deliberate destruction by a juror in the sheriff's tourn of articles given him for inquiry (A 9).

[1] *Proceedings,* cxv-xvi; Professor Plucknett's *Commentary* (included in *Proceedings*) cxliii-vi. 　　　　[2] *Proceedings,* 458.

[3] *Ibid.,* cxvi-xvii; 458; *Commentary,* cxlvii-viii.

[4] See *infra,* p. xxxv, for this case.

The cases of extortion in the North Riding are peculiarly
interesting. Although six of them (D 78, 113, 114, 116, 117, 169)
probably constitute extortion in the technical sense of an ex-
cessive fee, it is difficult to see how the wool offences (D 98, 118,
119) can be brought under this head. In any case, not until 1380
were the justices of the peace authorized to deal with the offence
of extortion and then only under careful safeguards.[1] The incident
is but one of many that shows how often the justices anticipated
in their actual work powers that were later granted them by
statute or by commission.

A classification of the economic offences is an essential
prerequisite for understanding their significance.

Standard weights for wool. A, 44 cases; D, 23; total number, 67.
Standard weights and measures (other than for wool). A, 9
    cases; C, 11; D, 1; total number, 21.
Forestalling. C, 2 cases; D, 17; total number, 19.

Labour Laws.[2]

Excess wages. A, 2 cases; C, 93; D, 11; total number, 106.
Departure from locality. A, 1 case; C, 46; total number, 47.
Departure from master. A, 1 case; C, 11; total number, 12.
Refusal to work at legal wages or to work at all. A, 4 cases;
    C, 42; D, 5; total number, 51.
Giving excess wages. C, 3 cases.
Distribution of penalties by subsidy collectors. C, 3 cases.
Various. A, 2 cases; C, 4; D, 5; total number, 11.

An examination of these figures reveals the striking differences between A and D on the one hand, and C on the other. The
justices under the commission of 1361 were trying vigorously (too
vigorously as it will appear) to compel the use of standard weights
and measures in accordance with the recent act of 1360-1, a copy
of which had been sent them; but were not turning their attention
to its labour clauses, quite possibly because of the ambiguity in
regard to the old laws. The numerous cases in the North Riding on
forestalling are as interesting as those on extortion: not until
March 1364 was forestalling within their competence.[3] The
picture presented by the C roll is altogether different; not only does
it contain a very small proportion of felonies and trespasses in
comparison with economic offences, but amongst the latter there is
not a single wool case, merely a few cases on weights and measures
(not concerning wool), two on forestalling; all the rest are on the
labour laws. The justices under the commission of 1362, were
undoubtedly showing the influence of the statute of that year,

[1] *Proceedings,* xxiii, xlvi.
[2] *Supra,* pp. xii-xiv. The classification is not absolutely accurate;
several offences are often combined in one presentment.
[3] *Supra,* p. xvi. It is surprising that the justices dealt with taking
salmon out of season (D 159).

which explicitly gave them jurisdiction over *all* the labour legislation.

The labour cases include several interesting examples of labourers refusing to swear obedience to the labour laws before a constable (C 151, 193), one of constables refusing to administer the oath (C 149), a number of instances of breaking contracts, of refusal to make contracts (sometimes on the plea of illness),[1] of refusal to work at legal wages or to work at all, but a majority of the cases are concerned with the receipt of "excess" wages, just as had been true previously before the justices of labourers.[2] The effect of the act of 1360-1[3] is seen in the large number of instances in which labourers are accused of departing to other places because of higher wages. This definite attempt to check the mobility of the labouring class is common alike to the old system of villeinage, and to the later system of "settlement," one of the greatest economic evils of the eighteenth century. Finally, it is to be noted that the East Riding justices in 1363-4 were doing their best to exercise their new powers over the subsidy collectors and the distribution of penalties[4] and that in their efforts to enforce the labour laws they were devoting their attention to Pocklington and its neighbourhood to such an extraordinary extent that an explanation is demanded.

VIII RESULTS OF THE PROCEEDINGS : IN SESSIONS OF THE PEACE ; IN THE KING'S BENCH ; IN GAOL DELIVERY

The best approach to a study of the results of the work of the justices is an account of the distribution of business amongst the various sessions.

Rolls A and B. The number of presentments at a given session, presumably on one day, run from the minimum of 2 or 3 to 6, 10, 11, 13, 15, 19 or 24, except at the Hedon session of 26 July, 1361.[5] Here there were 54 presentments, 42 of which were for infringements of standard weights and measures. Each session is occupied also with the issue of the usual writs of process, and with trials and with confessions of guilt, and therefore contains records of penalties, financial and other.

Roll D. The distribution is very similar to that in A and B. The number of presentments at a given session are 10, 13, 15, 16, 18, or 25, occasionally as few as 3 or even 1. The sessions with the smaller number of presentments prove to be occupied with process, trials and confessions, in the Stokesley session of 9 Sept., 1361, for example, to the complete exclusion of any new business.

---

[1] John Moy's plea (A 96), but he had been vigorous enough to commit an assault a short time before (B 30).   [2] *Stat. Lab.*, 77.
[3] C. 10.   [4] See *infra*, p. xxxvii.
[5] Assuming that my reconstruction of the distribution is correct; see B, *infra*. With the minimum number of presentments, a session is usually occupied mainly with trials.

Roll C. The distribution in C shows so marked a contrast that it must be described in detail. Because of the various problems involved in the 33 duplications on m. vij of mm. i-vj, and because some of them probably represent new presentments of the same offences,[1] the figures here given represent the total number of cases enrolled, 212 on mm. i-vj, 62 on m. vij. In 1363: 23 March, York, 12 presentments; 12 June, Stamford Bridge, 4 presentments, 36 trials; 2 Oct., Kilham, 16 presentments, 54 trials; Pocklington (at the new dates for quarter sessions), 23 May, 133 presentments; 24 May, 3 trials; 25 May, 6 presentments, 9 trials; 26 and 27 May, 60 presentments; in 1364, 11 March, Pocklington again, 43 presentments, 50 trials.

The peculiarities of C need special discussion later. The general resemblances between A and B and D are natural, inasmuch as the justices in 1361-2 were acting under commissions identical for both Ridings and were usually subject to the supervision of the king's bench at York. Their results ought therefore also to show resemblances.

Results in sessions of the peace.

Rolls A and B. Of the 163 cases,[2] 42 are on illegal weights and measures, one for using 9 bushels to the quarter for grain instead of 8 (A 27), all the rest for trading in wool by weights other than the standard of 26 stones to the sack and 14 pounds to the stone.[3] These presentments are all quashed by the writ of supersedeas, stating that the "magnates and others" in parliament had intended the new legislation to apply only to offences committed *after* the proclamation of the act in every county (supposed to be made before 28 March, 1361) and rebuking the justices for trying to punish offences committed *before* the proclamation.[4]

For 50 cases of trespass and economic offences there are confessions of guilt; there are 15 trials by jury, with acquittal for 13 felonies (in A 106 for one of the accused only[5]), and conviction for one trespass and one economic offence; 54 undetermined indictments for trespass and felony are removed *coram Rege* by the general writ already described. Thus, aside from these last cases, only 3 are left (A 16, 17, 97) in which no final action is recorded in the rolls of the peace.

Rolls D and E. Of the 179 cases, there are only 16 presentments for offences concerning wool committed *before* 28 March, but these are all quashed by a writ of supersedeas identical in substance with that for the East Riding.[6] For 68 cases of trespass

---

[1] *Cf.* C, p. 62, note 3; p. 69, note 1.
[2] Not including the 4 duplications in B; *cf. supra*, p. xxx, note 1.
[3] A, p. 14, note 1; p. 13, note 1.
[4] A, pp. 16-18.
[5] Not mentioned in B 37, the duplicate.
[6] D, pp. 98-9.

and economic offences (several for the use of illegal weights for wool *after* 28 March) there are confessions of guilt; there are 7 trials by jury, with acquittal for 2 felonies and for 3 cases of extortion, and conviction for 2 trespasses; there are 23 instances of the process of exigend, 22 of which end in outlawry; there is one case of the report of the death of the accused (D 164); there are 3 cases, one each, of bail (D 108), of surety of good behaviour (D 40),[1] and of failure to prosecute a suit (D 106); 28 indictments for trespass and felony are removed *coram Rege*, most of them by a general writ as above. Thus, aside from these last cases, only 33 are left in which no final action is recorded in the rolls of the peace.

Results in the king's bench.[2]

Rolls A and B. Of the 54 undetermined indictments reported by Aton as sent to the king's bench in response to the writ of 23 June, 1362,[3] ten were acted on in Trinity term. The case of John Sherman (B 22) resulted in his acquittal for homicide. The other nine cases (B 37-45) involved John Bosevill, two indictments for felony, six for trespass, one of "Cecilia" as accessory to one of his felonies. It will be remembered that in the session of the peace of 9 June, 1362, Bosevill's trial was estopped on the ground that a too favourable jury had been empanelled by the sheriff, Marmaduke Constable; but it is significant that the action of the second jury summoned is not recorded. It is not surprising that so powerful a man as the sheriff succeeded in preventing a trial in the sessions of the peace and in having the case removed *coram Rege*, with the result that Bosevill was acquitted of the felonies although convicted and fined for the trespasses. Cecily is not mentioned but must have been *sine die*, since the principal was acquitted.

Three cases were acted on in Michaelmas term. No results are indicated for John Lemman (B 12);[4] William Wymark (B 16), indicted also before the sheriff for a similar theft was acquitted, but not dismissed because he had once "withdrawn." In the interesting dispute (B 29) over the responsibility of the abbot of St. Mary of York and of Ralph Lascelles for repairs of a certain road the abbot makes good his plea and is "quit."

Roll D. In spite of "coram Rege" carefully entered in the margin of every indictment removed in response to the general writ, the case of William Brimston (D 154) is the only one identified in the king's bench. He is *sine die* in Michaelmas term because of the production of a pardon. No further process in king's

---

[1] *Supra*, p. xxxi.
[2] Unless otherwise indicated, the cases here discussed are printed in the Appendices, *infra*.
[3] B, p. 32.
[4] K.B. 27/408, Rex. m. 42 d.; merely two writs of capias.

bench has been discovered on cases from either Riding except the enrolment in Michaelmas term of the apparently futile writ of capias for a long list of those indicted for trespass[1] and of an equally unsuccessful process in later terms against Henry Gardener and Hugh his son (D 17).[2] But as a result of a writ of Grene, the chief justice, dated 10 Dec., 1362, exigends are recorded on the coroners' rolls of almost all those indicted for felonies whose names appear in B and E; the omissions are mainly of cases already dealt with in king's bench. Curiously enough, the entry ends with the third exaction, not with outlawry.[3]

The results in gaol delivery seem to be limited to a successful plea by Hugh Colvill, in his trial on an indictment for homicide brought before the sheriff, of previous acquittal on the same charge in the sessions of the peace (A 98), and to the conviction and hanging of John de Wighale and John Webster on indictments before the sheriff for thefts almost identical with those of which they had been indicted in the sessions of the peace (D 123-5).[4]

Penalties. It is of interest to discover that the new punishment of prison for convicted labourers is not the only one in use; fines are still employed (A 110, 112, D 88); occasionally the mild penalty of administering an oath to obey the law (A 18, 19); in one instance (A 20), "damages" to the employer, in addition to prison; "taking" a labourer from service results in a fine (A 12). But the large proportion of financial penalties are of course fines for trespasses. A concrete result of the justices' activities is seen in the estreats sent to the exchequer and accounted for by the sheriff.[5] In spite of substantial amounts from both Ridings there is no evidence that any portion of these were assigned to the justices as wages. Why the system had been given up after its success in the case of justices of labourers and why it was so long in being restored remains a mystery.[6] That the justices and their clerks should have worked without pay is almost incredible.

Roll C. For the 212 cases on mm. i-vj omitting 9 duplicates, there are 21 confessions of guilt, 7 for trespass, 5 for illegal weights and measures (not wool), 9 for other economic offences; there are 135 trials by jury: 22 convictions, 1 for felony, the rest for economic offences; 112 acquittals, 5 for felony, 2 for trespass, 105 for labour offences, one case including acquittal for grand

[1] App., *infra*, pp. 139-40.
[2] K.B. 27/412, Rex m. 22 d.; 414, Rex m. 8 (no writ on the rolls of the peace).
[3] J.I. 2/217, m. 3 d., under the heading, Pleas of the crown before Thomas de Musgrave, sheriff and Simon de Heselarton, kn., coroner, 7 Aug. 37 Edw. III, 1363 (m. 1). As in the writ of capias, the list includes those indicted before the justices of the peace in the West Riding and before the seneschal of Howden; see App., *infra*, p. 139.
[4] App., *infra*, pp. 140-2, 148-9.
[5] App., *infra*, pp. 142, 149.
[6] *Proceedings*, lxxxix-xci. The system was not really effective again till 1392.

larceny, conviction for petty larceny (C 14). Thus 47 cases are left, almost all of them labour cases, in which no final action is recorded.[1]

Of the 29 non-duplicated cases on m. vij. 1 labour case results in conviction by jury trial (C 24a), 1 case is included in an acquittal for felony (62a); for the rest, almost all of them labour cases, no final action is recorded, undoubtedly because of the interruption of the final session.

Penalties. In contrast to the branding of "rogues" with "R" in the seventeenth century,[2] there is no evidence that the fourteenth century justices were having "recalcitrant" labourers branded with "F," as ordered by the statute.[3] Prison is the usual penalty for labourers, fines occur occasionally (C 151), and once the equitable punishment of completing a term of service, "damages" being remitted (C 12); the giver of excess wages pays a fine (C 207, 210). The total amount of financial penalties accounted for by the sheriff is surprisingly large.[4]

In considering the roll as a whole it must be remembered that the king's bench was no longer at York but that the justices were acting under the stimulus of a new form of commission that specifically instructed them to deal with *all* labour offences and to force subsidy collectors to distribute to the communities arrears of penalties under the statutes of labourers.[5] The justices' zeal for labour offences was evidently conspicuous; it remains to show that it was equally great in what was properly exchequer business. Proceedings are promptly begun against Hasthorp and Chauncey, and Grimston and Burton, collectors for the first and third years respectively.[6] That they had a peculiarly black record is proved by the innumerable entries on the Memoranda Rolls; they alternate between imprisonment in the Fleet and appearance in the exchequer with promises to account, promises that are repeatedly broken.[7] In the sessions of the peace, Hasthorp and Chauncey are speedily discharged on the admission by Grimston and Burton of the receipt from them of the money that they had collected; but Grimston and Burton were forced to produce an official transcript from the exchequer of their accounting for the penalties and even then were not discharged because of another portion of the tax still unaccounted for.[8]

---

[1] But C 1, C 2 and C 6 (cases against the collectors) are partly concluded.

[2] *North Riding Quarter Sessions Records* (cited *infra*, p. xlviii) vol. 6, p. 1.

[3] 34-5 Edw. III, c. 10.

[4] App., *infra*, p. 143.

[5] *Supra*, pp. xiv, xvi.

[6] C 1, 2, C 6; pp. 45, 47; for their appointments, *cf.* C, p. 44, note 4; p. 45, note 1.

[7] L.T.R. nos. 125-7, 27-29 Edw. III; K.R., nos. 130, 131, 28, 29 Edw. III.

[8] C, pp. 56, 66-7, and note 1.

The transcript is no longer attached to the edge of m. v;[1] but their complete figures for the third collection of the subsidy and for the distribution of penalties are preserved.[2] It is worthy of note that although many places had had substantial aid towards their tax burden, the three towns on ancient demesne, Pocklington, Kilham and Driffield, had not received a penny. Pocklington, with its market, fair, and windmill, had come into the possession of the great Percy family early in the fourteenth century.[3] Lord Henry Percy (d. 1368) had succeeded his father in 1352, he was closely connected with Ralph Neville the titular head of the commission of the peace, and he was the brother-in-law of William Aton, the actual head;[4] it has been shown that he was himself involved in cases dealt with in session. Is it not at least a plausible hypothesis that the belated distribution of penalties brought home to Percy, Neville and Aton the feasibility of coping with the unpleasant rise in wages and the dangerous tendency of agricultural labourers to migrate ? The unprecedented vigour of the attempt at Pocklington would thus be explained. That the attempt failed singularly is surprising; that it was made suggests that the co-operation of crown-appointed officials was welcomed by feudal lords and reminds one forcibly of similar co-operation on ancient demesne in Kent nearly fifty years before.[5]

IX   THE PEOPLE OF YORKSHIRE IN THE ROLLS:[6] THE OFFICIAL CLASS; THE GREAT LANDOWNERS; THE MERCHANTS; THE COMMON FOLK, THEIR OCCUPATIONS AND THEIR ECONOMIC UNREST

The official class

The justices of the king's bench   The Yorkshire predominance in the court has already been noted. Thomas de Ingelby, kn. (d. 1378), of Ripley, served from 1361 throughout the reign; during the years of our sessions he was the only other member beside Henry Grene (d. 1369), the chief justice, who was removed in 1365 on charges of peculation. The division of work between

[1] But see Mem. Rolls, K.R., no. 131, Communia, Hil., 29 Edw. III, dorse, for the exchequer entry.
[2] A portion is printed, App., *infra*, pp. 143-6.
[3] *The Percy Chartulary*, ed. M. T. Martin, *Surtees Soc.*, vol. 117 (1911), vi, 12, 195, 430.
[4] See *infra*, pp. xxxix, xl, xliii-iv.
[5] *Kent Keepers*, liii-v; H.M. Cam, *Hundred Rolls*, 202-5.
[6] My biographical information applies mainly to the 'fifties and early 'sixties and is derived chiefly from the following : Dugdale. *Origines Juridiciales* (1680), Foss, *Judges of England*, *The Complete Peerage*, *D.N.B.*, *V.C.H.* (*Yorks.*), the *Calendars* of the Chancery Rolls (*C.C.R.*, *C.F.R.*, *C.I. p.m.*, *C.P.R.*), and a number of volumes of the *Surtees Soc.* and of the *Yorks. Arch. Soc.* Page references are often omitted, especially for the commissions in *C.P.R.* Lists of justices of Labourers are printed in my *Stat. Lab.*, of knights of the shire in *Yorks. Parl. Representation*, *Yorks. Arch. Soc.*, vol. 91; of sheriffs in *List of Sheriffs* (*List no. IX*).

them was clear-cut. Grene was appointed to commissions in many counties other than Yorkshire; Ingelby, beginning his legal career by 1345, was knight of the shire for Yorkshire in 1348, and in the 'fifties was assigned to commissions in Yorkshire (to a few in Lincolnshire), for labourers, of sewers, of oyer and terminer. Then in the 'sixties not only did he test some of the writs from the king's bench at York,[1] but as Seton had done before him, he acted on a variety of commissions, almost always in Yorkshire and therefore in close association with his fellow-Yorkshiremen, the Percies and the Nevilles, the acting members of the commissions of the peace and other local officials. The legal influence of a *coram Rege* justice must have been considerable.

The justices of the peace
The East Riding, 1361.

William Aton (d. 1387), the presiding justice in 1361, was the son of Gilbert Aton[2] (d. 1350), the inheritor through his wife of the Vescy lands. The Aton estates, Hutton Bushel and West Ayton in Pickering, Malton in Ryedale, and others, were all in the North Riding. William married Isabel daughter of lord Henry Percy (d. 1352). He served frequently as justice of labourers, and of the peace, but always in the North Riding, until on 22 May, 1360,[3] he was appointed with twenty others (including two who were associated) on a commission of the peace which, like that of 1354, applied to the whole shire. The scheme evidently failed; a year later, as we know, commissions were issued for each of the three Ridings, and Aton received his first appointment in the East Riding, renewed in 1362. In the late 'sixties he acted often as justice of oyer and terminer, of array, of sewers, mainly in the East Riding. He was sheriff in 1368-70 and in 1372-3. The will of the elder lord Henry Percy (d. 1352),[4] a delightful document, is full of detailed bequests, amongst them "unum librum de Natura Animalium in gallico" to his daughter Isabel, also many gifts to Gilbert Aton and to Isabel's husband William—all pointing to close and friendly relations between Percies and Atons. Possibly the younger lord Henry Percy (d. 1368), with definite interests in his manor of Pocklington, had some part in procuring the appointment of his brother-in-law as "capitalis iusticiarius" in the East Riding, with the results already described.

Richard de Aske of Aughton (d. *circ.* 1388 ?), seneschal for life of the liberty of Howden, was appointed not only on the commissions previously mentioned[5] but on many others in the

[1] *Infra*, pp. 32, 131.
[2] *V.C.H. Yorks., N.R.*, i, 533; *Test. Ebor.* i, 62-3; *cf.* the Percy Wills cited *infra*, and p. xliii, note 1.
[3] *C.P.R. 1358-61*, 420.
[4] *Test. Ebor.* i, 57-61.
[5] *Supra*, p. xxiii.

xl   YORKSHIRE SESSIONS OF THE PEACE

East Riding, especially of oyer and terminer and of sewers. He received several pardons for felonies, granted because of his valiant service in France; the latest bears date of 12 Nov., 1362, not many months after the April session of the peace at which he himself sat. During the years following he was employed with extraordinary frequency. Was it his son who in 1388 was appointed steward for life of the liberty ?[1]

William Ryse of Beverley,[2] who sat at every session of the peace save one, had many duties in the 'fifties and the 'sixties. He was named a mainpernor for the abbot of Meaux, and with Ralph de Neville, attorney for the young Henry Percy (d. 1408); he served on many commissions—oyer and terminer, sewers, and a variety of others—usually connected with Beverley and Holderness, including their separate commissions of the peace.[3] In 1363 he was justice of oyer and terminer in Hertfordshire with Moubray, Ingelby and Cavendish, and with Skipwith was justice of assize for Yorkshire in 1361-4 and of gaol delivery for York castle in 1362-4.[4] This association with distinguished judges of the upper courts proves that he had had some legal training and thus represented the legal profession on the East Riding commission of the peace, otherwise wanting.

John de Benteley, of Bentley (Harthill wapentake) except for the commission of the peace of 1360, was appointed for work mainly in the East Riding,[5] commissions for labourers, of sewers, inquests on shipping (Scarborough), false measures, special commission of oyer and terminer in the Beswick case (B 18). John de Meaux, kn. (d. *circ.* 1377[6]) of Bewick, Holderness, was assigned to many local commissions, usually with Ryse and Benteley. William de Aldeburgh (of Aldbrough, Holderness ?) was perhaps the son of Richard, justice of the common pleas by 1332. He appears on a few local commissions of oyer and terminer, and of sewers, and possibly was once collector of customs at Boston.[7] Thomas de Metham, the least active member of the commission, perhaps because of his exemption in 1359 from service against his will, was appointed on a few local commissions of oyer and terminer, and on the commissions of the peace of 1360 and of 1364.

The East Riding, 1362.

Since Ralph de Neville did not act he will be discussed under landowners; Aton needs no further account. John de Middelton,

---

[1] *Proceedings,* 465. *Cf. D.N.B.* for Robert Aske, the leader of the Pilgrimage of Grace.

[2] *C.P.R. 1358-61,* 418.   [3] *Infra,* p. 63, note 1, 67-8.

[4] Pat. 35 Edw. III, pt. 3, m. 21d.; 38, pt. 1, m. 7d; App., *infra,* pp. 140-2, 148, note 2.

[5] But if he is the same man who appears later in the *Calendar,* he was frequently employed on important commissions elsewhere.

[6] *Test. Ebor.* i, 100-1; *Index to Wills at York (Yorks. Arch. Soc.,* vol. 93).

[7] *C.C.R. 1354-60,* 261 (1356). But identification is uncertain because of the frequency of the name.

the third member,[1] had been assigned to the commission of the peace of 1360 and to many local commissions, many of them connected with economic matters, labourers, weights and measures, forestalling, tax collecting, and was therefore peculiarly qualified for the work at Pocklington.[2]

The North Riding, 1361.

Walter de Fauconberge, kn. (d. 29 Sept. 1362),[3] the son of John (d. 1349), had lands in Holderness (Rise and Withernwick), and also in the North Riding, including Skelton and Marske and the bailiwick of the wapentake of Langbaurgh. His second wife (d. 1401) was Isabel widow of Sir Roger de Burton and daughter of Sir Roger Bigod of Settrington. He served in France in 1355, was summoned to parliament by writ from 1350 to 1362, but appears very rarely on commissions, of the peace in 1360, of oyer and terminer in the East Riding a few times.

Richard le Scrope, kn., first baron Scrope of Bolton[4] (1328-1403), one of the most distinguished public servants of the age, needs little comment here either as a warrior or as treasurer or chancellor. In the 'fifties he acted as justice of labourers and of the peace in the North Riding, and later as justice of the peace in both the North and the West ; he was knight of the shire in 1364 and summoned to parliament by writ after 1371. From the analogy of his regular presence in the North Riding sessions of the peace *temp.* Richard II,[5] it is safe to infer that he sat frequently with Fauconberge; thus the legal profession was represented by one who "had not his fellow in the whole realm for prudence and integrity."

Robert Roucliff, kn. (d. 1381),[6] of Helperby near York, was appointed on many commissions in the East Riding or for Scarborough, often with Benteley, Middelton and Meaux; for labourers, of oyer and terminer, inquests on shipping. He was knight of the shire in 1370.

John de Fulthorpe (b. *circ.* 1310)[7] is probably the father of Roger (d. 1392), of Thirkleby near Thirsk, justice of the common pleas in 1374, impeached in 1388.[8] John was on the commission of the peace of 1360 and on a few other commissions, for labourers, and of oyer and terminer,

---

[1] For these small commissions see *Proceedings,* lxxxii.

[2] As in the case of Aldeburgh, identification is uncertain. He probably does not belong to the family of Gilbert the traitor.

[3] *C.I.p.m.,* vol. 11, no. 330; vol. 12, no. 90. There is another Walter (not a knight) evidently of the same family, who died on 4 Oct., 1362; *C.I.p.m.,* vol. 11, no. 500.

[4] *Test. Vetusta* (ed. N. H. Nicholas), i, 156.

[5] *Proceedings,* 464, 467.   [6] *Test. Ebor.,* i, 118.

[7] *C.I.p.m.,* vol. 12, p. 70.

[8] *Proceedings,* 463-4. In 1366 they are several times associated on appointments.

William Lascelles, probably the son of John Lascelles of Escrick,[1] appears on a few commissions of oyer and terminer in the 'sixties.

In contrast to the justices of the peace of a later age, often judges of the upper courts or great magnates appointed for many counties, these Yorkshire justices of 1361-4 were clearly local in their origin and in their interests; some of them belong to the class of great landowners, some of them are at the beginning of notable careers in the central government, others continued throughout their lives to work hard at the business of local government.

Sheriffs

Marmaduke Constable (d. 1378)[2] of the Constables of Holme and Flamborough, and Thomas de Musgrave, kn. (d. 1384/5)[3] of the Westmorland family, held the shrievalty in turn between 1359 and 1367. They had both been appointed on commissions for labourers and of oyer and terminer in Yorkshire and in the northern counties, and on the commission of the peace of 1360. Musgrave was subsidy collector in 1360, knight of the shire for Yorkshire in 1363 (while sheriff), again in 1369, escheator for the four northern counties in 1368.

Coroners[4]

Thomas de Lokton, of Lockton (perhaps of the family of John, justice of the king's bench by 1387) had been a tax collector; Thomas de Sturmy also, and John de Burton whose difficulties have been recounted; William de Lackenby served on a few commissions of oyer and terminer in the North Riding in the early 'sixties. Simon de Heselarton, kn. (of Heslerton ?) is of a family known both for public service and for acts of violence.[5] He himself had been removed as tax collector because he was in prison;[6] then had been elected coroner, and also, while coroner, knight of the shire in the parliament of 1362 so vital for justices of the peace. In the late 'sixties he served often as justice of array, and of oyer and terminer.

The subordinate officials are sometimes under indictment for serious offences: Alan de Mersk (an assistant to the sheriff), with two sub-bailiffs, for arson, homicide and larceny (D 148) ; William de Brimston, bailiff in Northallerton, for homicide (D 154). Since he thought it necessary to procure a pardon (granted for his service in France), he was probably guilty. Many of the charges

[1] *C.P.R. 1358-61*, 555-6.

[2] *Test. Ebor.*, i, 97-8; *Index to Wills at York*, vol. 93.

[3] *D.N.B.; Complete Peerage*. If the editor of *Yorks. Parl. Representation* is correct, I may have confused two of the same name.

[4] *Supra*, p. xxiv.

[5] Cf. *Yorks. Parl. Representation*.

[6] *C.F.R. 1347-56*, 335, 336.

against bailiffs and constables are for failure to perform their official duties and for negligence as to escapes.

Jurors and pledges

In over thirty groups of jurors (usually twelve in each group), with due allowance for duplications, there must be over 200 names, and perhaps nearly half that number of pledges. A careful study is needed in order to discover how many men were serving regularly either as jurors or as pledges or as both and were thus actually bearing the brunt of the routine work of the sessions. A cursory survey shows many members of distinguished families (usually not the heads) : Lascelles (several individuals), Roucliff, Skipwith, Percy. Was William Gascoigne of Riccall (B 29) of the family of the great judge ? The coroners are well represented in person and by relatives : Simon and Thomas de Heselarton, William de Lackenby, John Sturmy, Thomas de Lokton. A few jurors are indicted for serious offences : Walter de Staxton (A 9; B, p. 33, note 2), Alan de Mersk (already noted) ; but many more are indicted for economic offences, illegal measures or forestalling, probably looked upon in the fourteenth century as are motor traffic offences in the twentieth.

The great landowners

The heads of the great families are rarely directly involved in the cases or in official duties in the sessions ; references to them therefore are accidental and few : e.g., the lord de Moubray (D 113, D 114), clearly the lord of Axholme; Roger Bigod, knight. (A 32), of Settrington; Ralph Lascelles (B 29), of Escrick. But as has already appeared, the heads of the two greatest families of the north, the Nevilles and the Percies, did have a special connexion with the East Riding sessions of 1363-4. Ralph de Neville, fourth baron Neville of Raby,[1] had bound himself for life to serve lord Henry Percy (d. 1352) in war and peace; and through the marriages of his children must have been intimately associated with the younger lord Henry Percy (d. 1368).[2] Neville, in addition to his soldier's career, was appointed to a surprising number of posts in Yorkshire and the other northern counties, keeper of forests, overseer of array, justice of oyer and terminer. His contemporary, lord Henry Percy, third baron Percy of Alnwick,[3] with his vast possessions in Northumberland and Yorkshire, and with a similar military career, was appointed on only a few commissions, but these usually included Neville. It is the close relation between the two

[1] *Wills and Inventories (Surtees Soc,)* i, 26-7; *Index to Wills at York,* vol. 38; *C.I.p.m.,* vol. 12, no. 160; will of Thomas Percy, a younger son of lord Henry (d. 1352), *Test. Vetusta,* i, 84.

[2] His son married the daughter of the elder lord Henry, his daughter the son of the younger lord Henry (d. 1368), who became the first earl of Northumberland (d. 1408).

[3] *C.I.p.m.,* vol. 12, no. 242.

that throws light on the attempt to deal with the situation at Pocklington, previously described.[1] Why Neville, with all his experience, did not himself sit at the sessions, is difficult to explain, unless he were ill or out of the country.[2]

The religious houses, like the lay landowners, figure only incidentally in the rolls. The abbot of St. Mary claims fines on his tenants[3] and appears in a road case (B 29); the abbot of Byland, called false abbot by his enemies,[4] was indicted for extortion (D 117); several religious heads were having servant troubles; several were selling wool by illegal weights. Chaplains, rectors and vicars were doing the same, even the king's attorney (A 63); but it is buying illegally, not selling, that was the indictable offence.

The merchants

The information on trade is limited mainly to evidence of infringements of two sets of laws, those on forestalling and those on weights and measures. The forestallers were chiefly in the North Riding, "merchants of fish" (D 83); salmon in the Tees, eels, fish of all kinds, especially at Scarborough[5] and Whitby, also in the Humber; there are forestallers of cattle and of wild fowl (D 100), of grain (D 42), of iron (D 101) and once (D 81) of "xxiiij chauldre de carbone maris." Names like Thomas Ingilby of Yarm (D 144, D 160) suggest connexion with well-known families.

The buyers of corn (C 71), and the many brewers and brewsters, who are using illegal measures, are of fairly humble status and call for no special mention. But the indictments of over eighty buyers of wool by illegal weights[6] include not only the names of small local middlemen and valuable lists of wool districts (*e.g.*, D 19, 25, 36), but also the names of the large-scale exporters, men engaged in "big" business during the crucial twenty years just before the 'sixties, many of whom had been summoned to Edward's council of merchants. To name a few: Adam Pund of Hull, John de Kirkham of Beverley, John de Alverton of York, Hugh Myton of York; William Swanlund of York, one of the greatest financiers of the realm. It is not strange that the central government granted the writ of supersedeas !

[1] *Supra*, p. xxxviii.
[2] Perhaps Froissart was right (in spite of *D.N.B.*) in sending him back to France. It is significant that on 8 Oct., 1363, he was made attorney for his son-in-law Henry Percy and then immediately relieved of the post; *C.P.R. 1361-4*, 408, 423.
[3] *Infra*, pp. 9-10.
[4] *C.P.R. 1358-61*, 507.
[5] Forestalling was chronic at Scarborough; *cf. C.P.R. 1354-8*, 458; *1361-4*, 323.
[6] I am under deep obligation to Professor Power for her examination of the names of these wool dealers and for her valuable information on them which I have very briefly summarized. I hope that she will discuss fully this whole Yorkshire episode in her forthcoming volume.

The common folk and their occupations

There are very few references to foreigners (*e.g.*, D 176), only one instance where the surname, "Braban," suggests origin and is in fact followed by "Flemyng" (B 23, A, p. 27). The real problem at a date when surnames amongst the lower classes are usual but not yet universal, is to decide whether an occupational term after a Christian name indicates a calling or is actually a surname. There are a few clear cases, *e.g.*, *Clemens Scherman messor* (C 20), but many doubtful ones, like *Iohannes Midschipman* (D 177) or *Iohannes Swinhird* (C 72). But in spite of some uncertainties the lists here given present a fairly accurate picture of the economic groups revealed by the rolls, although not their numerical distribution.

(1) Agricultural and pastoral. *Bercarius, carectarius, carucarius,* dyker, *falcator, foditor, fossator,* mawer, *messor, pro turba fodenda, triturator.* There are interesting references that suggest community servants, *communis bercator ville* (C 32a), *porcarius ville* (C 52a), *communis porcarius ville* (B 43).

(2) Building trades. *Carpentarius, coopertor domorum, coopertor domorum cum stramine,* douber, *faber,* mason, *pro roda sarranda bordarum,* quelewright, sclater, sagher, theker, waller, wright.

(3) Textile industry. *Filatrix,* fuller, *textor, textrix,* taillour, webster, whelespinner.

(4) Miscellaneous. *Braciatrix,* brewer, brewster, *carnifex,* chapman, *cocus,* flessehewer, fyscher, hagger (?), miller, *magister nauis, piscator, sutor;* common labourers, household servants in general.

The analysis of offences[1] has revealed a state of insubordination amongst labourers, men and women alike—breach of contract, refusal to work under lawful conditions, illegal migration, especially in agriculture, and most common of all, the taking of "excess" wages and prices. The fact that precise figures are given means the existence of a mass of statistical information well worth careful study. Here a few concrete illustrations must serve.

Rates taken	Statutory or customary rates
Mowing by acre, 6 d. (C 118)	5 d.
Mowing by day, 6 d., 7 d., 8 d., 16 d. and food. (C 92, 27, 2a, 175)	5 d.
Reaping by day, 4 d. and food (C 20)	2 d., 3 d.
Threshing by quarter, 5 d. (C 16)	2 d. ob., 1 d. ob.
Pro roda turbe fodenda, 3 d. and food (C 166)	1 d. ob.
Carpenter by day, 5 d. with food, 6 d. without food (D 38, 54)	4 d. (recently increased from 3 d.)
Coopertor domorum by day, 5 d. and food (D 39)	3 d.
Pro pecia ferri, 4 d. (C 81)	No rate specified
Pro qualibet petra lane filanda, 18 d. (C 165)	12 d.

[1] *Supra,* p. xxxiii.

It is easy to understand that working people who had had such success in breaking their old bonds and in increasing their income would have been peculiarly irritated at being forbidden to wear fine cloth or girdles and rings of gold and silver[1] and at being commanded to use their leisure for practising bows and arrows, instead of for football or cock-fighting, or "other vain games of no value."[2]

Finally it is possible to interpret the many acts of violence, assaults, riotous attacks in large crowds (D 75, D 122), or the breaking into churches (B 18), the frequent homicides and larcenies, as proof of a spirit of unrest among labourers that was not purely economic. But, if we are to believe the indictments, such acts of violence were committed also by canons, by chaplains, by knights, by officials, even by a justice of the king; the "common malefactors and disturbers of the peace" merely reflect the spirit of the age, not of a special class.

X CONCLUSION : THE PECULIAR VALUE OF THE ROLLS

The preceding pages have shown that the survival of these Yorkshire rolls of the peace is explained partly, but only partly, by the presence of the king's bench at York. That there is a great element of chance in the survival of a particular roll is proved by the loss of the West Riding rolls for these years. The activities of the justices of the peace were no less in the West than in the two other Ridings ; their financial penalties were similarly accounted for at the exchequer and cases from their sessions are found on coroners', coram Rege and gaol delivery rolls. It can only be said that before the existence of a custos rotulorum and before the provision of an official place for the custody of shire records, especially after the king's bench remained fixed at Westminster, the fate of session files and rolls depended on the idiosyncrasies of a particular clerk of the peace or "capitalis iusticiarius."[3] It seems possible that in the future more such rolls may turn up amongst the private papers of great families, as did a Worcestershire roll recently at Madresfield Court.[4] Had the statute of 1335 always been interpreted as it was at least once in 1362, the story would be very different.

In comparison with other rolls of the peace that *have* survived for the fourteenth and early fifteenth centuries, the rolls here printed are extraordinarily valuable. Their distinction lies not only in the extent of the area covered and in the frequency of their sessions, but more particularly in the exceptionally detailed accounts of process, the almost unparalleled number of trials (with

[1] *Cf.* statute cited *supra*, p. xii, note 7.
[2] *C.C.R. 1360-4*, June 1363, 534-5.
[3] *Proceedings*, xciii-v, lxxxiv-vi.
[4] Printed *ibid.*, 424-34.

few convictions for felony, as usual), and in the very large proportion of business completely finished in session. It is possible that the sanction for "determining," never before granted by statute, had a share in imparting additional zeal to the justices and thus accounts for the comparatively few cases from their sessions found on coram Rege and gaol delivery rolls.

The rolls also throw light on the interesting problem of contemporary interpretation of mediæval statutes. The ambiguities in the act of 1360-1 stand out clearly. The justices were taking surety for good behaviour, not in the fashion prescribed either by the statute or by their commission, but apparently only from those troublesome malefactors who had been *indicted* in session on general charges of being disturbers of the peace, usually (although not always) combined with specific charges. In the matter of weights and measures, since the new legislation merely confirmed existing laws, the justices not unreasonably tried to punish the great traders in wool for breaking these laws. It is not the justices' fault that the influential merchants were successful in their contention in favour of the more rigidly legalistic view of the intent of the act. The greater clarity of the act of 1362 and of the commission based upon it resulted inevitably in the very direct effect on the work of the justices that has been described, both in relation to labour laws and to the peculations of subsidy collectors.

The examples already given of the justices' totally unauthorized exercise of jurisdiction over extortion and forestalling, repeated in other shires, prove that the contemptuous epithet of "Statute Creature" ought not at this period to be applied to justices of the peace. We know also that the reaction against them in 1364 was carried through without a statute; as a mere hypothesis it may be suggested that this reaction was caused partly by the failure of jurors to convict indicted labourers, paralleled by similar failure in Suffolk in 1361-4[1] and perhaps in other counties for which the evidence has disappeared. It is certainly significant that in the East Riding lord Henry Percy headed the new commission of 11 March, 1364, and that none of the previous justices were named on it, not even Aton, excepting only Thomas de Metham who had taken almost no part in the sessions of 1361-3.

A comparison of these quarter session records with the Yorkshire Eyre Rolls of 1218-19,[2] is illuminating. The eyre is concerned altogether with criminal law, although fortunately for economic history the prices of animals or articles stolen are given. The editor suggests that the "dour harshness" and "grimness" of life in Yorkshire may be one "reason for the large number of appeals of rape."[3] Obviously, no statistical contrast of relative

[1] *Proceedings*, 379-82.
[2] Edited for the *Selden Soc.* (vol. 56, 1937) by D. M. Stenton.
[3] *Ibid.*, pp. i, li.

frequency of specific crimes in Yorkshire is sound without full evidence from cases in the innumerable other courts of criminal law in existence by 1361-4,[1] but a sound contrast *is* afforded by the tremendous preponderance of economic offences on our rolls; life seems infinitely more modern. In fact, partly no doubt because of the use of jury trial, the content, form, and the whole atmosphere of the West Riding Sessions Rolls, 1597-8-1602, 1611-1642 and of the North Riding Quarter Sessions Records, 1605-1786,[2] bear more resemblance to the sessions rolls of 1361-4 than do the Eyre Rolls.[3]   The continuity of details of procedure used by justices of the peace is indeed remarkable.

A comparison with fourteenth-century rolls of the peace in other shires is of interest. The Suffolk rolls of 1361-4, like the Yorkshire rolls to be connected with the king's bench, contain nearly 700 cases, more than half of which include economic offences, the Staffordshire rolls of 1360-4,[4] the Gloucestershire rolls of 1361 and 1362[5] (before the new commission), the Yorkshire rolls of the 'eighties and the 'nineties,[6] have almost no economic offences. But the difficulties of sound generalization are shown by the existence amongst exchequer records of full estreats of penalties imposed on delinquent labourers in Yorkshire sessions of the peace a few years later than the date of the rolls that have survived.[7] Since trespasses and economic cases were likely to be determined in session and not to be removed *coram Rege*, there is a relatively small chance for the preservation of such records. The almost unique value of the Yorkshire rolls of 1361-4 is therefore obvious.

Although they contain nothing so sensational as the murder of Sir William Cantilupe in Lincolnshire or as the activities of professional labour agitators in Suffolk and Wiltshire,[8] they add vital details to our knowledge of criminal law, of the kind so brilliantly analysed by Professor Plucknett, and they tell much of the whole spirit of the times. The innumerable assaults present a picture very different from that of the tourneys and the courtly knights of the garter; the violence in church during mass, the

[1] More accurate knowledge of population figures is also essential.

[2] *Yorks. Arch. Soc.*, ed. J. Lister, vol. 3 (1888), vol. 54 (1915); *North Riding Record Soc.*, ed. J. C. Atkinson, 9 vols. (1883-92).

[3] The *Three Yorkshire Assize Rolls, temp. John and Henry III*, tr. and ed. by C. T. Clay, *Yorks. Arch. Soc.*, vol. 44 (1911), contain so large a proportion of "assizes" connected with land, outside the competence of the justices of the peace, that a comparison has little significance.

[4] Printed in *Proceedings*, 342-83, 275-95.

[5] They are being edited by Dr. E. G. Kimball for the *Bristol and Glouc. Arch. Soc.*; *cf. Proceedings*, 35.

[6] Printed in *Proceedings*, 424-67. The earliest session record thus far identified for the West Riding is for 1380, not 1597-8, as was once thought.

[7] *Proceedings*, 467.

[8] *Lincolnshire Sessions of the Peace*, 1360-75, ed. R. Sillem, *Linc. Rec. Soc.*, vol. 30 (1937); *Proceedings*, cxxiii, cxxv-vi.

offences of which ecclesiastics are accused, ill accord with the traditional notion of mediæval piety; the charges against officials of committing the very offences they were supposed to be punishing; the graft of tax collectors, the undue favoritism of sheriffs—all these instances show the fluidity between the law-abiding or the law-enforcing, and the law-breaking classes that was so common in the middle ages.

The rolls shed light, through lists of articles stolen, on standards of living in small towns; they give invaluable figures for wages and prices; they confirm other evidence showing that Yorkshire was still largely agricultural and pastoral, with textile industries in certain centres and important seafaring occupations at the ports; that the merchants of wool were the most powerful economic group, that forestalling of fish was so usual as to make the offence seem respectable. But more particularly do the rolls contribute new information on the economic unrest in the shire a generation before the great revolt; fishermen, agricultural labourers, textile workers, were defying the economic restrictions imposed upon them, and at least in the East Riding "the most populous, the wealthiest, and the busiest of the Ridings"[1] were fairly successful in escaping punishment, in spite of the combined forces of feudal lords and the agents of the central government.

[1] A. F. Leach, *Beverley Town Documents, Selden Soc.*, vol. 14 (1900), p. xvii.

INTRODUCTORY NOTE TO THE TEXT

The Assize Rolls here printed, 1134, 1143, mm. 5-6, 1136, 1135, 1143, mm. 2-4, have for convenience been called A, B, C, D and E, respectively. The cases on the rolls have been numbered consecutively throughout each roll, except that on m. vij of C the numbers begin again, with "a" added to each number.   Square brackets around an arabic number or around an arabic number preceded by one of the above five capital letters indicate a cross-reference to a case on the rolls.

In transcription of the manuscripts the following rules have been observed :

(1) When the old numbers of the membranes differ from the present ones, both numbers are printed.

(2) Place names and personal names have usually not been extended, [1] but an apostrophe has been printed at the end of the name to indicate marks of abbreviation or suspension; e.g., Atōn has been printed Aton'.

(3) In price and valuation the abbreviations li. s. d. ob. have been used. For references to coin in bulk the extended forms are given.

(4) Except for the examples under (2) and (3) words have been extended according to the accepted meaning of the marks of contraction, suspension and abbreviation. A few doubtful forms, however, have been left un-extended; e.g., "tractand' " (A 36), or "r' " (D 20). Except when there is evidence to the contrary and when the MS. form has been reproduced, "iur' " has been extended to "iurati" for the presenting, and to "iuratores" for the trial jurors; "dies" in the singular has been taken as feminine.

(5) The u, v, i, j (long i), of the rolls have been kept, except that the initial I has been used instead of J. In general, mistakes of syntax or form have been reproduced, with [sic] very sparingly used.

(6) Punctuation, paragraphing and capitalization have been modernized. But in instances where a Christian name is followed by a term denoting a craft which may or may not have been transformed into a surname, the capital of the MS. has been kept.

(7) Interlineations and cancellations have been indicated by round brackets and by a superior "i" and "c" respectively.

(8) Additions to the legible text other than the arabic numerals already noted have been shown by square brackets; doubtful readings, supplied by analogy or by duplicate MS. sources, by square brackets sometimes with a question mark; undecipherable or torn or blank sections by three dots . . . , followed by a footnote such as "torn" etc.; formal omissions from the text by three dots . . .

(9) Marginal entries, endorsements, or brief summaries in English, have been indicated by round brackets with italics for everything but the actual text.

---

[1]   The marginal " Ebor " has been extended in A and sometimes elsewhere.

ROLLS OF SESSIONS OF THE PEACE FOR THE EAST RIDING AND THE NORTH RIDING OF YORKSHIRE, 1361-1364

ASSIZE ROLL 1134 (A) EAST RIDING

(Writ attached to edge of m. 1, at top)

Edwardus Dei gracia Rex Anglie Dominus Hibernie et Aquitanie dilecto et fideli suo Willelmo de Aton' salutem. Cum de communi consilio regni nostri statutum sit quod iusticiarii ad assisas iuratas et certificaciones capiendas et gaolas deliberandas ac ad felonias et transgressiones audiendas et terminandas assignati omnia recorda et processus sua terminata et in execucione demandata mittant ad scaccarium nostrum ad festum Sancti Michelis quolibet anno semel ibidem liberanda; et quod thesaurarius et camerarii qui pro tempore fuerint visis commissionibus dictorum iusticiariorum eadem recorda et processus a dictis iusticiariis vel sub eorum sigillis recipiant et ea in thesauraria nostra custodiant vt est moris; ita semper quod dicti iusticiarii primo capiant extractas penes eos de recordis et processibus (predictis)[1] ad eas ad dictum scaccarium mittendas sicut fieri consueuit, prout in eodem statuto plenius continetur[1], vobis mandamus quod extractas vestras quascumque de quibuscumque sessionibus vestris de tempore quo fuistis iusticiarii nostri ad felonias et transgressiones in Estrithingo in comitatu (Eboraci)[1] audiendas et terminandas assignati que nondum ad dictum scaccarium nostrum mittuntur ad opus nostrum leuandas ac recorda et processus quecumque terminata penes vos residencia ad ipsum scaccarium nostrum mittatis indilate ibidem liberanda iuxta formam statuti predicti, et habeatis ibidem hoc breue.

Teste me ipso apud Westmonasterium vj die Decembris anno regni nostri tricesimo sexto [1362][2].

Tam[worth][3]

[m. 1] Dominus Rex mandauit Willelmo de Aton' Thome Metham Iohanni Mewes Willelmo de Aldeburgh' Ricardo Aske Iohanni de Benteley et Willelmo Ryse breue suum patens in hec verba. Edwardus Dei gracia Rex Anglie Dominus Hibernie et Aquitanie dilectis et fidelibus suis Willelmo de Aton' Thome de

[1] 9 Edw. III, st. 1, c. 5, 1335.

[2] For process on the estreats see Memoranda Rolls, L.T.R., no. 134, 36 Edw. III, Breu. Ret. Mich., m. 58 d. and no. 135, 37 Edw. III, Breu. Ret. Mich. m. 29 d. For the total amount of penalties, see App., *infra*, p. 149.

[3] Undoubtedly the John Tamworth (d. 1374) who was a clerk of chancery by 1334 and a clerk of the crown for many years. He kept a school for clerks of chancery "on probation"; Tout, *Chapters*, iii, 209, 212-13.

Metham Iohanni Mewes Willelmo de Aldeburgh' Ricardo Aske Iohanni de Bentele et Willelmo Ryse salutem. Quia ex clamosa insinuacione communitatis regni nostri accepimus quod quamplures vagabundi aggregata sibi ingenti multitudine malefactorum et pacis nostre perturbatorum tam de illis qui de partibus exteris de pilagio et latrocinio ibidem vixerunt quam aliis in diuersis confederacionibus et conuenticulis in diuersis comitatibus regni nostri infra libertates et extra congregati armati et modo guerrino arraiati [hominibus][1] in passibus feriis mercatis et alibi in comitatibus predictis infra libertates et extra insidiantes, et quosdam ex eis verberantes vulnerantes et male tractantes et quosdam ex eis membris mutilantes, et quosdam de bonis et rebus suis depredantes, et quosdam nequiter interficientes, et quosdam capientes et in prisona secum quousque fines et redempciones cum eis ad voluntatem suam fecerint detinentes, et alia rapinas incendia felonias et malefacta facientes, vagantur et discurrunt, in nostri contemptum et preiudicium et populi nostri terrorem et commocionem manifestam et contra pacem nostram.

Nos dictam pacem nostram illesam obseruari et malefactores huiusmodi puniri volentes, prout decet, assignauimus vos coniunctim et diuisim ad dictam pacem nostram necnon ad statuta apud Wyntoniam Northamptoniam et Westmonasterium edita in hiis que pacis nostre conseruacionem concernunt in partibus de Estrithyngo in comitatu Eboraci tam infra libertates quam extra custodienda et custodiri facienda; et ad omnes illos quos arrmatos contra formam predicti statuti Norhamptonie vel in aliquo contra formam eiusdem statuti et statutorum predictorum delinquentes inueneritis et alios quoscumque de quibus suspicio malefactorum huiusmodi haberi poterit arestandos et capiendos et habito respectu ad quantitatem delictorum suorum iuxta discressiones vestras castigandos et puniendos, prout de iure et secundum legem et consuetudinem regni nostri ac formam statutorum predictorum fuerit faciendum; et ad omnes illos qui a dictis partibus exteris in regnum nostrum venerunt vel quos ex nunc ab inde in dictas partes de Estrithyngo venire contigerit de quorum gestu sinistra suspicio haberi poterit; et eciam alios qui aliquibus de populo nostro de corporibus suis vel incendio domorum suarum minas fecerint viis et modis quibus melius poteritis ad sufficientem securitatem de bono gestu suo erga nos et populum nostrum inueniendam compellendos et eos quos contrarios vel rebelles in hac parte inueneritis iuxta dictas discressiones vestras castigandos et puniendos, prout de iure et secundum legem et consuetudinem predictas fuerit faciendum.

Assignauimus eciam vos sex quinque quatuor et tres vestrum iusticiarios nostros ad inquirendum per sacramentum proborum et legalium hominum de partibus predictis tam infra libertates quam extra per quos rei veritas melius sciri poterit de quibuscumque

[1] Supplied from B, *infra*, p. 32.

feloniis et transgressionibus in eisdem partibus qualitercumque et per quoscumque factis et que exnunc ibidem fieri contigerit, et de eorumdem malefactorum et felonum manutentoribus receptatoribus et fautoribus ac aliis articulis et circumstanciis premissa tangentibus plenius veritatem; et eciam de hijs qui mensuris et ponderibus in eisdem partibus infra libertates vel extra contra formam ordinacionum et statutorum inde editorum vtebantur vel iam vtuntur;

    et ad easdem felonias et transgressiones ad sectam nostram tantum audiendas et terminandas, secundum legem et consuetudinem predictas; necnon ad debitam correccionem fieri faciendam de ponderibus et mensuris predictis et condignam punicionem illis quos de abusu mensurarum et ponderum predictorum culpabiles inueneritis iuxta iuris exigenciam et formam ordinacionum et statutorum predictorum inponendam;

    et eciam ad omnia indictamenta coram quibuscumque iusticiariis nostris ad felonias et transgressiones in partibus predictis temporibus preteritis audiendas et terminandas assignatis facta vnde processus nondum sunt terminati inspicienda et ea debito fine terminanda, secundum legem et consuetudinem predictas ; et ad omnes artifices seruitores et operarios quos contra formam ordinacionis in iam vltimo parliamento nostro facte delinquentes per debitum processum coram vobis inueniri contigerit castigandos et puniendos, prout secundum formam eiusdem ordinacionis fuerit faciendum.

    Et ideo vobis mandamus quod ad certos dies et loca quos vos sex quinque quatuor et tres vestrum ad hoc prouideritis inquisiciones super premissis faciatis et felonias et transgressiones predictas audiatis et terminetis et premissa omnia et singula faciatis et expleatis in forma predicta, facturi inde quod ad iusticiam pertinet secundum legem et consuetudinem regni nostri, saluis nobis amerciamentis et aliis ad nos inde spectantibus.

    Mandauimus enim vicecomiti[1] nostro comitatus predicti quod ad certos dies et loca quos vos sex quinque quatuor et tres vestrum ei scire facietis venire faciat coram vobis sex quinque quatuor vel tribus vestrum tot et tales probos et legales homines de partibus predictis tam infra libertates quam extra per quos rei veritas in premissis melius sciri poterit et inquiri, et quod ordinaciones in iam vltimo parliamento nostro apud Westmonasterium tento vt predicitur factas vobis liberet execucioni demandandas.

    In cuius rei testimonium has litteras nostros fieri fecimus patentes.

    Teste me ipso apud Westmonasterium xx⁰ die Marcii anno regni nostri tricesimo quinto.[2]

[1] Marmaduke Constable, 21 Nov. 1360—20 Nov. 1362.

[2] *C.P.R. 1361-4*, 64; printed in *E.H.R.* xxvii, 234-6. For an analysis see my *Proceedings*, xxii-vi, 293; also Introduction, *supra*, pp. xv-xvi.

Pretextu cuius breuis preceptum fuit vicecomiti quod venire faceret coram prefatis iusticiariis etc. xxiiij probos et legales homines de wapentachio de Dikeryng' per quos rei veritas melius sciri poterit et inquiri apud Killom' (et)[1] wapentachio predicta die Martis proxima post festum Sancte Trinitatis anno regni Regis Edwardi tercij post conquestum tricesimo quinto [25 May 1361] et ad faciendum ea que ex parte Domini Regis eis ibidem iniungentur.

Et vicecomes fecit inde execucionem prout patet in [rotulo] sequenti etc.

Presentaciones et indictamenta capta apud Killom' coram Willelmo de Aton' Iohanne Mewes Willelmo de Aldeburgh' Ricardo de Aske Iohanne de Benteley et Willelmo de Ryse iusticiariis Domini Regis ad pacem Regis necnon ad statuta apud Wyntoniam et Norhamptoniam pro conseruacione pacis eiusdem edita in omnibus et singulis suis articulis in partibus de Estrithyngo in comitatu Eboraci tam infra libertates quam extra custodienda et custodiri facienda, ac eciam ad quascumque felonias et transgressiones in dictis partibus de Estrithyngo factas necnon ad quosdam alios articulos in dicta commissione contentos audiendos et terminandos assignatis die Martis proxima post festum Sancte Trinitatis anno regni Regis Edwardi tercij post conquestum tricesimo quinto [25 May 1361].

1 Iurati presentant quod Willelmus de Baynton' de Ellerker Thomas atte Bekke de Ellerker Thomas Fyn de Ellerker Willelmus de Bulmer de Ellerker Thomas Rote de Ellerker et Iohannes Gerard de Brunflete die Dominica proxima post[2] festum Sancte Trinitatis anno regni Regis nunc tricesimo quinto apud Southcaue vi et armis in Ricardum Walker de Hothom insultum fecerunt et ipsum verberauerunt vulnerauerunt et male tractauerunt contra pacem Regis etc.

2 Et quod Willelmus de Lydell de Cotyngham die Martis proxima post festum Sancti Thome Martiris anno regni Regis nunc xxxij vi et armis in Elenam de Waghen de Beuerlaco apud Cotyngham insultum fecit et ipsam verberauit et vulnerauit et male tractauit contra pacem Regis.

3 Et quod Hugo Toller de Southcaue verberauit [et] vulnerauit Henricum Mason in domo sua die Lune proxima post festum Sancte Katerine anno regni Regis nunc tricesimo quarto apud Southcaue contra pacem Regis.

4 Ricardus Peket de Rillyngton' Thomas Swater Thomas Clerkson' et Robertus del Cotes die Lune proxima post octabas Pasche anno regni Regis nunc xxxv to venerunt apud villam de Thorpebasset ad domum Iohannis Baker et ibidem contra pacem

---

[1] For "in."
[2] Perhaps an error for "ante"; otherwise the date is 30 May, clearly impossible for this session.

Domini Regis insultum fecerunt Hugoni Felawe seruienti domini Iohannis Skayf rectoris ecclesie de Aldyngham et ibidem ipsum Hugonem noctanter verberauerunt vulnerauerunt et male trac- tauerunt contra pacem Domini Regis.

Respice in tergo plus de eisdem presentacionibus

[m. 1d.] 5 Iohannes Clerk' de Parua Driffeld dedit Iohanni Wynter vnam alapam cum manu sua dextra die Iouis proxima post festum Sancti Dunstani anno regni Regis nunc xxxij contra pacem Domini Regis.

6 Iohannes Tynkeler de Dryffeld verberauit [et] vulnerauit Aliciam filiam Willelmi Scot' de eadem, ita quod de vita eius desperabatur, die Ascencionis Domini apud Dryffeld anno regni Regis nunc xxxv^{to}.

7 Iohannes de Middelton' de Dryffeld verberauit et male tractauit Elenam atte Brigg' de Parua Dryffeld ibidem die Martis in septimana Pentecostes anno regni Regis nunc xxxv^{to}.

8 Iohannes Berier de Westhall et Agnes Broun de Cotom die Iouis in vigilia Sancti Barnabe Apostoli anno regni Regis nunc xxxv^{to}[1] apud Cotom in Aliciam vxorem Henrici Andrewe in- sultum fecerunt et ipsam verberauerunt vulnerauerunt et male tractauerunt, ita quod de vita eius desperabatur, contra pacem Regis.

9 Walterus de Staxton', vbi Marmaducus Conestable vicecomes Eboraci in turno suo apud Killom die Martis proxima post octabas Pasche anno regni Regis nunc xxxv^{to} liberauit eidem Waltero et Waltero de Bukton' et Iohanni Wacelyn et aliis iuratis quandam billam ad inquirendum de quibusdam articulis in eadem billa contentis, ibidem dictus Walterus de Staxton' eandem billam delacerauit in contemptu Domini Regis nolens de eisdem articulis ibidem vlterius inquirere. Per quod preceptum fuit vicecomiti quod venire faceret eos etc.

Placita apud Houeden' coram Willelmo de Aton' Thoma de Metham Iohanne de Mewes Willelmo de Aldeburgh' Ricardo de Aske Iohanne de Benteley et Willelmo de Ryse iusticiariis ad diuersas felonias et transgressiones in Estrithingo in comitatu Eboraci audiendas et terminandas assignatis necnon ad quedam alia in dicta commissione contenta facienda et explenda etc. die Iouis proxima post quindenam Sancte Trinitatis anno regni Regis Edwardi tercij post conquestum tricesimo quinto [10 June 1361].

(*Margin* Eboracum) Alias [no. 1] coram prefatis iusticiariis extitit presentatum quod Willelmus de Baynton' de Ellerker Thomas atte Bekke de Ellerker Thomas Fyn de Ellerker Willelmus de Bulmer de Ellerker Thomas Rote de Ellerker et Iohannes Gerard de Brounflet' die Dominica proxima post festum Sancte Trinitatis anno regni Regis nunc tricesimo quinto apud Southcaue vi et

---

[1] 10 June 1361, another impossible date for the session.

armis in Ricardum Walker de Hothom insultum fecerunt et ipsum
verberauerunt vulnerauerunt et male tractauerunt contra pacem
Regis etc.

    (*Similar form for nos.* 2 *and* 3).

    Per quod preceptum fuit vicecomiti quod caperet eos si etc.
et saluo etc., ita quod haberet corpora eorum coram prefatis
iusticiariis hic ad hunc diem etc. ad respondendum Domino Regi
de premissis etc. Et modo veniunt predicti Willelmus de Baynton'
et omnes alij et de premissis per iusticiarios allocuti singillatim
qualiter se velint acquietare, qui premissa non possunt dedicere
set singillatim ponunt se in graciam Domini Regis pro transgressionibus predictis et petunt se admitti ad finem faciendum cum
Domino Rege occasionibus predictis et admittuntur; videlicet,
predictus Willelmus de Baynton' per finem xl d. per plegium
Iohannis Belewe de Ellerker Ricardi Clerk' de Brantyngham de
Ellerker Simonis de Ripplyngham de Ellerker Rogeri atte Kirk'
de eadem et Roberti de Ripplyngham de Ellerker; et dictus
Thomas atte Bek' per finem xl d. per plegium predictum; et dictus
Thomas Fyn per finem xl d. per plegium predictum; et dictus
Willelmus de Bulmer per finem xl d. per plegium predictum; et
dictus Thomas Rote per finem xl d. per plegium predictum; et
dictus Iohannes Gerard per finem xl d. per plegium predictum; et
dictus Hugo Toller per finem xl d. per plegium Willelmi Deyuill
de Birland et Thome de Benetland; et dictus Willelmus de Lydell
per finem xl d. per plegium Willelmi Moigne et Iohannis de Spaigne.
Ideo ipsi deliberantur. (*Margin* xl d. *against the name of each of
the indicted*).

    Presentaciones capte coram prefatis iusticiariis apud Houe-
den' die et anno supradictis.

    10 (*Margin* Eboracum) Duodecim iurati wappentachii (de
Hertill')[1] de Estrithingo comitatus Eboraci presentant quod
Thomas filius Nicholai Tonay de Ake insultum fecit Willelmo
Sutheron de Ake die Sabati proxima ante festum Sancti Willelmi
Eboraci anno regni Regis nunc xxxv^{to} contra pacem Regis.

    11 Item presentant quod idem Thomas insultum fecit
Roberto del Hill' de Ake vi et armis et ipsum cum cultello ex-
tracto ad ventrem percussit et indumenta sua cum eodem cultello
scidit et ipsum fere occidisset, vt patet per cissuram, die Dominica
proxima ante festum Sancti Barnabe anno regni Regis nunc
xxxv^{to} contra pacem Regis etc.

    12 Item presentant quod Iohannes Cleuyng' cepit et tenet
de Thoma Layry Adam Potter de Pokelyngton' extra seruicium
dicti Thome et contra formam statuti[1] a die Lune proxima post
festum Pentecostes vsque nunc [*sic*] diem.

    13 Item presentant quod Iohannes Cald' verberauit et
vulnerauit Thomam Ardewyne apud Paruam Driffeld' die Lune

---

[1] Ordinance (not statute) of labourers, 23 Edw. III, c. 2, 1349.

proxima post festum Ascencionis Domini anno regni Regis nunc
xxxiij° et eum mahemauit contra pacem Regis.

14   Item presentant quod Nicholaus seruiens Willelmi de
Retherby de Otryngham vi et armis die Dominica proxima post
festum Sancti Michelis anno regni Regis nunc xxxij° fregit clausum
Iohannis de Scalby apud Otryngham et quasdam Iohannam West'
Eustachiam West' et Beatricem Meller seruientem ipsius Iohannis
ibidem verberauit [et] vulnerauit, per quod idem Iohannes per
vnum mensem amisit seruicium eorundem seruientium contra
pacem Domini Regis.

15   Item presentant quod Willelmus filius Willelmi de
Retherby et Iohannes frater eius de Otryngham vi et armis die
Lune proxima ante festum Sancti Willelmi anno regni Regis
nunc xxxv^{to} verberauerunt vulnerauerunt et male tractauerunt
Laurencium de Seland seruientem Iohannis de Scalby apud
Otryngham contra pacem Regis etc.   Per quod preceptum fuit
vicecomiti quod venire faceret eos etc.

[m. 2]   Placita apud Sledmer coram prefatis Willelmo de
Aton' Ricardo de Aske et Willelmo de Ryse iusticiariis etc. die
Lune proxima ante festum Natiuitatis Sancti Iohannis Baptiste
anno supradicto [21 June 1361].

(*Margin* Eboracum)   Alias [no. 4] coram iusticiariis extitit
presentatum quod Ricardus Peket de Rillyngton Thomas Swater
Thomas Clerkson et Robertus del Cotes die Lune proxima post
octabas Pasche anno regni Regis nunc xxxv^{to} venerunt apud villam
de Thorpebasset ad domum Iohannis Baker et ibidem contra
pacem Domini Regis insultum fecerunt Hugoni Felawe seruienti
domini Iohannis Skayf' rectoris ecclesie de Aldyngham et ibidem
ipsum Hugonem noctanter verberauerunt vulnerauerunt et male
tractauerunt contra pacem Domini Regis.

(*Similar form for nos.* 5-9).

Per quod preceptum fuit vicecomiti quod venire faceret eos
etc. Et modo coram prefatis iusticiariis hic veniunt Ricardus
Peket et omnes alij in propriis personis suis et singillatim per
iusticiarios allocuti qualiter se velint de premissis sibi impositis
acquietare, qui premissa non possunt dedicere set ponunt se in
graciam Domini Regis pro transgressionibus predictis et singillatim
petunt se admitti ad finem faciendum cum Domino Rege et
admittuntur; videlicet, predictus Ricardus Peket per finem xl d.
per plegium Iohannis de Leuenyng' Willelmi de Lillyng' et Willelmi
de Whetewang'; et dictus Thomas Swater per finem xl d. per
plegium predictum; et dictus Thomas Clerkson' per finem xl d.
per plegium predictum; et dictus Robertus del Cotes per finem
xl d. per plegium predictum; et dictus Iohannes Clerk' per finem
ij s. per plegium Roberti de Lillyng' et Iohannis de Lunden' de
Geueldale; et dictus Iohannes Tynkeler per finem v s. per plegium
Iohannis Yongsmyth et Roberti Poly; et dictus Iohannes de

Middelton' per finem ij s. per plegium Gilberti de Aton' et Iohannis
Clerk' de Parua Dryffeld; et dictus Iohannes Berier per finem ij s.
per plegium Gilberti de Aton' et Roberti Bruys[1] et Iohannis de
Sutton'; et dicta Agnes Broun per finem ij s. per plegium predictum; et dictus Walterus de Staxton' per finem ij s. per plegium
Ricardi de Bolton' et Roberti de Lillyng'. Ideo ipsi deliberantur
etc. (*Margin Corresponding amounts, except* vj s. *for* v s., *against
the names of each of the indicted*)

16 (*Margin* Eboracum) Preceptum fuit vicecomiti sicut
alias[2] quod distringeret Thomam de Scalby de Scardeburgh'
Iohannem del Hill' de eadem et Rogerum de Barton' per omnes
terras etc. et quod de exitibus etc. et quod haberet corpora eorum
coram prefatis iusticiariis hic ad hunc diem ad respondendum
Domino Regi de diuersis transgressionibus et excessibus vnde
coram prefatis iusticiariis indictati sunt, et ipsi non veniunt.

Et vicecomes retornat quod mandauit plenum retornum
precepti Regis Ricardo de Nouo Castro et Iohanni de Rolyngton'
balliuis libertatis de Scardeburgh'; qui respondent quod predictus
Thomas de Scalby districtus vnde exitus vj d. et manucaptus
per Thomam Gay et Ricardum Rust'; et dictus Iohannes del Hill'
districtus vnde exitus vj d. et manucaptus per Robertum Wynter
et Symonem Bee; et dictus Rogerus de Barton' districtus vnde
exitus vj d. et manucaptus per Iohannem Mall' et Ricardum Rust'.
Et super hoc venit quidam Iohannes de Foxholes[3] qui sequitur
pro Domino Rege et dicit quod predicti balliui retornum predictum
in fauorem predictorum Thome et Iohannis et Rogeri fecerunt,
in preiudicium Domini Regis, quia dicit quod ijdem balliui a
tempore recepcionis preceptum [*sic*] Regis vsque ad retornum
eiusdem precepti de exitibus terrarum et tenementorum cuiuslibet
predictorum Thome de Scalby Iohannis del Hill' et Rogeri de
Barton' de decem libris Domino Regi respondisse debuissent; et
hoc pro Domino Rege protendit verificare etc.

Et facta inde proclamacione si predicti balliui venire vol-
uerint audituri inquisicionem illam si etc., qui non veniunt.
(*Margin* vj d. *ter*)

17 Et super hoc capta inde inquisicione pro Domino Rege
per sacramentum Iohannis Waceleyn Willelmi de Kennerthorp'
Ade Wodebok' Thome Lascy Iohannis de Pokethorp' Willelmi de
Warton' Willelmi de Grene Iohannis Prod de Rillyngton' Roberti
Donnyby de Fymmer Willelmi Proctour de Rillyngton' Willelmi
Helard de Rustane et Willelmi West' de Frydaythorp' qui dicunt
super sacramentum suum quod predicti balliui a tempore recepcionis precepti Domini Regis vsque ad retornum predicti precepti de exitibus terrarum et tenementorum Thome de Scalby de

---

[1] Undoubtedly the clerk of the peace, if not by this date, certainly a
little later; see C, *infra*, p. 55.

[2] Beginning of case not found; but *cf.* nos. 41 and 49.

[3] *Cf.* no. 63 and also p. 10.

centum solidis, et eciam de exitibus terrarum et tenementorum
Iohannis del Hill' de viginti solidis, et de exitibus terrarum et
tenementorum Rogeri de Barton' de viginti solidis respondisse
potuissent. (*Margin Corresponding amounts against each name*)
Ideo ijdem balliui erga Dominum Regem inde honarantur, et
nichilominus preceptum est vicecomiti sicut pluries quod distringat predictos Thomam de Scalby Iohannem del Hill' et Rogerum
de Barton' per omnes terras etc. et quod de exitibus etc., et quod
habeat corpora eorum etc. coram prefatis iusticiariis etc. ad
prefatos diem et locum ad respondendum Domino Regi etc.

Dominus Rex mandauit Willelmo de Aton' et sociis suis
iusticiariis nostris ad ordinaciones in vltimo parliamento nostro
factas conseruandas breue suum clausum in hec verba. Edwardus
Dei gracia Rex Anglie Dominus Hibernie et Aquitanie dilectis et
fidelibus suis Willelmo de Aton' et sociis suis iusticiariis nostris
ad ordinaciones in vltimo parliamento nostro factas conseruandas,
et ad quedam alia in commissione nostra vobis inde facta facienda
et exequenda in Estrithingo in comitatu Eboraci assignatis salutem.
Cum inter ceteras libertates et quietancias per cartas progenit-
orum nostrorum quondam Regum Anglie dilectis nobis in Christo
abbati et monachis Beate Marie Eboraci concessas concessum sit
eisdem quod ijdem abbas et monachi habeant omnia amerciamenta
omnium hominum suorum ad ipsos abbatem et monachos pertinencium et fines pro eisdem amerciamentis ita quod [ad] nos vel
heredes nostros nichil inde pertineat, set ipsi abbas et monachi
recipiant de hominibus suis quicquid de eisdem recipere debemus
de predictis pro quocumque delicto seu transgressione amerciati
fuerint [in curia] nostra siue coram nobis vel baronibus nostris de
scaccario, siue coram iusticiariis nostris de banco, siue coram iusticiariis nostris itinerantibus ad communia placita, siue coram iusticiariis nostris assignatis ad quascumque assisas capiendas vel gaolas
deliberandas seu ad quascumque inquisiciones faciendas, siue
eciam amerciati fuerint coram quibuscumque aliis iusticiariis
nostris vicecomitibus inquisitoribus prepositis balliuis vel aliis
ministris nostris ad quodcumque officium ex parte nostra deputatis, exceptis iusticiariis nostris et heredum nostrorum ad
placita foreste nostre deputatis; et nos cartas illas per cartam
nostram confirmauerimus et insuper concesserimus eisdem abbati
et monachis pro nobis et heredibus nostris quod licet ipsi libertatibus et quietanciis predictis aut earum aliqua gauisi vel usi
non fuerint, ipsi tamen abbas et monachi et eorum successores
dictis libertatibus et quietanciis et earum qualibet sine occasione
vel impedimento nostri et heredum nostrorum iusticiariorum
escaetorum vicecomitum balliuorum aut aliorum ministrorum
quorumcumque quocienscumque et quandocumque sibi expediens
fuit pacifice gaudeant et vtantur, prout in cartis et confirmacione
predictis plenius continetur, vobis mandamus quod ipsos abbatem
et monachos omnia amerciamenta omnium hominum suorum ad

ipsos abbatem et monachos pertinencium coram vobis amercia-
torum et extunc amerciandorum, et fines pro eisdem amerciamentis
absque impedimento habere et precipere permittatis iuxta tenorem cartarum et confirmacionis predictarum, contra tenorem
earundem non molestetis[1] in aliquo seu grauantes.

Teste me ipso apud Westmonasterium xx die Aprilis anno
regni nostri tricesimo quinto.[2]

[m. 2d.]   Placita coram Willelmo de Aton' Iohanne Mewes
Ricardo de Aske Iohanne de Benteley et Willelmo de Ryse ius-
ticiariis etc. apud Hedon' die Lune in crastino Sancti Iacobi
Apostoli anno supradicto [26 July 1361].

(*Margin* Eboracum) Alias [no. 10] coram prefatis iusticiariis
extitit presentatum quod Thomas filius Nicholai Tonay de Ake
insultum fecit Willelmo Sutheron' de Ake die Sabati proxima ante
festum Sancti Willelmi Eboraci anno regni Regis nunc xxxv[to]
contra pacem Regis.

(*Similar form for nos.* 11-15).

Per quod preceptum fuit vicecomiti quod venire faceret eos
etc. Et modo coram prefatis iusticiariis hic veniunt predicti
Thomas filius Nicholai Tonay et omnes alij in propriis personis
suis et singillatim per iusticiarios allocuti qualiter se velint de
premissis sibi impositis acquietare, dicunt singillatim quod ipsi
non possunt premissa dedicere set ponunt se in graciam Domini
Regis pro transgressionibus predictis et singillatim petunt se
admitti ad finem faciendum cum Domino Rege et admittuntur;
videlicet, predictus Thomas filius Nicholai per finem xiij s. iiij d.
per plegium Willelmi de Whetewang' et Iohannis de Foxoles;[3] et
dictus [Iohannes] Cleuyng' per finem xl d. per plegium Edwardi
Fanacourt' Gerardi Gerardi de Brumby Ade de Fenton' et Ricardi
Veyle de Brumby; et dictus Iohannes Cald' per finem x s. per
plegium Roberti de Lillyng' Radulfi de Mikelfeld et Thome Vescy;
et dictus Nicholaus per finem xl d. per plegium Fulconis Conestable
et Willelmi de Retherby; et dictus Willelmus filius Willelmi per
finem xl d. per plegium predictum; et dictus Iohannes frater
Willelmi per finem xl d. per plegium Fulconis le Conestable et
Roberti de Middelton'. Ideo ipsi deliberantur. (*Margin Corres-*
ponding amounts against the name of each of the indicted)

18 (*Margin* Eboracum) Iurati diuersorum wappentachiorum presentant quod Iohannes Nethird de Folketon' recessit extra

---

[1] For "molestantes."

[2] See Memoranda Rolls, L.T.R., no. 136, 38 Edw. III, Communia, Hil.,
m. 14 for a writ differing only slightly from the writ here enrolled, but dated
3 Oct. 37 Edw. III. The abbot of the famous Benedictine monastery was
William Marreys, 1359-82, according to Dugdale, *Monasticon*, III, 538-9
and to the list in the Ingilby MS. printed in V. H. Galbraith's ed. of the
Anominalle Chronicle, p. xlviii, but in *V.C.H. Yorks.*, III, 111, no name is
given between 1359 and 1380, and then William Maneys. The chronicle of
the abbey has been edited for the *Surtees Soc.* (vol. 148, 1934) by H. H. E.
Craster and M. E. Thornton.

[3] The king's attorney; see Introduction, *supra*, p. xxviii, note 2.

seruicium Iohannis Wacelyn causa plus capiendi[1] ad custodiendas vaccas de Flixton'.

19 Et quod [cum] Iohannes Tilsonman de Wandesford' communis carucator requisitus fuit per Adam baillif de Wandesford' ad seruiendum ei in officio carrucarii per annum vel dimidium annum, predictus Iohannes totaliter recusat ei seruire per annum vel dimidium annum set per dietas pro magno lucro.[2]

Per quod preceptum fuit vicecomiti quod venire faceret eos etc. Et modo coram prefatis iusticiariis hic ad hunc diem veniunt predicti Iohannes et Iohannes Tilsonman in propriis personis suis et de premissis allocuti qualiter se velint de premissis acquietare dicunt separatim quod ipsi parati sunt facere secundum ordinacionem etc. Et iurati sunt secundum formam statuti etc. Et super hoc venerunt Iohannes de Horkstowe Iohannes de Thornholme et Adam filius Iohannis et manuceperunt pro predicto Iohanne Tilsonman et pro predicto Iohanne Nethird venerunt Willelmus Lascy et Thomas Lasces, et manuceperunt pro predictis Iohanne Tilsonman et Iohanne Nethird quod ipsi extunc deseruirent per terminos vsuales et non per dietas, capiendo salaria secundum formam statuti etc. Ideo ipsi deliberantur etc.

20 (*Margin* Eboracum) Willelmus de Waldeby carpentarius attachiatus fuit ad respondendum Iohanni de Bentele[3] de placito transgressionis per billam;[4] et vnde idem Iohannes queritur quod vbi ipse die Lune proxima ante festum Pentecostes anno regni Regis nunc tricesimo quarto conduxit predictum Willelmum ad seruiendum ei in officio carpentarii, videlicet ad reparandas antiquas domos ipsius Iohannis in villis de Risceby et Wheton' omni festinacione qua poterit, videlicet inter festum Sancti Petri Aduincula anno regni Regis nunc xxxv to[5] et festum Sancti Petri extunc proximo sequens, capiendo pro labore suo iuxta formam statuti, idem Willelmus infra tempus predictum domibus predictis non reparatis recessit, in contemptum Domini Regis et contra formam statuti predicti;[6] vnde dicit quod deterioratus est et dampnum habet ad valenciam centum solidorum et inde producit sectam etc.

Et predictus Willelmus in propria persona sua venit et non potest dedicere quin ipse conductus fuerat cum prefato Iohanne de Bentele in forma qua idem Iohannes de Bentele superius versus eum narrauit. Ideo consideratum est quod predictus Iohannes de Bentele recuperet versus predictum Willelmum dampna sua, et idem Willelmus de Waldeby committitur prisone in custodia Marmaduci Conestable vicecomitis Eboraci.

Dampna centum solidorum.

---

[1] 23 Edw. III, c. 2, 1349; 34-5 Edw. III, c. 10, 1361.
[2] 25 Edw. III, st. 2, c. 1, 1351 (statute of labourers).
[3] Sitting at this session as a justice of the peace.
[4] Beginning of case not found.
[5] Perhaps an error for "xxxiv."   [6] 23 Edw. III, c. 2.

21 (*Margin* Eboracum)   Iurati diuersorum wappentachiorum de Estrithingo comitatus Eboraci presentant quod vbi
Willelmus Bargayn de Pokelyngton' captus fuit per contemptum
contra formam et ordinacionem statuti Domini Regis ob cuius
causam positus fuit in custodia Iohannis Hull' constabularii eiusdem ville (et)[1] de custodia sua recessit et fugit in contemptum
Domini Regis.   Per quod preceptum fuit vicecomiti quod caperet
eum etc.   Et modo coram prefatis iusticiariis hic ad hunc diem in
propria persona sua venit et per iusticiarios allocutus qualiter se
velit de premissis sibi impositis acquietare dicit quod ipse in
nullo est inde culpabilis et de hoc ponit se super patriam.   Ideo
veniat inde iurata coram prefatis iusticiariis etc. apud Kyngeston'
super Hull' die Mercurii in crastino Exaltacionis Sancte Crucis
[15 Sept.], et qui nec etc. ad recognoscendum etc. vnde etc.   Et
super hoc venerunt Thomas Vescy et Robertus de Lillyng' et
manuceperunt predictum Iohannem de Hull' habend' corpus eius
coram prefatis iusticiariis etc. ad prefatum terminum, videlicet
[quilibet] eorum corpus pro corpore etc.
      Ad quem diem coram prefatis iusticiariis venit predictus
Iohannes per manucapcionem suam predictam et vicecomes non
misit preceptum etc.   Ideo sicut prius preceptum est quod venire
faciat coram prefatis iusticiariis apud Eboracum die Lune proxima
ante festum Sancti Michelis [27 Sept.] xxiiij tam milites etc., et
qui nec etc. ad recognoscendum etc. vnde etc.   Ad quem diem
coram prefatis iusticiariis apud Eboracum venit predictus Iohannes
per manucapcionem suam predictam.   Et similiter iuratores
veniunt qui ad hoc electi triati et iurati dicunt super sacramentum
suum quod predictus Iohannes habuit in custodia sua predictum
Willelmum Bargayn, qui quidem Willelmus extra custodiam predicti Iohannis euasit.   Ideo idem Iohannes committitur prisone etc.
Postea idem Iohannes venit et petit se admitti ad finem faciendum
cum Domino Rege occasione predicta et admittitur; videlicet, per
finem ij s. per plegium Roberti de Lillyng' et Iohannis Whit de
Pokelyngton'.   Ideo ipse deliberatur.

      [m. 3] Placita corone apud Hedon' coram prefatis iusticiariis
predicto die Lune in crastino Sancti Iacobi Apostoli anno supradicto [26 July 1361].
      22 (*Margin* Eboracum)   Iurati diuersorum wappentach-
iorum de Estrithingo comitatus Eboraci presentauerunt quod
Alanus Thornhol[m]man felonice cepit vnam cellam, precij ij s.,
de Adam filio Iohannis de Wandesford' die Pentecostes anno regni
Regis nunc xxxv^to apud Wandesford'.   Per quod preceptum fuit
vicecomiti quod caperet eum etc. Et modo venit prediçtus Alanus
qui committitur in custodiam vicecomitis etc. et per eundem
vicecomitem coram eisdem iusticiariis ductus et allocutus qualiter
se velit de felonia illa acquietare, dicit quod ipse in nullo est inde

      [1] Superfluous.

culpabilis et de hoc de bono et malo ponit se super patriam. Ideo veniat inde iurata coram prefatis iusticiariis etc. apud Kyngeston' super Hull' die Mercurii in crastino Exaltacionis Sancte Crucis [15 Sept.], et qui nec etc. ad recognoscendum etc. vnde etc. Et super hoc venerunt Iohannes de Brigham Iohannes de Thornholm Iohannes de Horkestowe et Alanus de Suthiby et manuceperunt predictum Alanum Thornholmman habend' corpus eius coram prefatis iusticiariis ad prefatos diem et locum etc., et sic de die in diem quousque etc. videlicet quilibet eorum corpus pro corpore etc.

Ad quem diem coram prefatis iusticiariis venit predictus Alanus per manucapcionem suam predictam et vicecomes non misit preceptum nec nichil inde fecit etc. Ideo sicut prius preceptum est (eciam)[1] vicecomiti quod venire faciat coram prefatis iusticiariis apud Eboracum die Lune proxima ante festum Sancti Michelis [27 Sept.] xxiiij^{or} tam tam milites quam alios liberos et legales homines de visneto predicto per quos etc., et qui nec etc. ad recognoscendum etc. vnde etc. Ad quem diem coram prefatis iusticiariis apud Eboracum venit predictus Alanus in propria persona sua et similiter iuratores veniunt qui ad hoc electi triati et iurati dicunt super sacramentum suum quod predictus Alanus in nullo est culpabilis de felonia et transgressione predictis nec vnquam se subtraxit occasione predicta. Ideo consideratum est quod predictus Alanus eat inde quietus.

23 (*Margin* Eboracum) Iurati diuersorum wappentachiorum de Estrithingo comitatus Eboraci presentauerunt quod Adam de Escryk chapman manens in Eboraco emit lanas de Thoma de Pykeryng' rectore ecclesie de Sutton' super Derwent' vnum dimidium saccum et cepit pro petra tres libras et cepit pro sacco xxx petras et sic alibi de diuersis hominibus vsque ad summam x saccorum.[1]

24 Et quod Thomas Graunt de Eboraco emit (vnum)[1] saccum lani de Iohanne de Melburn' apud Cotyngwith' et sic alibi vsque ad summam sex saccorum et cepit pro petra tres libras.

25 Et quod Willelmus Aglyon de Lekyngfeld' emit lanas de rectore ecclesie de Lokyngton' eodem modo vsque ad summam xx saccorum et cepit eodem modo.

26 Et Iohannes Begun de Whetewang' emit duos saccos lani de Willelmo Thaumbleyn de Bayneton' et alibi vsque ad summam sex saccorum et cepit eodem modo.

27 Et quod Gerardus de Brumby manens in Eboraco emit de Edwardo Fanacourt de Brumby xx quarteria ordei et cepit pro quarterio nouem buschellos et alibi de diuersis hominibus

---

[1] 25 Edw. III, st. 5, c. 9, 1352; sack to weigh 26 stones, stone to weigh 14 pounds.

vsque ad summam cc quarteriorum et cepit per bussellum cumulatum et non rasatum.[1]

28   Et quod Hugo de Myton' emit de priore de Kirkham[2] x saccos lanarum, videlicet xxx petras pro sacco et xij libras et dimidiam cum tractu pro petra die Iouis proxima post festum Natiuitatis Sancti Iohannis Baptiste anno regni Regis nunc tricesimo secundo.

29   Et quod Rogerus de Honyngham de Eboraco emit de persona ecclesie de Langeton' tres saccos et de Rogero Bygod milite tres saccas in septimana Pentecostes anno tricesimo tercio eodem modo.

30   Et quod Willelmus Frankys de Eboraco emit de Willelmo Playce chiualer xx saccos die Iouis proxima post festum Sancti Michelis anno tricesimo eodem modo.

31   Et quod Iohannes de Gisburgh' de Eboraco emit de Thoma Westhorp' xx saccos die Lune proxima post festum Sancti Iohannis Baptiste anno tricesimo tercio eodem modo.

32   Et quod Willelmus de Touthorp' emit de Rogero Bygod chiualer duos saccos lani die Dominica proxima post festum Pentecostes anno tricesimo secundo eodem modo.

33   Et quod Willelmus Aglion' de Lekyngfeld' emit in villa de Fynmer duos saccos de diuersis hominibus quorum nomina ignorantur die Lune proxima post festum Pentecostes anno tricesimo secundo eodem modo.

34   Et quod Adam Pund de Hull' emit de Willelmo Playce chiualer xx saccos die Dominica proxima post festum Natiuitatis Sancti Iohannis Baptiste anno tricesimo quarto eodem modo.

35   Et quod Willelmus de Touthorp' emit xxx saccos die Sabati proxima post festum Sancti Michelis anno tricesimo quarto eodem modo contra statutum publicatum.

36   Et quod Iohannes de Knapton' de Eboraco emit et ponderauit de Waltero de Kelsterne tres saccos lani apud Bubwith et ponderauit vnamquamque petram pro xij libris et dimidia et tractand' ad lanam anno tricesimo secundo.

37   Et quod Philippus de Escrik' de Eboraco emit de Ricardo Curtays de Pokelyngton' vnam saccum lani per eundem mensuram.

38   Et quod Iohannes Chaumberleyn de Beuerlaco et Iohannes Tirwhyt de eadem socius eius emerunt et receperunt de Stephano de Suwardby apud Etton' xx et sex petras lani vnamquamque petram pro xij libris et dimidia tractand' ad lanam anno xxx° tercio.

---

[1] 25 Edw. III, st. 5, c. 10; standard measures only to be used; the measure of corn to be " rased, " the quarter to contain 8 bushels.   The two clauses (cc. 9, 10) of the above statute were confirmed by 27 Edw. III, st. 2, c. 10, 1353; 31 Edw. III, st. 1, cc. 2, 8, 1357; and very recently by 34-5 Edw. III, cc. 5, 6, 1361.

[2] John de Hertelpole, resigned Feb. 1363 (priory of Austin Canons); *V.C.H. Yorks.*, III, 222. See also C, p. 59, note 1.

39 Et quod Hugo de Miton' de Eboraco emit et cepit quinque saccos lani de priore de Kirkham per xij libras et dimidiam pro petra tractand' ad lanam.

40 Et quod Adam Pund emit de priore de Bridelyngton'[1] xx saccos, videlicet pro sacco xx petras et pro petra xij libras.

41 Et quod Thomas de Scalby emit de vicario de Gaunton' vnum saccum et dimidium eodem modo per duas vices.

42 Et quod Iohannes Cooke de Bridelyngton' emit de vicario de Folton' xx petras.

43 Et quod Iohannes filius Walteri de Scamston' emit de Iohanne del Grene de Seteryngton' vnum saccum eodem modo.

44 Et quod Willelmus Cook' de Beuerlay emit de Roberto de Ruston' et alijs in dicta villa dimidium saccum.

45 Et quod Iohannes Chaumberleyn emit in villa de Rudstane de diuersis hominibus duos saccos eodem modo.

46 Et quod Iohannes Ryhill emit de Roberto Dolfyn duas petras et de Simone Skill duas petras.

47 Et quod Willelmus Frankys emit de Iohanne Mounceux chiualer xij saccos eodem modo.

48 Et quod Willelmus Neumarchand' emit in Lepyngton' et Barkthorp' xx saccos et quod Willelmus emit in Akclom et Wynestowe eodem modo.

49 Et quod Iohannes del Hill' de Scardeburgh' et Rogerus de Barton' emerunt in foro de Shirburn' sex saccos de diuersis hominibus quorum nomina ignorantur.

50 Et quod Stephanus de Frythby emit in Frythby (et)[1] Edelthorp' xx saccos de diuersis hominibus quorum nomina ignorantur et post statutum puplicatum.

51 Et quod Ricardus de Burghes de Walkyngton' emit vnum saccum lani de Thoma Ake apud Ake anno xxx^{mo}, videlicet die Lune proxima post festum Sancti Thome Martiris per pondus xiij librarum et tractus ad petram lani et xxx petras ad saccum contra statutum.

52 Et Walterus de Belby et Iohannes Grace emerunt in foro de Houeden' quolibet Sabato per triennium proximo preteritum de quacumque persona contra statutum per pondus supradictum, videlicet de Willelmo Cissell et de Iohanne de Spaldyngton' et de aliis ad summam xx petrarum.

53 Et quod Thomas de Huga[te] emit tres petras lane de Willelmo del Grene de Pokelyngton' per pondus xij librarum et dimidie et quod idem Thomas emit de magistro Iohanne de Persay duos saccos lane per pondus cuiuslibet petri x librarum et dimidie.

54 Et quod Ricardus Curtays emit vnum saccum lane de domino Thoma Vghtred chiualer per pondus cuiuslibet petri xij librarum et dimidie et emit de Willelmo Stell' de Thornton' vij petras lane per pondus cuiuslibet petre xij librarum et dimidie.

[1] Peter de Cotes, 1356-62; *V.C.H. Yorks.*, III, 204.

55 Et quod Adam de Warter emit de domino Gerardo de Saluayn dimidium saccum lane per pondus cuiuslibet petre xij librarum et dimidie et idem Adam emit de Adam filio Iacobi de Milyngton' tres petras lane per pondus cuiuslibet petre xij librarum et dimidie.

56 Et quod Willelmus de Galmethorp' de Welbur[gh] emit lanas de Thoma Wacelyn xv petras, videlicet pro petra xij libras et dimidiam cum tractu, et apud Meynthorp' et Thornthorp' de diuersis hominibus quorum nomina ignorantur anno tricesimo primo vsque ad summam xx saccorum pro sacco xxx petre et in petra xij libras et dimidiam lanarum.

[m. 3d.] 57 Et quod Willelmus Bond de Lepyngton' emit lanas de Willelmo Boll' de Grymston' xv petras pro petra xij librarum et dimidie cum tractu et de diuersis hominibus x saccos eodem modo anno xxxiii° pro sacco xxx petras et in petra xij libras et dimidiam.

58 Et quod Robertus Neumarchand' emit de Ricardo Spyns vnum saccum eodem modo cum tractu et de diuersis hominibus per tres annos vltimo elapsos xx saccos eodem modo.

59 Et quod Iohannes de Kirkham emit lanas de Waltero Tomelyn de Meyngthorp' xv petras pro petra xij librarum et dimidie cum tractu et de diuersis hominibus x saccos eodem modo, anno xxxiiij^{to}.

60 Et quod Willelmus de Swanlond de Eboraco emit lanas de Iohanne del Grene de Seteryngton', videlicet vnum saccum pro sacco xxx petras et in petra xij libras et dimidiam cum tractu, et de Iohanne de Sutton' vnum saccum, anno xxx^{mo} in forma predicta.

61 Et quod Iohannes de Wragby de Beuerlaco emit de Iohanne de Midelton' sex saccos pro sacco xxx petras et in petra xij libras et dimidiam cum tractu anno xxxiiij^{to}.

62 Et quod Iohannes Howell' de Beuerlaco emit de Iohanne Hunt' de Fynmer x petras pro petra xij libras et dimidiam cum tractu et de diuersis hominibus sex saccos eodem modo, anno xxxij°.

63 Et quod Willelmus Tirwhit de Beuerlaco emit de Iohanne de Foxoles[1] duos saccos pro sacco xxx petras et in petra xij libras anno xxxij° et de Iohanne Stut de Wyrethorp' et de Thoma de Naulton' vnum saccum pro sacco xxx petras eodem anno.

64 Et quod Ricardus Dughty emit lanas de Iohanne de Lutton vnum saccum pro sacco xxx petras et in petra xij libras et dimidiam cum tractu et de domino Latymer tres saccos anno xxxij° et de diuersis hominibus xx saccos eodem modo.

Per quod preceptum fuit vicecomiti quod venire faceret eos etc. Et modo coram prefatis iusticiariis hic ad hunc diem [Hedon 26 July 1361] venit predictus Hugo de Miton' [nos. 28, 39] in

---

[1] The king's attorney; see Introduction, *supra*, p. xxviii, note 2.

propria persona sua et protulit hic quoddam breue Domini Regis clausum iusticiariis hic directum quod sequitur in hec verba. Edwardus Dei gracia Rex Anglie Dominus Hibernie et Aquitanie dilectis et fidelibus suis Willelmo de Aton' et sociis suis iusticiariis ad inquirendum de mensuris et ponderibus abusis[1] in Estrithingo in comitatu Eboraci salutem.

Cum in statuto in parliamento nostro anno regni nostri vicesimo quinto edito ordinatum fuisset et statutum quod pondus vocatum Auncel penitus inter emptorem et venditorem tollatur et quod quilibet per bilances vendat et emat ita quod balances sint equales, et lane et alie mercandize per rectum pondus equaliter ponderentur, et si quiuis emptor faciat contrarium tam ad sectam nostram quam ad sectam partis grauiter puniatur.

Ac eciam [in] Magna Carta contineatur quod vna mensura sit per totum regnum nostrum Anglie,[2] et super hoc in dicto parliamento nostro concordatum fuisset quod omnes mensure, videlicet bussellus dimidius bussellus pecca lagena potellus et quarta per idem regnum nostrum infra libertates et extra standardo nostro sint concordancia.

Ac in vltimo parliamento apud Westmonasterium tento ordinatum fuisset quod omnia et singula premissa in quolibet comitatu regni nostri infra libertates et extra ante festum Pasche proximo preteritum [28 March 1361] fuissent proclamata vt in omnibus suis articulis teneantur et obseruentur, et quod custodes pacis omnes illos quos post dictam proclamacionem sic factam contra dictum statutum inuenerint attemptasse debite puniant et castigent, prout in eadem ordinacione plene liquet.[3]

Iamque intellexerimus quod vos virtute commissionis vestre vobis super premissis facte diuersas inquisiciones de huiusmodi abusu ponderum et mensurarum ante dictam proclamacionem in vltimo parliamento nostro ordinatam in cessionibus vestris cepistis, et excessus per huiusmodi abusum ante proclamacionem illam factos corrigere intenditis et punire, in populi nostri parcium illarum depressionem magnam et iacturam, vnde nobis est supplicatum super hoc remedium apponere oportunum.

Et quia intencionis nostre magnatum et aliorum in dicto parliamento nobiscum existencium extitit et adhuc existit quod attemptata contra dicta statuta et ordinaciones post et non ante proclamacionem factam debite corrigantur et puniantur, vobis mandamus quod correccionibus siue punicionibus de hijs que per inquisiciones per vos captas ante proclamacionem in dicto vltimo parliamento nostro ordinatam attemptata inuenistis, ac inquisicionibus et punicionibus per huiusmodi attemptata ante eandem proclamacionem de cetero faciendis omnino supersediatis, super

---

[1] They are of course justices of the peace with new duties as to weights and measures; see Introduction, *supra*, pp. xv-xvi.

[2] 17 John, c. 35, confirmed by 25 Edw. I, c. 25.

[3] 34-5 Edw. III, cc. 5, 6.

illas que post proclamacionem illam presumpta fuerint vel attemptata officium vestrum iuxta formam dicte commissionis vestre
debite in omnibus exequentes.

Teste me ipso apud Westmonasterium xxvij die (Iunij)[1]
anno regni nostri tricesimo quinto [1361].[1]

Virtute cuius breuis prefati iusticiarii omnino supersederunt.[2]

[m. 4]   Placita apud Kyngeston' super Hull' coram pre-
fatis Willelmo de Aton' Iohanne de Mewes Willelmo de Ryse et
Iohanne de Benteley die Mercurii in crastino Exaltacionis Sancte
Crucis anno supradicto [15 Sept. 1361].

65   (*Margin* Eboracum)   Iurati diuersorum wappentachiorum de Estrithingo in comitatu Eboraci presentant quod Thomas
Frere de Bownwyk' verberauit Willelmum de Dyghton' de eadem
villa die Mercurii proxima post festum Corporis Christi anno regni
Regis Edwardi tercij post conquestum tricesimo quinto.

66   Et quod Iohannes Shephird' de Skeklyng' warnard' de
Humbleton' die Iouis proxima post festum Sancti Bartholomei
Apostoli anno regni Regis Edwardi tercij post conquestum tricesimo
tercio apud Humbleton' in Aliciam Fouke de Humbleton' et
Beatricem vxorem Iohannis Frere vi et armis insultum fecit et
illas verberauit vulnerauit et alia enormia ei intulit contra pacem
Domini Regis etc.

67   Et quod Thomas de Rauenser seruiens prioris[3] de
Bridlyngton' die Lune proxima ante festum Omnium Sanctorum
anno regni Regis Edwardi tercij post conquestum tricesimo quarto
apud Hornsebek' vi et armis etc. in Willelmum de Dighton' de
Bonwyk' insultum fecit et ipsum verberauit vulnerauit et male
tractauit contra pacem Regis etc.

68   Et quod Robertus de Midelton' warennarius de Ryse
die Iouis proxima post festum Sancti Thome Martiris anno regni
Regis Edwardi tercij post conquestum tricesimo quinto vi et
armis etc. in Iohannem Sagher apud Ryse insultum fecit et ipsum
verberauit vulnerauit et male tractauit contra pacem Regis etc.

69   Et quod idem Robertus die Mercurij proxima post
festum Sancti Swithini anno regni Domini Regis Edwardi supradicto apud Ryse vi et armis etc. in Robertum seruientem Iohannis
Sagher insultum fecit et ipsum verberauit vulnerauit et male
tractauit contra pacem Regis etc.

70   Et quod idem Robertus de Midelton' die Lune proxima
post festum Sancte Margarete Virginis anno regni Domini Regis

---

[1] The parliament rolls for this date are lost nor has this writ turned
up on the close rolls. But by 16 May 1361 the justices in Bucks and Oxon
were permitted to delay enforcement of the law on the ground that they
had not received the standard weights and measures which should have been
sent them according to the statute of 31 Edw. III, st. 1, c. 2; *C.C.R. 1360-4*,
183.

[2] Must apply only to the wool cases and to no. 27.

[3] *Supra*, p. 15, note 1.

supradicto apud Ryse in Philippum seruientem Iohannis Ryse insultum fecit et ipsum verberauit vulnerauit et male tractauit contra pacem Regis etc.

71[1] Et quod Galfridus Danyel Iohannes de Seton' de Pokelyngton' Iohannes Rust' de Beswyk' et Iohannes Mody de Scorburgh' die Dominica proxima ante festum Sancte Petronille anno regni Regis Edwardi tercij post conquestum tricesimo quinto in Iohannem de Heketon' insultum fecerunt et ipsum verberauerunt et male tractauerunt contra pacem Regis etc.

72 Et quod Iohannes Storthwayt emit duo quarteria ordei mensura cumulata de Iosiana de Pokelyngton'.

73 Et quod Iohannes Welburn' de Pokelyngton' recusauit recipere duos bussellos ordei sine cumulo etc.

74 Et quod Isabella in le Wylughes emit brasium de Cecilia Petregate per mensuram cumulatam etc.

75 Et quod Willelmus de Grymthorp' emit vnum quarterium brasei ordei de Alicia Damysell' mensura cumulata etc.

76 Et quod Willelmus Sordenall' [verberauit] Willelmum de Wethiriby in crastino Sancti Petri anno regni Regis Edwardi tercij post conquestum tricesimo quarto contra pacem etc.

77 Et quod Beatrix de Beford webster cepit contra statutum et renuit seruire proximis suis.[2]

78 Et quod Willelmus Sutheron de Ake insultum fecit Thome de Kent seruienti domine de Manley et ipsum Thomam verberauit vulnerauit et male tractauit et ipsum Thomam de Kent mahemauit de manu sua dextra in campo de Beswyk' die Mercurii proxima ante festum Sancte Margarete Virginis anno regni Regis Edwardi tercij post conquestum tricesimo primo contra pacem etc.

Per quod preceptum fuit vicecomiti quod venire faceret prefatos Thomam Frere et alios coram prefatis iusticiariis hic ad hunc diem. Et modo veniunt predicti Thomas et omnes alij [nos. 65-78] in propriis personis suis et de premissis singillatim allocuti qualiter se velint de premissis acquietare, qui premissa non dedicunt set singillatim ponunt se in graciam Domini Regis et petunt admitti ad finem faciendum cum Domino Rege occasionibus predictis et admittuntur; scilicet, predictus Thomas per finem xl d. per plegium Iohannis de Paule et Iohannis Cauce; et dictus Iohannes Shephird' per finem v s. per plegium Iohannis Veer et Willelmi Cusas; et dictus Thomas de Rauenser per finem xl d. per plegium Iohannis de Paule et Iohannis Frere et Willelmi Wythornwyk'; et Galfridus Danyel per finem xx s. per plegium Willelmi Agelioun de Lekyngfeld' et Thome Vescy; et dictus Iohannes de Seton' per finem xl d. per plegium Willelmi Dryng' et Henrici Danyel; et dictus Iohannes Rust' per finem xl d. per plegium Willelmi Pynder et Willelmi Fairholm'; et dictus Iohannes

---

[1] Duplicated for John Rust' by B 17.
[2] 25 Edw. III, st. 2, c. 2; 34-5 Edw. III, c. 10.

Mody per finem xl d. per plegium Roberti Bruys[1] et Iohannis d
Fishburn'; et dictus Iohannes de Scortwayt per finem ij s. per
plegium Willelmi Kyngesman et Iohannis de Welbr[ig']; et dicta
Isabella in le Wiloghes per finem ij s. per plegium Iohannis de
Scorwhayt et Iohannis de Hull'; et dicta Elena per finem ij s.
per plegium Willelmi Skynner et Thome Vescy; et dictus Willelmus
de Grymthorp' per finem ij s. per plegium Iohannis de Welburn'
et Iohannis de Scorwhayt; et dictus Willelmus Sourdenall' per
finem ij s. per plegium Hugonis Gilt et Willelmi Cusays; et dicta
Beatrix Teb per finem ij s. per plegium Thome de Ake et Thome
Gramysmore iunioris; et dictus Willelmus Sotheron per finem
ij s. per plegium Thome de Ake et Willelmi Dryng'. Ideo ipsi
deliberantur. (*Margin Corresponding amounts against the names
of each of the indicted*)

(*Margin* Eboracum) Preceptum fuit vicecomiti sicut pluries
quod caperet Iohannem de Waghen [B 10][2] Iohannem de Eggeton'
[B 11] nuper seruientem Willelmi Chaumberleyn Aliciam Delyng'
[B 4] de Killum Thomam Pattesyn [B 34] de Flixton' Thomam
Folifan [B 1] Ricardum Couper [B 2] de Foston' Iohannem
[A 102][3] filium Beatricis Martinet de Killum et Willelmum Wymark' [B 16] de Holm' in Spaldyngmore si etc. et saluo etc., ita
quod habeat corpora eorum coram prefatis iusticiariis ad hunc
diem ad respondendum Domino Regi de diuersis feloniis vnde
coram prefatis iusticiariis indictati sunt. Et ipsi non veniunt et
vicecomes retornat quod ipsi non sunt inuenti etc.

Ideo preceptum est vicecomiti quod exigi faciat eos de comitatu in comitatum quousque etc. vtlagantur si non etc., et si etc.,
tunc eos capiat et saluo etc., ita quod habeat corpora eorum coram
prefatis iusticiariis etc. apud Eboracum die Mercurii in septimana
Pentecostes [8 June 1362] ad respondendum (*Unfinished*[4] *Margin
capias*)

[m. 4d]   (*Margin* Eboracum) Preceptum fuit vicecomiti
quod caperet Iohannem de Kelyngton'[5] [B 18] Iohannem de
Derby [B 18] Willelmum seruientem Thome de Heselarton' [B 18]
Iohannem[6] Ingham [B 18] de Burton Flemyng' Iohannem vocatum
Broun Iohan [B 21] et Goselinum Braban [B 23] fullatorem si etc.
et saluo etc., ita quod habeat corpora eorum coram prefatis iusticiariis hic ad hunc diem ad respondendum Domino Regi de diuersis feloniis vnde coram prefatis iusticiariis indictati sunt. Et ipsi
non veniunt et vicecomes retornat quod non sunt inuenti in
balliua sua.

---

[1] See p. 8, note 1, *supra*.
[2] A reference in square brackets indicates the beginning of the case.
[3] If A 102 is the beginning of the case, "John" is a mistake for
"Thomas" and the date is baffling.
[4] See Introduction, *supra*, p. xxxvi for the unfinished entry on
coroners' rolls.
[5] An error for "Hekelyngton' "; *cf.* p. 22, *infra* and B 18.
[6] An error for "Robert"; *cf.* p. 22, *infra* and B 18.

Ideo preceptum est vicecomiti sicut alias quod caperet eos si etc. et saluo etc., ita quod habeat corpora eorum coram prefatis iusticiariis etc. apud Eboracum die [Lune] proxima ante festum Sancti Michelis [27 Sept. 1361] ad respondendum etc. (*Margin* capias)

(*Margin* Eboracum) Preceptum est vicecomiti quod caperet Aliciam[1] vxorem Ricardi de Lunden' Elenam Prestwoman [B 12] Iohannem Lemman [B 12] forester de Northburton' et Iohannem Baron [A 103][2] de Killum si etc. et saluo etc., ita quod haberet corpora eorum coram prefatis iusticiariis hic ad hunc diem ad respondendum Domino Regi de concensu receptamento et precepto quarundem feloniarum vnde coram prefatis iusticiariis indictati sunt. Et ipsi non veniunt et vicecomes retornat quod non sunt inuenti etc.

Ideo sicut prius preceptum est vicecomiti quod capiat eos etc. si etc. saluo etc., ita quod habeat corpora eorum coram prefatis iusticiariis apud Pokelyngton' die Lune proxima ante festum Sancti Thome Apostoli [20 Dec. 1361] ad respondendum etc. (*Margin* capias)

Placita corone coram Willelmo de Aton' Iohanne de Benteley et Willelmo Ryse iusticiariis etc. apud Eboracum die Lune proxima ante festum Sancti Michelis anno supradicto [27 Sept. 1361].

79 (*Margin* Eboracum) Iurati diuersorum wappentachiorum presentant quod Iohannes Paytefyn de Flixton' et Thomas Paytefyn[3] de eadem et Thomas Spynk' de eadem furati fuerunt de Roberto Smyth' de Neuton' felonice xv bidentes apud Folketon' die Sabati proxima ante festum Sancte Marce Ewangeliste anno regni Regis Edwardi nunc xxxv[to], et de Willelmo filio Willelmi de Fordon' xxiij bidentes predicto die apud Fordon'.

80 Et quod Thomas del Dale de Flixton' receptauit predictos Thomam Iohannem et Thomam, sciens eos felonice fecisse et fuit de concensu eorum.

81 Et quod Willelmus Eroys de Foston' interfecit felonice Willelmum de Ferybi milner apud Foston' die Dominica proxima post festum Pasche anno regni Regis tricesimo quinto.

Per quod preceptum fuit vicecomiti quod caperet eos si etc. Et modo ad hunc diem coram prefatis iusticiariis hic veniunt Iohannes Thomas et Thomas et Willelmus per vicecomitem ducti et singillatim allocuti qualiter se velint de feloniis predictis acquietare, dicunt singillatim quod ipsi in nullo sunt inde culpabiles de feloniis predictis et de hoc de bono et malo ponunt se super patriam. Ideo fiat inde iurata. Iuratores electi triati et iurati dicunt super sacramentum suum quod predicti Iohannes Thomas et Thomas et Willelmus [non] sunt culpabiles de feloniis predictis

[1] Beginning of case not found.
[2] If A 103 is the beginning of the case, the date is baffling, as in A 102.
[3] *Cf.* B 34 for another series of similar charges.

nec vnquam se subtraxerunt occasionibus predictis.   Ideo ipsi eant quieti etc.   (*Margin* Quietus Quietus Quietus Quietus non subtraxerunt)

82[1]   (*Margin* Eboracum) Iurati diuersorum wappentachiorum presentant quod Iohannes Taillour de Ruston' die Lune proxima ante festum Sancti Thome Martiris anno regni Regis nunc xxxv[to] apud Besewyk' quendam securem argentatum, precij xx s., de Roberto Danyel felonice depredauit.

Per quod preceptum fuit vicecomiti quod caperet eum.   Et modo ad hunc diem coram prefatis iusticiariis hic venit predictus Iohannes per vicecomitem ductus et per iusticiarios allocutus qualiter se velit de felonia predicta acquietare, qui dicit quod in nullo est inde culpabilis et de hoc de bono et malo ponit se super patriam.   Ideo fiat inde iurata.   Iuratores ad hoc electi triati et iurati dicunt super sacramentum quod predictus Iohannes in nullo est culpabilis de felonia predicta nec vnquam se subtraxit occasione predicta.   Ideo consideratum est quod predictus Iohannes eat inde quietus.   (*Margin* Quietus non subtraxit)

(*Margin* Eboracum)   Preceptum fuit vicecomiti sicut alias quod caperet Iohannem de Hekelyngton' [B 18] Iohannem de Derby [B 18] Willelmum seruientem Thome de Heselarton' [B 18] Robertum Ingram [B 18] de Burton Flemyng' Iohannem vocatum Broun Iohan [B 21] et Goselinum Braban [B 23] fullatorem si etc. et saluo etc., ita quod habeat corpora eorum coram prefatis iusticiariis hic ad hunc diem ad respondendum Domino Regi de diuersis feloniis vnde coram prefatis iusticiariis indictati sunt. Et ipsi non veniunt et vicecomes retornat quod ipsi non sunt inuenti in balliua sua.

Ideo preceptum est vicecomiti sicut pluries quod capiat eos si etc. et saluo etc., ita quod habeat corpora coram prefatis iusticiariis apud Pokelyngton' die Lune in vigilia Sancti Thome Apostoli [20 Dec. 1361] ad respondendum Domino Regi etc. (*Margin* capias)

[m. 5]   Placita coram prefatis Willelmo de Aton' Willelmo de Ryse et Iohanne de Bentele iusticiariis etc. apud Eboracum die Lune proxima ante festum Sancti Michelis anno regni Regis Edwardi tercij post conquestum tricesimo quinto [27 Sept. 1361].

83   (*Margin* Eboracum) Iurati diuersorum wappentachiorum de Estrithingo in comitatu Eboraci presentauerunt quod vbi quidam Ricardus de Baynton' constabularius de Wirthorp' venit ad Petrum Chowe taillour de Wyrthorp' et ipsum precepit sub periculo incumbente facere ea que ad Dominum Regem pertinent, dictus Petrus eidem constabulario multociens rescussum fecit, et ipsum minatus fuit sic quod idem constabularius ea que ad Dominum Regem pertinent facere non audebat.

---

[1] *Cf.* A 105 and B 18 for other charges.

84 Et quod Iohannes Birkyn et Henricus Birkyn de Brakenholm' verberauerunt Godsaule de Brakenholm', et verberauerunt et vulnerauerunt Robertum filium Iuliane et Thomam filium dicti Roberti die Mercurii proxima post festum Apostolorum Philippi et Iacobi anno tricesimo quinto apud Brakenholm', contra pacem Regis etc.

85 Et quod Iohannes del Wald' nuper seruiens Margarete Basset verberauit [et] vulnerauit Thomam le Spicer apud Southduffeld' die Mercurii proxima post festum Sancti Barnabe Apostoli anno regni Regis nunc tricesimo quinto et quod est communis malefactor.

86 Et quod Ricardus Burs de Walkyngton' emit quendam saccum lane de Thoma de Ake apud Ake anno regni Regis nunc tricesimo [quinto], videlicet die Lune proxima post festum Sancti Thome Martiris per pondus tresdecim librarum et tractus ad petram lane et triginta petras ad saccum, contra statutum etc.

87 Et quod Henricus Faker de Estryngton' emit de Thoma Baron' apud Grenake decem petras lane per pondus cuiuslibet petre tresdecim librarum die Lune proxima post festum Sancte Trinitatis anno regni Regis nunc Anglie tricesimo quinto.

88 Et quod Thomas Chaloner apud Pokelyngton' insultum fecit in quendam Ricardum Webster de Eboraco die Sancte Katerine anno regni Regis nunc tricesimo quarto et per noctem eum verberauit contra pacem Regis etc.

89 Et quod Alanus de Horneby de Wylberfosse emit octo quarteria brasij de Rogero de Lyncoln' per mensuram cumulatam.

90 Et quod Alicia de Stayndale de Pokelyngton' emit de Ricardo filio Cecilie vnum quarterium ordei per mensuram cumulatam.

91 Et quod Willelmus Hugat de Pokelyngton' emit dimidium saccum lanarum de Iohanne Holm' de Frydaythorp' per pondus duodecim librarum et dimidie ad petram.

92[1] Et quod Iohannes Kyng' de Nafferton' insultum fecit Willelmo Grayne de Wandesford' et ipsum verberauit vulnerauit et male tractauit apud Wandesford' die Iouis in festo Marie Magdalene vltimo preterito, ita quod de vita eius desperabatur etc.

93 Et quod Henricus de Sproxton' de Eluyngton' Iacobus filius Ricardi de eadem Thomas Neucome de Escrik Willelmus Smyth' de eadem et Iohannes Andreu de Naburn' brasiauerunt et vendiderunt seruisiam per discos et non per mensuram, contra statutum.[2]

94 Et quod Martinus Skirne capellanus in Sutton' super Derwent vi et armis et contra pacem Domini Regis verberauit Willelmum de Warrum seruientem Walteri de Heselarton' apud

---

1 Probably the same case as B 28.
2 See p. 14, note 1, *supra*.

Sutton' die Martis proxima post festum Sancti Barnabe Apostoli anno regni Regis nunc tricesimo quinto.

95   Et quod Iohannes de Scalby die Dominica proxima post festum Sancte Trinitatis anno regni Regis nunc tricesimo quinto apud Otryngham percussit Willelmum de Retherby contra pacem Regis etc.

Per quod preceptum fuit vicecomiti quod venire faceret predictos Willelmum[1] de Baynton' et alios [nos. 83-95] coram prefatis iusticiariis hic ad hunc diem.   Et modo veniunt predicti Ricardus[1] et omnes alij in propriis personis suis et de premissis singillatim allocuti qualiter de premissis se velint acquietare, qui premissa non dedicunt set singillatim ponunt se in graciam Domini Regis et petunt se admitti ad finem faciendum cum Domino Rege et admittuntur; videlicet, dictus Petrus[1] per finem xl d. per plegium Willelmi de Whetewang' et Thome Lascy de Folketon'; et dictus Iohannes Birkyn per finem ij s. per plegium Walteri Styward' [et] Iohannis Birkyn;[1] et dictus Henricus per finem ij s. per plegium Walteri Styward et Henrici Birkyn;[1] et dictus Iohannes (del Wald)[1] per finem ij s. per plegium Iohannis de Duffeld' et Iohannis Birkyn; et dictus Ricardus de Burs per finem ij s. per plegium Iohannis Peret et Iohannis Huget; et dictus Henricus Faker per finem ij s. per plegium Thome de Thorp' et Willelmi Woderawe; et dictus Thomas Chaloner per finem ij s. per plegium Iohannis Child' et Ade de Pokelyngton'; et dictus Alanus de Horneby de Wilberfosse per finem xl d. per plegium Iohannis Child' et Willelmi in the Dale de Southburton'; et dicta Alicia de Spayndale per finem ij s. per plegium Iohannis Child' et Willelmi de Hugat; et dictus Willelmus de Hugat per finem ij s. per plegium Iohannis Child' et Ade de Fenton'; et dictus Iohannes Kyng de Nafferton per finem ij s. per plegium Roberti de Rauenthorp' et Hugonis del Payntri warennarii de Nafferton'; et dictus Henricus de Sproxton' per finem ij s. per plegium Willelmi Kyngesman et Thome Walkelyn; et dictus Iacobus filius Ricardi per finem ij s. per plegium predictum; et dictus Thomas Neucomen per finem ij s. per plegium Rogeri de Eluyngton et Iohannis Proktour; et dictus Willelmus Smyth' per finem ij s. per plegium Radulfi Lascels et Iohannis Lascels; et dictus Iohannes Andreu per finem ij s. per plegium Thome Thurkill et Willelmi Kyngesman; et dictus Martinus de Skirne per finem xl d. per plegium Roberti Dayuill et Willelmi Dryng'; et (quod)[2] Iohannes de Scalby per finem xl d. per plegium Roberti de Brigham et Thome de Wilton' etc. (*Margin Corresponding amounts against the names of each of the indicted*)

96   (*Margin* Eboracum) Iurati presentauerunt quod Iohannes Moy[3] de Escrik' est vacabundus et non vult operari nisi per

---

[1] The confusion in the names is curious; the offender in A 83 is Peter Chowe; the injured man is Richard, not William, Baynton; John and Henry Birkeyn can hardly each be a pledge for himself.
[2] Superfluous.   [3] *Cf.* B 30 and B 31 for other charges.

dietas vbi solebat seruire in officio carucarii et carectarii per annum, et quod idem Iohannes recessit de predicta villa de Escryk' in autumpno causa maioris salarij capiendi.[1]

97   Et quod Alicia Tincler et Iohannes Freman recesserunt de predicta villa de Escrik' causa maioris salarii capiendi in autumpno.

Per quod preceptum fuit vicecomiti quod venire faceret eos etc. Et modo ad hunc diem coram prefatis iusticiariis hic veniunt predicti Iohannes et alij et de premissis singillatim allocuti qualiter se velint de premissis super eos inpositis acquietare, qui dicunt quod quo ad hoc quod superius presentatur quod ipsi in autumpno extra villam de Escrik' recesserunt causa maioris salarii capiendi, dicunt quod ipsi non recesserunt extra eandem villam antequam homines eiusdem ville messuerunt et omnia perfecerunt et de hoc ponunt se super patriam. Et predictus Iohannes Moy quo ad presentacionem quod ipse est vacabundus et non vult operari nisi per dietas etc., dicit quod ipse est homo egrotus et non potest operari per terminos et de hoc ponit se super patriam.

Ideo quo ad predictos Aliciam et Iohannem Freman venit iurata coram prefatis iusticiariis apud Pokelyngton' die Lune in vigilia Sancti Thome Apostoli proxima etc. [20 Dec. 1361], et qui etc., ad recognoscendum etc. Et predictus Iohannes Moy petit quod iusticiarii procedere velint ad capcionem inquisicionis etc.; ideo capiatur super ipsum iurata etc.

Iuratores ex concensu eiusdem Iohannis Moy electi et iurati dicunt super sacramentum suum quod quo ad hoc quod predictus Iohannes recessit extra villam etc., idem Iohannes antequam homines dicte ville blada sua messuerunt et vbi idem Iohannes opus sufficiens habere potuisset recessit. Et quo ad hoc quod ipse dicit quod est egrotus et non potest seruire per terminos vsuales, dicunt quod ipse est sanus et potens ad laborandum, set non vult seruire per annum eo quod potest accipere plus per dietas. Ideo idem Iohannes committitur prisone in custodia Marmaduci Conestable vicecomitis Eboraci ibidem mortuarus[2] secundum formam statuti etc., et quod non dimittatur per manucapcionem siue per balliuum sub periculo in dicto statuto contento etc. (*Margin* remittitur prisone secundum formam statuti)[3]

[m. 5d.]   Placita corone coram Willelmo de Aton' Iohanne de Benteley et Ricardo de Aske iusticiariis Domini Regis ad diuersas felonias et transgressiones in Estrithingo in comitatu Eboraci factas audiendas et terminandas assignatis apud Killum die Lune proxima post festum Circumcisionis Domini anno regni Regis Edwardi tercij post conquestum tricesimo quinto [3 Jan. 1362].

98[4]   (*Margin* Eboracum) Iurati diuersorum wappentachiorum

---

[1] 25 Edw. III, st. 2, cc. 1, 2; 34-5 Edw. III, c. 10.
[2] For "moraturus."   [3] 34-5 Edw. III, c. 9.
[4] For his trial in gaol delivery, see App., *infra*, pp. 140-2.

presentauerunt quod Hugo Coluill' de Guthmondeham die Martis proxima post octabas Pasche anno regni Domini Regis nunc tricesimo primo felonice interfecit Ricardum de Santon' in campo de Dighton'.

Per quod preceptum fuit vicecomiti quod caperet eum. Et modo ad hunc diem coram prefatis iusticiariis etc. hic venit prefatus Hugo per vicecomitem ductus et per iusticiarios allocutus qualiter se velit de felonia predicta acquietare, qui dicit quod in nullo est inde culpabilis de felonia predicta et de hoc de bono et malo ponit se super patriam. Ideo fiat inde iurata. Iuratores electi triati et iurati dicunt super sacramentum suum quod predictus Hugo in nullo est inde culpabilis de felonia predicta nec vnquam se retraxit occasione predicta. Ideo ipse eat inde quietus etc. (*Margin* Quietus non subtraxit)

99 (*Margin* Eboracum) Iurati diuersorum wappentachiorum presentant quod Ricardus Fleccher de Flaynburgh' die Iouis proxima ante festum Sancti Petri Aduincula anno regni Domini Regis nunc Anglie tricesimo secundo apud Flaynburgh' in litore maris felonice interfecit Petrum de Cotom' Robertum seruientem Rogeri de Cotom' Thomam Lambard' Henricum del Hall' Patonem Salbeman et Walterum seruientem Henrici del Hall', et eos ibidem felonice depredatus fuit de bonis et catallis ad valenciam quadraginta solidorum.

100 Item presentant quod Thomas de Wartre capellanus die Lune proxima post festum Pentecostes anno regni Domini Regis nunc Anglie tricesimo tercio apud Pokelyngton' felonice rapuit Agnetem vxorem Willelmi Webbester de Pokelyngton' contra voluntatem viri sui et contra pacem Domini Regis, ac bona et catalla ipsius Willelmi consumpsit et destruxit ad valenciam quadraginta denariorum.

101 Item presentant quod Willelmus Shephird' manens apud Barkeston' furtiue furatus fuit vnum multonem de Gerardo Saluayn chiualer, precij decem denariorum, apud Sixendale die Dominica proxima post festum Pasche anno regni Domini Regis nunc Anglie vicesimo.

102 Item presentant quod Thomas filius Beatricis Martinet de Killum felonice interfecit Iohannem seruientem domini Iohannis de Middelton' vicarii ecclesie de Killum apud Killum die Dominica proxima post festum Sancti Michelis anno regni Domini Regis tricesimo quarto.

103 Et quod Iohannes Baron[1] de Killum receptauit predictum Thomam, sciens ipsum fecisse feloniam predictam et fuit de concensu eius.

Per quod preceptum fuit vicecomiti quod caperet eos etc. Et modo ad hunc diem coram prefatis iusticiariis etc. hic veniunt prefati Ricardus Thomas Willelmus Thomas et Iohannes per vicecomitem ductus et per iusticiarios allocutus qualiter se velint

---

[1] For both 103 and 102, see *supra*, pp. 20, 21 and for 103, see A 109.

de feloniis predictis acquietare, dicunt singillatim quod in nullo
sunt inde culpabiles de feloniis predictis et [de] hoc de bono et
malo ponunt se super patriam. Ideo fiat inde iurata. Iuratores
electi triati et iurati dicunt super sacramentum suum quod predicti Ricardus Thomas Willelmus Thomas et Iohannes in nullo
sunt culpabiles de feloniis predictis nec vnquam se subtraxerunt
occasionibus predictis. Ideo ipsi eant inde quieti etc. (*Margin*
Quietus 5 *times* non subtraxerunt)

(*Margin* Eboracum) Preceptum fuit vicecomiti sicut pluries
quod caperet Aliciam Prestwoman [B 12] Iohannem Lemman
[B 12] forster de Northburton' Willelmum Bargayn¹ de Pokelyngton' Iohannem de Kirkeby² manentem apud Eton' Iohannem vocatum Broun Iohan [B 21] et Gocelinum Flemyng' [B 23] fullatorem
si etc. et saluo etc., ita quod haberet corpora eorum coram Willelmo
de Aton' et sociis suis iusticiariis etc. apud Killum die Lune proxima
post festum Circumcisionis Domini [3 Jan. 1362], ad respondendum Domino Regi de diuersis feloniis transgressionibus abetta-
mentis et receptamentis vnde coram prefatis iusticiariis indictati
sunt. Et ipsi non veniunt et vicecomes mandat quod non sunt
inuenti etc. Ideo preceptum est vicecomiti quod exigi faciat eos
de comitatu in comitatum quousque etc. vtlagentur si non comparuerunt, et si etc., tunc eos capiat et saluo etc., ita quod habeat
corpora eorum coram prefatis iusticiariis etc. apud Eboracum die
Lune proxima post festum Sancti Laurencii [7 Feb. 1362] ad
respondendum etc.

104 (*Margin* Eboracum) Hugo Bykernoll' attachiatus fuit
ad respondendum Domino Regi de placito transgressionis extor-
cionis et contemptus.³ Et vnde Gerardus de Brumby qui sequitur
etc. dicit quod cum ipse indictatus fuit coram Willelmo de Aton' et
sociis suis etc. de diuersis excessibus contra statutum de quibus idem
Gerardus posuit se in iuratam patriam, et habuit diem vsque diem
Lune proximam ante festum Sancti Michelis [27 Sept. 1361] apud
Eboracum ad intendendum inquisicionem predictam etc., idem
Hugo ad diem illum in presencia iusticiariorum minabatur eidem
Gerardo nisi daret dimidiam marcam quod perturbaret deliberacionem suam illa vice habendam. Ob quam causam et propter
metum perturbacionis deliberacionis sue predicte idem Gerardus
statim et ante deliberacionem suam in presencia iusticiariorum predictorum dedit ei dimidiam marcam in auro, videlicet vnum noblc,
contra formam statuti,⁴ et hoc predictus Ricardus⁵ pretendebat
verificare pro Domino Rege etc.

¹ See A 21 for his escape from custody.
² Beginning of case not found.
³ The beginning of Gerard's suit against Hugh has not been found;
but see pp. 30, 31, *infra*.
⁴ Hugh was probably one of the indicting jury (*cf.* B 23 and C 153),
and therefore the recent enactment applied (34-5 Edw. III, c. 8): suits by
bill against a juror who takes a bribe can be brought by the party or by
a third person.   ⁵ A mistake for "Gerardus."

Et predictus Hugo dicit quod predictus Gerardus tenebatur ei in dimidia marca pro quodam contractu diu ante deliberacionem predictam inter eos factam, videlicet qua deberet morari versus Thomam de Gray chiualer de concilio suo in quibusdam negociis predicto Thome tangentibus, et hac de causa cepit dimidiam marcam et non aliter, et hoc petit quod inquiratur.

Ideo inde fiat inde iurata. Postea venit predictus Hugo et petiit se admitti ad finem faciendum cum Domino Rege occasione predicta et admittitur per finem x s. per plegium Willelmi de Belkthorp' et Willelmi Cecill' de Houeden'. Ideo ipse deliberatur. (*Margin* fecit finem x s.)

[m. 6] Placita corone coram Willelmo de Aton' Ricardo de Aske Iohanne de Benteley et Willelmo Ryse iusticiariis etc. apud Pokelyngton' die Dominica in qua Cantatur Quasi Modo Genti anno regni Regis Edwardi tercij post conquestum tricesimo sexto [24 April 1362].

105 (*Margin* Eboracum) Iurati diuersorum wappentachior um alias[1] presentauerunt quod Iohannes de Heklyngton' et Iohannes de Derby die Veneris proxima ante festum Sancti Thome Martiris anno regni Regis Edwardi tercij post conquestum Anglie tricesimo quinto apud Besewyk' felonice depredauerunt Robertum Danyel de quodam secure argenti, precii xx s.

Per quod preceptum fuit vicecomiti quod caperet eos etc. Et modo coram prefatis iusticiariis hic veniunt predicti Iohannes de Heklyngton' et Iohannes de Derby per vicecomitem ducti et per iusticiarios separatim allocuti qualiter se velint de felonia predicta acquietare, dicunt separatim quod ipsi in nullo sunt inde culpabiles et de hoc de bono et malo ponunt se super patriam. Ideo veniat inde iurata coram prefatis iusticiariis apud Houeden' die Iouis in septimana Pentecostes [9 June 1362], et qui nec etc., ad recognoscendum etc. vnde etc. Et interim ijdem Iohannes et Iohannes remittuntur prisone in custodia Marmaduci Conestable vicecomitis Eboraci etc.

Ad quem diem coram prefatis iusticiariis apud Houeden' veniunt predicti Iohannes de Heklyngton' et Iohannes de Derby per vicecomitem ducti, et iuratores similiter veniunt, qui ad hoc electi triati et iurati dicunt super sacramentum suum quod predicti Iohannes de Hekelyngton' et Iohannes de Derby in nullo sunt culpabiles de felonia predicta nec vnquam se subtraxerunt occasione predicta. Ideo ipsi eant inde quieti etc. (*Margin* Quietus Quietus non subtraxerunt)

106 (*Margin* Eboracum) Iurati diuersorum wappentachiorum Estrithingi comitatus Eboraci alias [B 37] presentauerunt quod Iohannes Boseuill' de Spaldyngton' et Cecilia[2] filia Nicholai de Thex' die Lune proxima ante festum Natiuitatis Domini anno

---

[1] Cf. A 82 and B 18.
[2] Not included in B 37.

regni Regis nunc xxxiiij ^{to} domum Roberti de Laxton' in Spaldyngton' noctanter burgauerunt et inde felonice ceperunt et asportauerunt vnum quarterium frumenti, precij vj s., et duo quarteria
pisarum, precij quarterii iij s. iiij d.

107 Et quod dictus Iohannes Boseuill' [B 38] die Martis
proxima post festum Sancti Martini anno regni Regis nunc tricesimo quarto felonice furatus fuit duas multones apud Spaldyngton' de Iohanne Prat' de Spaldyngton', precij ij s. viij d.

108 Et Cecilia filia Nicholai de Thex [B 39] fuit auxilians
et concensiens ad dictam feloniam etc., et sunt communes latrones
bidencium et aucarum et caponum.

Per quod preceptum fuit vicecomiti quod caperet eos etc.
Et modo coram prefatis iusticiariis hic veniunt predicti Iohannes
Boseuill' et Cecilia per vicecomitem ducti et per iusticiarios separatim allocuti qualiter se velint de feloniis predictis acquietare,
dicunt separatim quod ipsi in nullo sunt inde culpabiles et de hoc
de bono et malo ponunt se super patriam. Ideo veniat inde iurata
coram prefatis iusticiariis etc. apud Houeden' die Iouis in septimana Pentecostes proximo futura [9 June 1362] et qui nec etc.
ad recognoscendum etc. vnde etc.

Et super hoc venerunt Simon de Heselarton et Willelmus de
Belthorp' et manuceperunt pro predicto Iohanne Boseuill' de
bono gestu suo erga Dominum Regem et populum suum sub pena
centum librarum. Et interim predicti Iohannes Boseuill' et
Cecilia dimittuntur per manucapcionem Philippi de Dalton et
Iohannis de Brigg' qui eos manuceperunt habend' corpora eorum
coram prefatis iusticiariis ad prefatos diem et locum, videlicet
quilibet eorum corpus pro corpore etc.

Ad quem diem coram prefatis iusticiariis apud Houeden'
veniunt predicti Iohannes Boseuill' et Cecilia per manucapcionem etc. Et vicecomes retornat quoddam panellum xxiiij^{or}
etc. qui similiter veniunt. Et super hoc venit quidam Thomas del
Hay qui dicit pro Domino Rege quod prefati iusticiarii per panellum istud ad deliberacionem predicti Iohannis de Boseuill' procedere non debent, quia dicit quod dictus Iohannes Boseuill' est
ad robas Marmaduci Conestable vicecomitis Eboraci per quem
vicecomitem dictum panellum factum est.

Et quia manifeste constat curie per indorsamentum predicti precepti quod panellum istud factum est per predictum
vicecomitem, et quod idem Iohannes Boseuill' est ad robas ipsius
vicecomitis, prout manifeste coram eisdem iusticiariis cognoscitur,
ideo dictum panellum quo ad predictum Iohannem Boseuill' omnino deleatur et quassatur; et preceptum est coronatori¹ quod
venire faciat coram prefatis iusticiariis apud Beuerlacum die
Sabati proxima ante festum Sancti Petri Aduincula proximo fu-

¹ John de Burton; see Introduction, *supra*, p. xxiv.

turum [30 July 1362]¹ xxiiijᵒʳ tam milites etc. quam alios etc. de
visneto predicto per quos etc. et qui nec etc., ad recognoscendum
etc. vnde etc.   Et interim idem Iohannes Boseuill' dimittitur per
manucapcionem supradictam etc.

Et quo ad predictam Ceciliam quo ad feloniam super ipsam
presentatam, predicti iuratores ex concensu ipsius Ce[ci]lie electi
triati et iurati dicunt super sacramentum suum quod predicta
Cecilia in nullo est culpabilis de felonia predicta nec vnquam se
subtraxit occasione predicta.   Ideo eadem Cecilia quo ad feloniam
predictam eat quieta etc., set quo ad hoc quod eadem Cecilia fuit
auxilians et concensiens predicto Iohanni Boseuill' etc., eadem
Cecilia dimittitur per manucapcionem predictam quousque etc.

Placita coram Willelmo de Aton' Ricardo de Aske Iohanne
de Benteley et Willelmo de Ryse iusticiariis etc. apud Houeden'
die Iouis in septimana Pentecostes anno regni Regis Edwardi tercij
post conquestum tricesimo sexto [9 June 1362].

[104]² (*Margin* Eboracum)   Iurati diuersorum wappentachiorum Estrithingi comitatus Eboraci presentant quod vbi quidam Ricardus de Bruneby indictatus fuit per quendam Hugonem
Bikernoll de diuersis excessibus coram Willelmo de Aton' et sociis
suis predictis iusticiariis etc., qui quidem Gerardus inde allocutus
per iusticiarios predictos et gratis posuit se super patriam et habuit
diem apud Eboracum die Lune proximo ante festum Sancti Michelis vltimo preterito [27 Sept. 1361].

Ad quem diem coram prefatis iusticiariis venit idem Gerardus
et similiter iuratores.   Et super hoc venit predictus Hugo in
presencia iusticiariorum et dixit quod ipse perturbaret deliberacionem suam nisi sibi daret dimidiam marcam.   Ob quam causam
et propter metum perturbacionis deliberacionis sue, idem Gerardus
statim et ante deliberacionem suam et in presencia prefatorum
iusticiariorum dedit sibi vnam dimidiam marcam in auro, videlicet
vnum noble, contra formam statuti etc., et sic est communis
manutentor querelarum.

109   Et quod Iohannes filius Ricardi Randolf' de Killum
verberauit vulnerauit etc.   Robertum filium Ade Tothe de Killum
Beatricem vxorem Ricardi Skayt' de eadem Iohannem Broun de
eadem Willelmum de Swathorp' de eadem Iohannem Baron'³
de eadem prisonem Domini Regis Willelmum Nethird seruientem
domini Willelmi de Melton' chiualer et tocius communitatis de
Killum Willelmum de Lund' de eadem Iohannem Litilman de
eadem et multos alios de quorum nominibus cogitare non potuer-
unt.

¹ Session not held; perhaps because the king's bench was at York
during Trinity term.
² Hugh is indicted at this later date for the very offence for which
he has already been fined.   Is the clerk possibly making an error ?   He
has again written "Ricardus" for "Gerardus."
³ *Cf.* A 103.

110 Et quod Thomas seruiens Isabelle Storme de Merton' noluit seruire in eadem villa secundum statutum.

111 Et quod Iohannes de Kexby de Merton' breuster non tenet mensuram seruisie sufficientem.

112 Et quod Iohannes Cartwright de Houeden' non vult capere mercedem in die secundum formam statuti set contra ordinacionem capit omne opus in magno quod pertinet ad officium carpentarii.[1]

113 Et quod Willelmus Grace maliciose percussit Aliciam vxorem Willelmi Walkere de Houeden' et Hawisiam Pipynel de Houk' apud Houeden' die Sabati proxima post festum Sancti Barnabe Apostoli anno regni Regis Edwardi nunc tricesimo quinto et est communis malefactor.

Per quod preceptum fuit vicecomiti quod venire faceret eos etc. Et modo coram prefatis iusticiariis hic venerunt predicti Hugo Bikernoll' et alij in propriis personis suis et singillatim per iusticiarios allocuti qualiter se velint de premissis sibi impositis acquietare, qui premissa non possunt dedicere set singillatim petunt se admitti ad finem faciendum cum Domino Rege occasionibus predictis et admittuntur singillatim; videlicet, predictus Hugo per finem x s. per plegium Willelmi de Belkethorp' et Willelmi Cecill' de Houeden'; et predictus Iohannes filius Iohannis Randolf' per finem dimidie marce per plegium Iohannis Saluayn Ricardi Randolff' Henrici Bl . . .[2] et Iohannis Wacelyn; et predictus Thomas seruiens Isabelle Storme per finem ij s. per plegium Thome de Mapilton' et Iohannis de Fissheburn' de Routh'; et predictus Iohannes Cartwright per finem xl d. per plegium Iohannis de Haulsay de Skelton' senioris et Iohannis filii Willelmi de Houeden'; et predictus Willelmus Grace per finem xl d. per plegium Roberti Grace de Houeden' et Iohannis Grace de Houeden'.

[m. 6d.] (At foot)[3] Recorda et processus terminati coram Willelmo de Aton' et sociis [suis] iusticiariis Domini Regis ad pacem Regis necnon ad statuta apud [Wyntoniam] et Northamptoniam pro conseruacione pacis eiusdem edita in omnibus et [singu]lis suis articulis in Estrithingo in comitatu Eboraci custodienda ac custo[diri facienda]; et ad omnes illos quos contra formam statutorum predictorum del[inquentes] inuenerint castigandos et puniendos, prout secundum formam statutorum [predictorum] fuerit faciendum; [et ad] quascumque felonias et transgressiones in Estrithingo pre[dicto] ad sectam Regis tantum audiendas et terminandas [et omnia] . . . alia in dicta commissione [eis directa] facienda et explenda exequenda [ex] parte . . . anno

[1] Since covenants in gross made with carpenters and masons were specifically permitted by 34-5 Edw. III, c. 9, the legality of this indictment is doubtful.

[2] Torn.

[3] In this very faded entry the portions within brackets have been supplied from similar headings elsewhere; dots have been used where there has been no clue to the word or words.

Regis Edwardi tercii post conquestum tricesimo quinto ......
istius . . . .

Recorda terminata de tempore W[illelmi] de At[on'] [annis]
xxxv to et xxxvi to indictam[ent]a . . . Edwardus iii

(*In another hand*) Edwardus iij Placita Eboraci tempore
Edwardi iij Placita corone.

ASSIZE ROLL 1143, mm. 5-6[1] (B) EAST RIDING

(Writ attached to edge of m. 5, at top)

Edwardus Dei gracia Rex Anglie Dominus Hibernie et
Aquitanie dilectis et fidelibus suis Willelmo de Aton' et sociis suis
iusticiariis ad pacem nostram necnon ad diuersas felonias et transgressiones in Estrithingo nostro in comitatu Eboraci audiendas et
terminandas assignatis salutem.   Vobis mandamus firmiter in-
iungentes quod omnia presentaciones indictamenta et processus
coram vobis capta tam felonias quam transgressiones quoquomodo
tangencia et penes vos residencia (incoata et non terminata sub
sigillis vestris)[1] habeatis coram nobis a die Sancte Trinitatis in xv
dies [27 June 1362] vbicumque tunc fuerimus in Anglia, vt vlterius
inde fieri faciamus quod de iure et secundum legem et consuetudinem regni nostri Anglie fuerit faciendum; et habeatis ibi hoc
breue.

Teste Thoma de Ingelby apud Eboracum xxiij die Iunii
anno regni nostri tricesimo sexto [1362][2].

Fris[by][3]

(Endorsed) Responsum Willelmi de Aton' etc.

Omnia presentaciones et indictamenta coram me et sociis
meis inchoata et non terminata de quibus in breui isto fit mencio
patent in duobus rotulis huic breui consutis.

[m. 5 Primus]   Dominus Rex mandauit Willelmo de Aton'
Thome de Metham Iohanni de Meaux Willelmo de Aldeburgh'
Ricardo de Aske Iohanni de Benteley et Willelmo de Ryse breue
suum patens in hec verba.   Edwardus Dei gracia Rex Anglie
Dominus Hibernie et Aquitanie dilectis et fidelibus suis Willelmo
de Aton' . . . . *(the names repeated)* salutem.   Quia ex clamosa
insinuacione communitatis regni nostri . . . *(there follows the same
commission as on m. 1, A, with a few slight verbal changes).*

---

[1] For a description of 1143, mm. 5-6, see Introduction, *supra*, p. xviii.
The reference in the endorsement to "duobus rotulis" confirms my analysis.

[2] For the king's bench at York, see *ibid.*, *supra*, pp. xvii-xx.

[3] Richard Frisby had been appointed king's attorney on 4 May
1360; *C.P.R. 1358-61*, 362. He was king's coroner by 1364, if not earlier;
C.P.R. 1364-7, 55; see also App., *infra*, p. 138.

Teste me ipso apud Westmonasterium xx die Marcij anno
regni nostri tricesimo quinto [1361].

Presentaciones et indictamenta capta (et non terminata)[1]
coram Willelmo de Aton' et sociis suis iusticiariis Domini Regis
ad diuersas felonias et transgressiones in Estrithingo in comitatu
Eboraci factas audiendas et terminandas assignatis de annis regni
Regis nunc tricesimo quinto et tricesimo sexto [1361, 1362].[1]

1 (*Margin* Eboracum Dykeryng)[2] xij iurati wapentachii
de Dykeryng, scilicet Iohannes de Gemelyng' Iohannes de Horkestowe Walterus de Staxton' Iohannes Wascelyn Iohannes de
Pokthorp' Robertus Westiby Alanus de Roston' Hugo de Louthorp' Iohannes Ward de Garton' Ricardus Randolf de Killum
Nicholaus de Midelton' et Iohannes de Driffeld' presentant quod
Thomas Folifatt[3] [exigend] furatus fuit felonice viginti bidentes
de Roberto Scout de Rudstane in festo Pentecostes anno regni
Regis nunc xxv[to] apud Rudstane. (*Margin* felonia)

2 Item presentant quod Ricardus Couper[4] [exigend] de
Foston' furatus fuit vnum buscellum et dimidium frumenti
felonice de rectore ecclesie de Foston' die Dominica proxima post
festum Sancti Martini in Yeme anno regni Regis nunc xxxiiij°,
et est communis latro. (*Margin* felonia)

3 Item presentant quod vbi quidam Patricius filius Willelmi
Bargayn allocatus fuit cum Willelmo de Murrers de seruiendo eidem
Willelmo in officio fugacionis vnius caruci apud Eluyngton' a
festo Pentecostes anno regni Regis nunc xxxv[to] vsque festum
Sancti Martini tunc proximo sequens, ibidem venit quidam
Patricius[5] [capias] filius Willelmi de Eluyngton' die Sabbati proxima post festum Corporis Christi anno supradicto, et dictum Patricium filium Petri[6] extra seruicium eiusdem Willelmi vi et armis
cepit et abduxit contra pacem Regis. (*Margin* transgressio)

4 (*Margin* Dykeryng' secunda) xij iurati predicti wapen-
tachij de Dykeryng', scilicet Thomas de Karethorp' Radulfus
Torny Willelmus de Ruston' Walterus de Bukton' Robertus de

---

[1] Of the 54 presentments in B, four, nos. 17 (in part), 37, 38, 39,
duplicate cases in A; the remaining 50 are additional presentments to those
in A, although process on them is recorded in A.   Further, B supplies the
names of the presenting jurors not given in A except for A 17.   When
possible the sessions at which the jurors were acting have been indicated in
the notes.

[2] The two sets of Dickering jurors are acting, I think, at Kilham, on
Tuesday 25 May 1361; A, p. 4. The first group includes Walter de Staxton,
the second group omits him and is responsible not only for B 4 but for A 1-9
and hence is actually indicting him for a serious offence.

[3] "Folifan"; A, p. 20.   Included in list of exigends, Coroners' Roll
217, m. 3 d. (Introduction, *supra*, p. xxxvi); henceforth in this roll [exigend]
after a name refers to this list.

[4] A, p. 20.

[5] Included in the writ of capias, printed in App., *infra*, pp. 139-40;
henceforth in this roll [capias] after a name refers to this writ.

[6] An error for "Willelmi."

Bessale Thomas Lascy Iohannes de Neubald Willelmus de Cayton'
Ricardus de Santon' de Langton' Thomas Wasceleyn Ricardus
Howelot et Iohannes de Pokthorp' de Rillyngton' presentant quod
Alicia Delyng[1] [exigend] de Killum furtiue furata fuit vnam
tunicam et vnum capucium, precii iiij s., de Iohanne Mynesen
seniore, et de eodem Iohanne (furata fuit)[1] ij solidos in denariis
numeratis die Lune proxima post festum Natiuitatis Beate Marie
anno regni Regis nunc xxxiiij to. (*Margin* felonia)

5 (*Margin* Herthill' prima[2]) xij iurati wapentachiorum de
Herthill' et Buccrosse, scilicet Robertus Daniel Ricardus de
London' Patricius de Langdale Stephanus de Siwardby Robertus
de Midelton' Willelmus Dryng' Iohannes de Riplay Ricardus de
Gunby Adam de Fenton' Iohannes Bell' Radulfus Stele Thomas
Moigne et Robertus de Foston (*13 names*) presentant quod Io-
hannes Coke iunior [capias] de Swanlund venit in campum de
Eluele die Martis in septimana Pentecostes anno regni Regis nunc
xxxv et ibidem Thome filio Nicholai Moigne de Eluele insultum
fecit et ipsum enormiter verberauit et vulnerauit et male tractauit
contra pacem Domini Regis, ita quod de vita eius desperabatur.
(*Margin* transgressio)

6 [Item presentant quod] Thomas seruiens [capias] Iohannis
del Hill' de Driffeld' die Sabbati proxima post festum Pentecostes [anno regni Regis] nunc xxxv to apud Driffeld Iohannem
prouost de Driffeld verberauit et vulnerauit contra pacem Domini
Regis, ita quod fuit in periculo mortis.

7 Item presentant quod Petrus de Hugate[3] de Driffeld' die
Lune proxima post festum Sancti Thome Apostoli anno regni
Regis nunc xxxiiij to apud Driffeld' in Iohannem Tinkler insultum
fecit et ipsum verberauit vulnerauit et male tractauit, ita quod de
vita eius desperabatur contra pacem Regis. (*Margin* transgressio)

8 Item presentatum est quod Matheus Pye de Craunce-
wyk' verberauit Iohannem Fissher apud Watton' die Dominica
proxima post festum Assumpcionis Beate Marie anno regni Regis
nunc xxxij° contra pacem Regis, et minauit vxorem dicti Iohannis.
(*Margin* transgressio)

9 Item presentant quod Iohannes Bell [capias] de Beuerley
quondam seruiens Iohannis Chaumberleyn insultum fecit Iohanni
. . .[4] Wardby et ipsum inprisonauit apud Beuerlay die Mercurij in
vigilia Ascencionis Domini anno regni . . .[4] (*Margin* transgressio)
[m. 5d. jd.]   10 (*Margin* Capitulum Beati Iohannis Beuer-

---

[1] A, p. 20.
[2] At the Sledmere session of Monday, 21 June 1361; A, p. 7.
[3] For a charge against him of homicide and escape from prison see
K.B. 27, 408, Rex m. 3 d.; because of service in France he was pardoned
for another homicide; *ibid.*, 45 d.
[4] Torn.

laci) xij iurati capituli Beati Iohannis Beuerlaci,[1] scilicet Willelmus de Pounfreyt Willelmus de Etton' Henricus Marshall' Iohannes de Lokyngton' barker Iohannes de Horsley Iohannes Couper
de Foston' Iohannes de Driffeld' Willelmus Chapman Willelmus
Garge Iohannes Coke de Risceby Nicholaus filius Hugonis et
Iohannes Rude presentant quod Iohannes de Waghen[2] [exigend]
die Dominica proxima ante festum Sancti Willelmi anno regni
Regis nunc xxxv^{to} apud Foston' felonice interfecit Walterum
Cokerell. (*Margin* felonia)

11 Item presentant quod Iohannes de Eggeton'[3] nuper
seruiens Willelmi Chaumberleyn die Dominica proxima post festum
Sancti Marci Ewangeliste anno regni Regis nunc xxxij^o apud
Northburton' felonice interfecit Iohannem Feld de Etton.' (*Margin*
felonia)

12 Item presentant quod Elena (manucapta)[1] Prestwomman
[et] Iohannes Lemman[4] forster de Northburton' felonice receptauit dictum Iohannem de Eggeton' post feloniam factam apud
Northburton', scientes de felonia illa, et quod fuit ascensiens et
abbettans ad feloniam illam faciendam. (*Margin* felonia)

13 Soka de Pokelyngton',[5] scilicet Iohannes de Thorp'
Willelmus de Dalton' Willelmus de Kendale Iohannes de Hull'
Iohannes Kay Rogerus de Brunby Willelmus Damysel Ricardus
de Fenton' Ricardus Veille de Brunby Robertus Veille Iohannes
de Brantyngham et Iohannes de Geueldale de Fangfosse presentant
quod Thomas de Estryngton' [exigend] seruiens Iohannis del
Flete cepit et felonice asportauit quinque vlnas panni linei, precii
xx d., et vnum chalun, precii xij d., et alia necessaria, precij xviij d.,
die Lune proxima ante festum Pentecostes anno regni Regis nunc
tricesimo quinto de quadam Agnete Agnete le milner de Beleby.
(*Margin* felonia)

14 Item presentant quod Simon Barker [capias] est communis noctiuagus et in crastino Sancte Katerine anno regni Regis
nunc xxxiiij^{to} insultum fecit in Pokelyngton' in Hundgate in
quendam Iohannem de Slengesby per noctem et eum verberauit
contra pacem Regis etc. (*Margin* transgressio)

15 Item presentant quod Willelmus filius [exigend] Iohannis Prestman de Yapom felonice cepit et asportauit die Lune
proxima post festum Stephani anno regni Regis nunc xxxiiij^{to}

---

[1] I am uncertain as to the place of the session. The "chapter" was
not included in the liberty of the town and therefore was not under the
separate commission of the peace of 2 June 1361; see Introduction, *supra*,
p. xxii.

[2] A, p. 20. *Cf.* Mem. Roll, L.T.R., no. 136, 38 Edw. III, Communia,
Hil. for a valuation of his goods as a fugitive felon (a villein).

[3] A, p. 20.

[4] A, pp. 21, 27. *Cf.* K.B. 27, 408, Rex m. 42 d. for several writs to
the sheriff to produce Lemman *coram Rege* on this indictment, but without
results.

[5] Probably at the Pocklington session of Monday, 20 Dec. 1361; A,
p. 25.

pannos lineos et laneos ad valenciam sex solidorum et octo denariorum de domino Ricardo Curteys de Pokelyngton'. (*Margin*
felonia)

16 (*Margin* Herthill' secunda)[1] xij iurati wapentachii de
Herthill', scilicet Ricardus de Lunden' de Besewyk' Iohannes Bell'
de Hayton' Adam de Fenton' Iohannes Sturmy Ricardus Veille
Iohannes de Brantyngham Iohannes de Thorp' de Pokelyngton'
Willelmus de Hugate de eadem Iohannes de Lunden' de Geueldale
Iohannes atte Kirkstile Robertus Gerge de Shupton' et Iohannes
de Cleuyng de Brunneby presentant quod Willelmus Wymark[2]
[exigend] de Holme in Spaldyngmore felonice furatus fuit ibidem
vnum equum de Willelmo Tag' de Holme die Iouis in septimana
Pentecostes anno regni Regis nunc xxxv to. (*Margin* felonia)

17 [A 71]   Item presentant quod Iohannes Rust'[3] de
Besewyk' [capias] die Dominica proxima ante festum Sancte
Petronille anno regni Regis nunc xxxv to insultum fecit Iohanni
de Hekelton' et ipsum verberauit vulnerauit et male tractauit
contra pacem Regis. (*Margin* transgressio)

18[4]   Item presentant quod Iohannes de Derby [capias]
seruiens Ricardi de Lund' Willelmus seruiens [capias] Thome de
Heslarton Robertus Ingram [capias] de Burton' Flemyng' Iohannes de Hekelyngton' [capias] et Iohannes Taillour [capias] die
Veneris proxima ante festum Sancti Thome Martiris anno regni
Regis nunc xxxv to vi et armis ex malicia precogitata intrauerunt
capellam de Besewyk' et ibidem tempore misse in recepcione corporis Christi ante agnus Dei insultum fecerunt Roberto Daniel
Willelmo Dryng' et Iohanni de Pokelyngton' et ipsos verberauer-
unt vulnerauerunt et male tractauerunt contra pacem Domini
Regis, ita quod de vita eorum desperabantur. (*Margin* transgressio)

19 Et quod ipsi die et anno predictis insultum fecerunt Gail-
ard Boy apud Besewyk' et ipsum verberauerunt vulnerauerunt et
male tractauerunt, ita quod de vita eius desperabatur, et adhuc
est in periculo mortis.

20 (*Margin* Libertas de Holdernesse)[5] xij iurati libertatis
de Holdernesse, scilicet Thomas de Lelle Edmundus de Wasteneys
Iohannes Hauteyn de Coldon' Iohannes de Paule Iohannes de
Goushill' Iohannes de Sprotlee Hugo Gilt' Willelmus de Frothyng-
ham Radulfus de Beuerle Thomas de Thornton' Iohannes in le

---

[1] Probably at Sledmere again, *ut supra* p. 34, note 2.
[2] A, p. 20; for process in king's bench see App. *infra*, p. 139. The
"breue" after his name in the exigend implies a writ of supersedeas.
[3] Three others named in A 71. Although "Rust'" paid a fine on
15 Sept. 1361 (A, p. 19) he appears in the capias.
[4] A, pp. 20, 21; *cf.* A 82 and A 105 for other charges. At Robert
Daniel's request, Thomas Ughtred, John de Moubray (common pleas),
William Playce, Thomas Ingelby (king's bench) and John de Bentely (an
acting justice of the peace) were appointed on 18 Oct. 1361 to investigate
the offence; *C.P.R. 1361-4*, 148.
[5] At the Hedon session of Monday, 26 July 1361; A, p. 12.

Croft et Hugo Barn' presentant quod Thomas [exigend] filius Agnetis de Aldburgh' felonice interfecit Aliciam filiam Willelmi filii Rogeri de Aldburgh' apud Aldburgh' die Dominica proxima post festum Sancti Luce Ewangeliste anno regni Regis nunc sexto. (*Margin* felonia)

21 Item presentant quod (Iohannes dictus)[1] Broun Iohan[1] [exigend] die Martis proxima ante festum Natiuitatis Sancti Iohannis Baptiste anno regni Regis nunc xxxv to felonice interfecit Willelmum Hoghird de Esyngton' apud Esyngton'.

22 (*Margin* Villata de Hedon)[2] xij iurati villate de Hedon, scilicet Robertus Cust' Iohannes de Wilflet' Iohannes Pull' Henricus de Rauenser Iohannes Boteller Willelmus filius Galfridi Galfridus Taillour Petrus de Preston' Willelmus de Pontefracto Walterus Rand Petrus filius Mathei et Willelmus de Andlagby presentant (quod)[1] Iohannes Sherman[3] (ponit)[1] die Iouis in festo Sancti Botulphi Abbatis anno regni Regis Edwardi tercij post conquestum xxxv to felonice interfecit Henricum de Whaplade apud Hedon'. (*Margin* felonia)[4]

23 Item presentant quod Goscelinus Braban[5] [exigend] fuller die Dominica in Passione Domini anno regni Regis nunc xxxiiij to felonice interfecit Ricardum Fote fullonem apud Hedon' qui abiurauit regnum Anglie et tractat moram in villa de Beuerle.

24 (*Margin* Herthill' tercia)[6] xij iurati wapentachii de Herthill' scilicet Willelmus de Houton' Ricardus de Ginby Hugo de Bikernell Iohannes Bell' de Hayton' Adam de Fenton' Radulfus de Mikelfeld' Iohannes Sturmy de Wyghton' Ricardus Veille de Brunby Iohannes de Pothowe Iohannes Child de Pokeling[ton] Radulfus Stele de Wilardby et Willelmus Dryng' de Lokyngton' presentant quod Nicholaus [capias] filius H[u]g[onis] de Risseby die Iouis proxima post festum Sancti Petri Aduincula anno regni Regis Edwardi nunc nono . . .[7] apud Risceby insultum fecit Ricardo Tollera de Skitby et ipsum enormiter cum quod[am] . . .[7] [verberauit] et vulnerauit, ita quod de vita ipsius Ricardi desperabatur et ita quod iacui[t . . .][7] sine subsidio nequiens se mouere per duodecim septimanas (continuas)[1] post verbera[acionem] contra pacem Regis etc. (*Margin* transgressio)

25 Item presentant quod Henricus de Gamelland [capias] de Cliff' die Iouis proxima ante festum Purificacionis Beate Marie anno regni Regis nunc xxxvj in Iohannem Bond de Cliff' apud Cliff' insultum fecit et ipsum verberauit vulnerauit et male tractauit contra pacem Regis, et bona et catalla sua scilicet pannos

---

[1] A, pp. 20, 22, 27.
[2] At this same session; *supra*, p. 36, note 5.
[3] Tried in king's bench; see App., *infra*, p. 137.
[4] Applies to no. 23 also.
[5] "Flemyng"; A, p. 27.
[6] At the Kingston-upon-Hull session of Wednesday, 15 Sept. 1361; A, p. 18.
[7] Torn.

lineos et laneos frumentum ordium et auenam ad valenciam x s. ibidem inventa cepit et asportauit contra pacem Domini Regis. (*Margin* transgressio)

26 Item presentant quod Robertus Gerwald [capias][1] de Hull' in festo Pentecostes anno regni [Regis nunc] xxxv^{to} apud Cotyngham Willelmum filium Thome de Cotyngham verberauit vi et armis contra pacem Domini Regis etc. (*Margin* transgressio)

27 Item presentant quod Stephanus Colman capellanus de Gryndale die Veneris proxima post festum Sancti Barnabe Apostoli anno regni Regis nunc xxxv^{to} apud Gryndale insultum fecit in Henricum Sheph[er]d et ipsum verberauit et vulnerauit et male-tractauit contra pacem Domini Regis. (*Margin* transgressio)

28 Item presentant quod Iohannes filius Galfridi [capias][2] milner de Nafferton' insultum fecit Willelmo G[rayne][3] de Wandesford et ipsum apud Wandesford verberauit vulnerauit et [m]al-[etractauit] contra pacem Domini Regis videlicet die Iouis in festo Sancte Marie Magdalene [anno regni Regis nunc] xxxv^{to}.

[m. 6 ij] Adhuc de presentacionibus et indictamentis inchoatis et non terminatis coram Willelmo de Aton' et sociis suis iusticiariis etc.

29 (*Margin* V[se]et D[erwent'])[4] xij iurati inter Ouse et Derwent', scilicet Iohannes de Brigg' Iohannes Russell Robertus in the Wylughs Iohannes Margrayne Henricus filius Willelmi Rogerus de Eluyngton Iacobus de Estoft' Robertus Burdon' Thurstanus de Laythwayt' Willelmus Gascoigne de Rikhall' Abell de Burton' et Iohannes Laurence presentant quod regia via inter parcum abbatis Beate Marie Eboraci et boscum de Eskryk qui est Radulfi de Lascels militis est ita stricta cum subbosco ibidem crescente que est valde periculosa, contra formam statuti etc., in defectu predictorum abbatis et Radulfi.[5] (*Margin* transgressio)

30 Item presentant quod Iohannes Moy [capias] (finem fecit)[1][6] de Eskryk die Veneris proxima post festum Sancte Marie Magdalene anno regni Regis nunc xxxv^{to} [23 July 1361] apud Lyncroft in Agnetem filiam Alicie Tyncler insultum fecit verberauit vulnerauit et male tractauit contra pacem Regis. (*Margin* transgressio)

31 Et quod idem Iohannes die Iouis proxima ante festum Natiuitatis Beate Marie anno supradicto apud Fulford in Aliciam Tyncler[7] insultum fecit et ipsam verberauit vulnerauit et male tractauit contra pacem Domini Regis.

[1] "Berwald" in writ.

[2] Probably the same case as A 92. He was indicted before the sheriff for another offence; Gaol Delivery Roll (J.I. 3) 145, m. 17.

[3] Supplied from A 92.

[4] At the York session of Monday, 27 Sept. 1361; A, pp. 21, 22.

[5] Tried in king's bench; see App., *infra*, pp. 137-9.

[6] See list of fines by confession; K.B. 27, 408, Rex. *Cf.* also A 96 for another charge.   [7] *Cf.* A 97 for a charge against her.

32 Item presentant [quod] Alicia [capias] filia Willelmi
Daweson de Farlyngton' ad festum Sancti Nicholai anno regni
Regis nunc xxx apud Wygyngton' bona et catalla Galfridi persone
de Wygyngton' videlicet tria linthiamina, precij viij s., et duo
paria pannorum lineorum, precii xviij d., cepit et asportauit
contra pacem Regis etc. (*Margin* transgressio)

33 Item presentant quod Robertus Fawnild (finem fecit)[1]
de Yolethorp' venit apud Yolethorp' et ibi contra pacem Domini
Regis vulnerauit Iohannem Base de eadem villa seruientem priorisse
de Wilbirfosse,[1] ita quod predictus Iohannes desperabatur de vita
die Dominica proxima ante festum Sancti Petri Aduincula anno
regni Regis nunc xxxv[to]. (*Margin* transgressio)

34 (*Margin* Dikeryng')[2] xij iurati wapentachii de Dikeryng',
scilicet Ricardus de Randolf Hugo de Louthorp' Nicholaus de
Midelton' Willelmus de Lund Alanus de Roston Willelmus Proud
de Guthmundham Ricardus filius Walteri de eadem Iohannes
filius Gilberti de eadem Iohannes de Emthorp' Iohannes atte
Tounend de Brigham Iohannes de Okton (et)[1] Stephanus filius
Iohannis de eadem presentant quod Thomas Paytfyn[3] [exigend]
de Flixton' die Iouis proxima post festum Pasche anno regni
Regis nunc xxxv[to] apud Folkton' furtiue furatus fuit tres bidentes
qui fuerunt vicarij de Neuton', et duodecim bidentes qui fuerunt
Roberti Fabri eiusdem ville, et xvj bidentes qui fuerunt Walteri
filii Willelmi de Fordon' etc. (*Margin* felonia)

35 Item presentant quod Thomas de Laxton [capias] et
Willelmus [capias] filius Iohannis Loreyn de Shirburn' vi et armis
apud Galmton' die Lune proxima post festum Sancti Michelis anno
regni Regis nunc xxxv[to] arbores ibidem crescentes videlicet fraxinos
et salices et alios arbores ceperunt et asportauerunt contra pacem
Regis. (*Margin* transgressio)

36 Item presentant quod Nicholaus Strumpet [exigend]
furatus fuit sexdecim bidentes apud Gildhousdale die Lune proxima
ante festum Natalis Domini anno regni Regis nunc xxxv[to] de
Thoma de Benteley. (*Margin* felonia)

37 [A 106][4] (*Margin* Herthill quarta)[5] xij iurati wap-
entachii de Herthill, scilicet Iohannes del Hay de Iuerthorp'
Thomas del Hay de Spaldyngton' Robertus de Rauenthorp'
Ricardus de Santon' Iohannes de Rippelay Adam de Fenton'
Iohannes de Pothowe Willelmus Dryng' Iohannes del Hay Walterus
de Cotes Radulfus Stele et Iohannes Sturmy presentant quod
Iohannes Boseuill' (ponit)[1] de Spaldyngton' die Lune proxima ante

[1] A Benedictine nunnery near Pocklington. The prioress is not easy to
identify. Isabella de Spynys seemed about to resign in 1348, "Agnes" is
mentioned in 1396; *V.C.H. Yorks.*, III, 126.
[2] At the Kilham session of 3 Jan. 1362; A, p. 00.
[3] Acquitted on almost identical charges; A 79.
[4] With Cecily. Lines are drawn vertically through nos. 37-45; *cf.*
A, pp. 28-30. For their trial in king's bench see App., *infra*, pp. 135-7.
[5] Perhaps at the Pocklington session of Sunday, 24 April 1362; A, p. 28.

festum Natiuitatis Domini anno regni Regis nunc xxxiiij ^{to} domum
Roberti de Laxton' de Spaldyngton' burgauit et inde felonice cepit
et asportauit vnum quarterium frumenti, precij vj s. et dua
quarteria pisarum, precij quarterij iiij s. iiij d.

38 [A 107]   Et quod idem Iohannes Boseuill' die Martis
proxima post festum Sancti Martini anno regni Regis nunc
xxxiiij ^{to} felonice furatus fuit duas multones apud Spaldyngton'
de Iohanne Prat' de Spaldyngton', precij ij s. viiij d.

39 [A 108]   Et quod Cecilia filia Nicholai de Thex fuit
auxilians et consensiens ad eandem feloniam de predictis multonibus faciendam. (*Margin* felonia *applies to the* 3 *cases*)

40   Item presentant quod Iohannes Boseuill' (ponit se)[1] de
Spaldyngton' vi et armis die Lune proxima post festum Ascen-
sionis Domini anno regni Regis nunc xxxiiij ^{to} in Willelmum
Philipot de Spaldyngton' apud Spaldyngton' insultum fecit et
ipsum verberauit vulnerauit et male tractauit contra pacem
Domini Regis.

41   Item presentant quod idem Iohannes Boseuill' vi et
armis die Mercurij proxima post festum Natiuitatis Sancti Iohannis Baptiste anno regni Regis nunc xxxiiij ^{to} in Iohannem Pouwer
seruientem Thome del Hay[1] de Spaldyngton' apud Spaldyngton'
insultum fecit et ipsum verberauit vulnerauit et male tractauit
contra pacem Regis etc.

42   Item presentant quod idem Iohannes Boseuill' die
Martis proxima post octabas Pasche anno regni Regis nunc xxxv ^{to}
cepit quendam equum de Willelmo Godifer apud Spaldyngton'
et posuit in caruca sua, contra voluntatem dicti Willelmi et
contra pacem Domini Regis.

43   Item idem Iohannes Boseuill' (ponit se)[1] die Iouis proxima post festum Sancti Martini anno regni Regis nunc xxxv ^{to} vi
et armis in Thomam Swynerd communem porcarium ville de
Spaldyngton' insultum fecit apud Spaldyngton' et ipsum verberauit vulnerauit et male tractauit contra pacem Domini Regis,
et dictus Iohannes est communis malefactor et perturbator pacis
Domini Regis.

44   Item presentant quod idem Iohannes Boseuill' die
Iouis proxima ante festum Sancti Hillarij anno regni Regis nunc
xxxv ^{to} vi et armis apud Spaldyngton' in Iohannem filium Iohannis de Lascels de Eskryk' clericum et ministrum Domini Regis
insultum fecit et ipsum verberauit vulnerauit et maletractauit eo
quod prosecutus fuit negocium uersus predictum Iohannem
Boseuill' coram iusticiariis de pace (de Estrithingo)^c in Estrithingo
in comitatu Eboraci, in contemptum Domini Regis et contra pacem
et in anullacionem communis legis Anglie.

45   Item presentant quod idem Iohannes Boseuill' die Veneris proxima ante festum Sancti Hillarij anno regni Regis nunc

---

[1] A juror in B 37; attorney for the king, A, p. 29.

xxxv to Iohannem filium Iohannis de Lascels de Eskryk' insidie-
batur per viam inter Spaldyngton' et villam de Bubwyth', et apud
Bubbewith' in dictum Iohannem filium Iohannis de Lascels vi et
armis insultum fecit et ipsum ibidem per longum tempus imprisonauit contra pacem Domini Regis ipsumque Iohannem filium
Iohannis de Lascels interficere minatur, si uersus dictum Iohannem Boseuill' pro aliquo prosecutus fuerit vel si ipsum per aliquod breue implacitauerit. (*Margin* transgressio *applies to the
6 cases*)

46   Item presentant quod Iohannes Shephird [capias] de
Southcliff' vi et armis vulnerauit et verberauit Rogerum seruient-
em Ricardi de Cliff' die Dominica in festo Pentecostes anno regni
Regis nunc xxxvj contra pacem Regis. (*Margin* transgressio)

47   Item presentant quod Willelmus Pratt [capias] de
Neubald et Willelmus Sawe [capias] de eadem die Sabbati proxima
post festum Sancti Gregorij anno regni Regis nunc xxxvj to apud
Neubald vi et armis in quendam Alanum Gull' de Estryngton'
insultum fecerunt et ipsum verberauerunt vulnerauerunt et
maletractauerunt contra pacem Domini Regis. (*Margin* transgressio)

48   (*Margin* Libertas . . .[1]) xij iurati libertatis de Houeden',[2] scilicet Stephanus Cissill' Willelmus de Middelton' Iohannes
de Hou[eden'] Nicholaus de Northiby Robertus Rabace Iohannes
Blake Iohannes del Fall' Walterus de Lo[ftesom']³ [Iohannes de
Sp]aldyngton'³ Iohannes de Luceby Willelmus Lascy et Thomas
Baron' presentant quod Willelmus [capias] [Braken de Skelton']⁴
die Iouis proxima post festum Pentecostes anno regni Regis nunc
xxxvj to in Iohannem Scrip[ton] apud Skelton' insultum fecit et
ipsum verberauit vulnerauit et male tractauit contra pacem
Domini Regis etc.

49   Item presentant quod Henricus de Birkenshagh' vicarius prebende de Barnby iuxta Houeden verberauit et male
tractauit Emmam vxorem Arnaldi de Cliff' de Houeden', videlicet
die Martis proxima ante festum Pentecostes apud Houeden' anno
regni Regis nunc xxxvj to. (*Margin* transgressio)

50   Item presentant quod idem Henricus verberauit et male
tractauit Margaretam relictam Thome Whitsid die Dominica ante
festum Pentecostes anno supradicto apud Hou[eden].

51   Item presentant quod idem Henricus verberauit Aliciam
Daughdoghter eodem die contra pacem etc.

52   Item presentant quod Willelmus de Hothom [capias]
capellanus verberauit et male tractauit Isabellam seruientem
Roberti Roscelyn apud Houeden contra pacem Domini Regis.
(*Margin* transgressio)

¹ Torn.
² At the Howden session of Thursday, 9 June 1362; A, p. 30.
³ Supplied from A.R. 1143, m. 1 (jurors for Howden).
⁴ Supplied from the capias.

53   Item presentant quod Hugo le Shephird [capias] quondam seruiens Roberti Rabace de Osgotby verberauit (et)[1] vulnerauit Thomam Sele de Osgotby die Dominica proxima ante festum Pentecostes anno regni Regis nunc xxxvj apud Osgotb[y] contra pacem Domini Regis.

54   Item presentant quod Adam Alioi[1] [capias] de Skelton' verberauit et male tractauit Aliciam vxorem St[. . .][2] de [S]kelton' in domum suam ibidem die Mercurii in festo Pasche anno regni Regis nunc xxx . . .[2] contra pacem Domini Regis.

(*Endorsed*)[3] [Presentaciones et] indictamenta capta coram Willelmo de Aton' et sociis suis i[usticiariis Domini Regis ad] diuersas felonias et transgressiones in Estrithingo in comitatu Eboraci f[actas audiendas et terminandas assignatis inchoata et] nondum term[inata . . .] de annis xxxv [et xxxvj].

ASSIZE ROLL 1136[4] (C) EAST RIDING

[m. Primus 1]   Dominus Rex mandauit Radulfo de Neuill' Willelmo de Aton' et Iohanni de Middelton' breue suum in hec verba. Edwardus Dei gracia Rex Anglie Dominus Hibernie et Aquitanie dilectis et fidelibus suis Radulfo de Neuill' Willelmo de Aton' et Iohanni de Middelton' salutem. Sciatis quod assignauimus vos coniunctim et diuisim ad pacem nostram et statuta apud Wyntoniam et Northamptoniam et Westmonasterium pro conseruacione eiusdem pacis edita in partibus de Estrithingo in comitatu Eboraci tam infra libertates quam extra custodienda et custodiri facienda; et ad omnes illos quos contra formam statutorum predictorum delinquentes inueneritis castigandos et puniendos, prout secundum formam statutorum eorundem fuerit faciendum; et ad omnes illos qui aliquibus de populo nostro de corporibus suis vel incendio domorum suarum minas fecerint per sufficientem securitatem de bono gestu suo erga nos et populum nostrum inueniendam compellendos et si huiusmodi securitatem facere recusauerint tunc eos in prisonis nostris quousque huiusmodi securitatem fecerint saluo custodiri faciendos.

Assignauimus eciam vos et duos vestrum iusticiarios nostros ad inquirendum per sacramentum proborum et legalium hominum de partibus predictis tam infra libertates quam extra per quos rei veritas melius sciri poterit de quibuscumque feloniis et transgressionibus in partibus predictis infra libertates vel extra qualiter-

---

[1] "Olion" in the capias.

[2] Torn.

[3] The endorsement is so faint that much of it has to be inferred from similar headings.

[4] For an explanation of the re-arrangement of this roll see Introduction, *supra*, p. xx.

cumque et per quoscumque factis et que ex tunc ibidem fieri contigerit, et de receptatoribus manutentoribus et fautoribus malefactorum premissa perpetrantium, ac aliis articulis et circustanciis premissa qualitercumque contingentibus plenius veritatem; ac eciam de hiis qui mensuris et ponderibus infra dictas partes infra libertates vel extra contra formam statutorum et ordinacionum inde editorum iam vtuntur vel quos ex tunc vti contigerit;

et ad easdem felonias et transgressiones ad sectam nostram tantum, et ad compota de collectoribus et receptoribus finium amerciamentorum et aliorum proficuorum de artificibus seruitoribus et laboratoribus in partibus predictis leuatorum et leuandorum quos nuper communitati regni nostri pro termino trium annorum concessimus in auxilium decime et quintedecime triennalium quas eadem communitas nobis concessit audienda et terminanda, secundum legem et consuetudinem regni nostri; et ad dictos collectores et receptores compellendos ad plenam distribucionem de denariis per ipsos inde collectis inter communitates villarum parcium predictarum faciendam ;

necnon ad debitam correccionem fieri faciendam de ponderibus et mensuris predictis et condignam punicionem illis quos de abusu ponderum et mensurarum predictarum culpabiles inueneritis iuxta formam ordinacionum et statutorum predictorum imponendam ;

et ad omnia indictamenta coram quibuscumque iusticiariis nostris ad felonias et transgressiones in partibus predictis temporibus preteritis audiendas (et)[1] terminandas assignandis[1] facta et nondum terminata inspicienda et ea debito fine terminanda, secundum legem et consuetudinem supradictas ;

et ad omnes artifices seruitores et operarios quos contra formam ordinacionum et statutorum tam in parliamentis nostris ante hec tempora quam in presenti parliamento nostro factorum delinquentes inueneritis castigandos et puniendos, prout secundum formam statutorum et ordinacionum eorundem fuerit faciendum.

Et ideo vobis mandamus quod vos vel duo vestrum sessiones vestras quater per annum super premissis, primo videlicet infra octabas Epiphanie Domini, secundo infra secundam septimanam medie Quadragesime, tercio inter festa Pentecostes et Sancti Iohannis Baptiste, et quarto infra octabas Sancti Michelis; et ad certos dies et loca quos vos vel duo vestrum ad hoc prouideritis inquisiciones super premissis faciatis; et felonias transgressiones et compota predicta audiatis et terminetis, et premissa omnia et singula faciatis et expleatis in forma predicta, facturi inde quod ad iusticiam pertinet secundum legem et consuetudinem regni nostri, saluis nobis amerciamentis et aliis ad nos inde spectantibus.

---

[1] "Assignatis" on Patent Roll.

Mandauimus enim vicecomiti[1] nostro comitatus predicti quod ad certos dies et loca quos vos vel duo vestrum ei scire facietis venire faciat coram vobis vel duobus vestrum tot et tales probos et legales homines de partibus predictis tam infra libertates quam extra per quos rei veritas in premissis melius sciri poterit et inquiri; et omnes articulos in ordinacionibus et statutis tam in parliamentis nostris ante hec tempora quam in presenti parliamento nostro factis et editis contentos conseruacionem dicte pacis nostre et punicionem artificum seruitorum et laboratorum concernentes vobislibet exequendos.

In cuius rei testimonium has litteras nostras fieri fecimus patentes.

Teste me ipso apud Westmonasterium xx die Nouembris anno regni nostri tricesimo sexto [1362].[2]

Occasione cuius breuis mandatum fuit vicecomiti comitatus predicti quod venire faceret de quolibet wapentachio in partibus Estrithingi xxiiij[or] probos et legales homines tam milites quam alios et de qualibet libertate xviij et de qualibet soca xij per quos rei veritas melius sciri poterit et inquiri de premissis apud Eboracum die Iouis in quinta septimana Quadragesime anno regni Regis Edwardi tercij post conquestum Anglie tricesimo septimo [23 March 1363] coram prefatis Radulfo de Neuill' Willelmo de Aton' et Iohanne de Middelton' iusticiariis etc.[3]

(*Margin* Ebor') Placita corone apud Eboracum coram Willelmo de Aton' et Iohanne de Middelton' iusticiariis Domini Regis ad diuersas felonias et transgressiones in Estrithingo in comitatu Eboraci factas audiendas et terminandas assignatis die Iouis in quinta septimana Quadragesime anno regni Regis Edwardi tercij post conquestum Anglie tricesimo septimo [23 March 1363].

1   (*Margin* Ebor') Iurati diuersorum wapentachiorum presentant quod Gerardus de Grimeston'[4] chiualer et Iohannes de Burton'[4] fuerunt collectores (x[e] et xv[e] et)[1] receptores et distributores finium et amerciamentorum (laborancium etc.)[1] in Estrithingo in anno regni Regis Edwardi nunc xxx[mo].

[1] Thomas de Musgrave, 30 Sept. 1359—20 Nov. 1360; 20 Nov. 1362—13 May 1366. In his second term he succeeded Marmaduke Constable; A, p. 3, note 1; D, p. 80, note 2.
[2] C.P.R. 1361-4, 291-3. For a discussion of the form of this commission, see Introduction, *supra*, p. xvi.
[3] The Holderness writ now attached here to the edge of the membrane by recent stitching has been printed in its proper place near the old stitching; *infra*, pp. 61-2.
[4] Appointed on 26 Jan. 1354, 28 Edw. III, for 3rd year of triennial of 1352; C.F.R. 1347-56, 413-14. Grimston had also been appointed with four others on 26 Jan. 1353, 27 Edw. III, for 2nd year; *ibid.*, 374-5. See Introduction, *supra*, pp. xiii-xv, xxxvii, for the whole subject of penalties and of the subsidy.

2   Item Willelmus de Hasthorp'[1] et Thomas Chauncy[1] fuerunt collectores et receptores in Estrithingo in anno regni Regis Edwardi nunc xxix^{no}.

3   Item dicunt quod Willelmus de Rasen nuper manens in Rudestan furtiue cepit dimidium quarterium ordei de Petro Helard apud Rudestan et domum suam ibidem fregit noctanter die Iouis proxima post festum Sancti Pauli anno regni Regis nunc xxxvij^{mo}.

4   Item dicunt quod Robertus Taillour de Tibthorp' vi et armis apud Tibthorp' die Lune proxima post festum Sancte Katerine anno regni Regis Edwardi nunc xxxvij^{mo} Ceciliam de Thorp' verberauit et est communis malefactor.

5   Item dicunt quod Robertus Cartewryght de Vlram die Sabbati proxima post festum Sancti Gregorij anno regni Regis Edwardi nunc xxxvii^{mo} apud Vlram Willelmum Ernys de Vlram fecit per extraneos verberari et vulnerari et dictus Robertus Cartewryght est communis malefactor.

6   Item dicunt quod Iohannes Burton' de Northburton' vnus collectorum x^e et xv^e recepit de Thoma Chauncy lx li. ad distribuendum inter certas villatas de Estrithingo et retinuit de villa de Naburn' xxx s.[2]

7   Item dicunt quod Willelmus del Castell'[3] de Estheslarton' die Martis proxima ante festum Sancti Cudberti anno regni Regis Edwardi nunc xxxvj^{to} apud Schirburn' in Harford'lyth' in mercato vi et armis, scilicet gladiis etc. in Thomam atte Lane insultum fecit et ipsum maliciose prosecutus fuit ad interficiendum eum et voluit percussisse eum in dorso cum longo cultello ; per quem insultum mercatum ibidem perturbatum fuit et sic est perturbator pacis et communis minator hominum.

8   Item dicunt quod Petrus Wryght de Haytefeld' die Lune proxima post festum Sancti Gregorij anno regni Regis Edwardi nunc xxxvij^{mo} in Agnetem Souter de Spaldyngton' insultum fecit et ipsam verberauit vulnerauit etc. contra pacem etc.

Per quod preceptum est vicecomiti quod venire faciat coram iusticiariis apud Poklington' die Martis in septimana Pentecostes proximo future [23 May 1363] predictos Gerardum Iohannem Willelmum Thomam Robertum Robertum Willelmum et Petrum ad respondendum Domino Regi de premissis.

(*Margin* Ebor') Preceptum est predicto vicecomiti quod capiat predictum Willelmum de Rasen si etc. et eum saluo etc., et quod habeat corpus suum coram prefatis iusticiariis ad pre-

---

[1] Chauncy was appointed with two others on 25 Feb. 1352 for 1st year; on 9 May Hasthorp with John Hauteyn had taken the place of Simon de Heselarton who had himself been appointed on 6 April but who by May was in prison; *C.F.R. 1347-56*, 355-6.

[2] He actually distributed to Naburn only xs. of penalties; Lay Subsidies, 202/53.   This special charge against Burton seems to have been dropped.

[3] *Cf.* pp. 46-7, *infra*; also C 147 x, C 160, C 161.

dictos diem et locum ad respondendum Domino Regi de felonia predicta.

9 (*Margin* Ebor') (Iurati eciam diuersorum wapentachiorum presentant quod Elyas Warner de Malton die Lune proxima post festum Inuencionis Sancte Crucis anno regni Regis Edwardi nunc xxxiiij^to felonice rapuit Elenam Katemayden de Malton' apud Norton' iuxta Malton' et cum ea concubuit contra voluntatem suam et insultum fecit ei et ita eam conculcauit quod infra tres dies proximo sequentes moriebatur. Quare preceptum est vicecomiti quod capiat predictum Elyam si etc. et eum saluo etc., ita quod habeat corpus suum coram iusticiariis ad predictos diem et locum ad respondendum Domino Regi de felonia predicta)^c.

10 (*Margin* Ebor') Iurati diuersorum wappentachiorum Estrithingi comitatus Eboraci presentant quod Elias Warner de Malton' die Lune proxima post festum Inuencionis Sancte Crucis anno regni Regis nunc Anglie tricesimo quarto felonice rapuit Elenam Katemayden' de Malton 'apud Norton' iuxta Malton' et cum ea concubuit contra voluntatem suam et insultum fecit ei et ita eam conculcauit quod infra tres dies proximo sequentes moriebatur. Per quod preceptum est vicecomiti quod capiat prefatum Eliam si etc. et saluo etc., ita quod habeat corpus eius coram iusticiariis etc. apud Poklyngton' die Martis in septimana Pentecostes proximo future [23 May 1363] ad respondendum Domino Regi de premissis etc.

[m. 1 d.] (*Margin* Ebor') Placita corone et transgressionis coram Willelmo de Aton' et Iohanne de Middelton' iusticiariis ad pacem Domini Regis necnon ad statuta Wyntonie Northamptonie et Westmonasterii pro conseruacione dicte pacis edita in partibus Estrithingi in comitatu Eboraci tam infra libertates quam extra custodienda et custodiri facienda necnon ad omnimodas transgressiones et felonias ad sectam Regis tantum in partibus predictis audiendas et terminandas assignatis (apud Pokelington')¹ die Martis in septimana Pentecostes anno regni Regis Edwardi nunc xxxvij^mo [23 May 1363].

[7] (*Margin* Ebor') Preceptum fuit vicecomiti quod venire faceret Willelmum del Castell' de Estheselarton' coram prefatis iusticiariis hic ad hunc diem ad respondendum Domino Regi de diuersis transgressionibus super ipsum presentatis et non venit. Et vicecomes respondet quod non est inuentus et nihil habet vnde potest attachiari. Ideo preceptum est vicecomiti quod capiat eum si etc. et saluo etc., ita quod habeat corpus suum coram prefatis iusticiariis hic die Iouis proximo sequente in septimana Pentecostes predicta [25 May] ad respondendum Domino Regi etc. Ad quem diem idem Willelmus non venit et predictus vicecomes respondet sicut prius quod non est inuentus etc.; vnde preceptum est sicut alias vicecomiti quod capiat eum etc., et quod habeat corpus eius etc. hic die Sabbati proximo sequente in eadem

septimana [27 May] ad respondendum Domino Regi etc. Ad quem diem predictus Willelmus non venit et vicecomes respondet quod non est inuentus, sicut prius. Ideo preceptum est sicut pluries predicto vicecomiti quod capiat eum si etc., et quod habeat corpus suum etc. coram prefatis iusticiariis etc. apud Stanfordbrig' die Lune proxima post festum Sancti Barnabe Apostoli [12 June 1363] ad respondendum Domino Regi etc.

11 (*Margin* Ebor') Iurati diuersorum wapentachiorum de partibus Estrithingi comitatus predicti presentant quod [cum] Iohannes Coke de Ellerton' manens in Wresill' conductus fuit cum Gerardo de Saluayn chiualer ad seruiendum eidem Gerardo in officio coci a festo Sancti Martini in Yeme anno regni Regis Edwardi nunc xxxvj^to per unum annum tunc proximo sequentem, predictus Iohannes extra seruicium eiusdem Gerardi infra terminum predictum, videlicet die Lune proxima ante festum Pentecostes anno regni Regis Edwardi nunc xxxvij^mo sine causa racionabili vel licencia ipsius Gerardi recessit, contra formam ordinacionis in huiusmodi casu prouise;[1] per quod preceptum fuit vicecomiti quod caperet eum etc. Et modo, scilicet die Mercurii in septimana Pentecostes anno supradicto [24 May] apud Poklyngton' coram prefatis iusticiariis venit predictus Iohannes per vicecomitem occasione predicta captus; et per iusticiarios allocutus qualiter se velit acquietare de premissis sibi impositis, qui premissa non dedicit set expresse cognouit quod ipse recessit extra seruicium predicti Gerardi, prout per presentacionem predictam supponitur. Ideo idem Iohannes committitur prisone in custodia Thome Musgraue vicecomitis Eboraci saluo custodiendus sub periculo quod incumbit, secundum formam[2] etc. quousque etc.

[1, 2] (*Margin* Ebor') Preceptum fuit (vicecomiti)[1] quod distringeret Gerardum de Grimston chiualer Iohannem de Burton' Willelmum de Hasthorp' et Thomam Chauncy per omnes terras etc. et quod de exitibus terrarum eorum responderet, et quod haberet corpora eorum coram prefatis iusticiariis hic ad hunc diem, videlicet die Mercurii in septimana Pentecostes anno supradicto [24 May] (ad reddendum compotum)[1]. Et modo non veniunt et predictus vicecomes respondet quod districti fuerunt, vnde idem vicecomes respondet de exitibus terrarum predicti Gerardi vj d., et de exitibus terrarum predicti Iohannis de Burton' vj d., et de exitibus terrarum Willelmi de Hasthorp' vj d., et de exitibus terrarum Thome Chauncy vj d. Et preceptum est vicecomiti sicut alias quod distringat predictos Gerardum Iohannem Willelmum et Thomam per omnes terras et catalla sua et de exitibus respondeat, ita quod habeat corpora eorum coram prefatis iusticiariis apud Poklyngton' die Veneris proximo sequente in eadem septimana Pentecostes predicte [26 May] ad reddendum compotum sicut prius etc.

[1] 23 Edw. III, c. 2.
[2] *Loc. cit.* and 34-5 Edw. III, c. 9.

[10] (*Margin* Ebor') Iurati diuersorum wapentachiorum Estrithingi comitatus predicti alias presentauerunt apud Eboracum quod Elyas Warner . . . (*as in no.* 10). Per quod preceptum fuit[1] vicecomiti quod caperet predictum Elyam si etc. et saluo etc., ita quod haberet[2] corpus eius coram prefatis iusticiariis etc. apud Poklyngton' die Martis in septimana Pentecostes proximo future [23 May] (videlicet ad hunc diem)[1] ad respondendum Domino Regi de premissis etc. Et modo ad hunc diem coram prefatis Willelmo de Aton' et Iohanne de Middelton' iusticiariis etc. venit predictus Elyas occasione predicta captus; et per vicecomitem coram prefatis iusticiariis ductus et per eosdem iusticiarios allocutus qualiter se velit de premissis sibi impositis acquietare, dicit quod ipse in nullo est inde culpabilis et hoc de bono et malo ponit se super patriam. Ideo preceptum est vicecomiti quod venire faciat coram prefatis iusticiariis apud Poklyngton' die Mercurii in septimana (proximo sequente)[1] Pentecostes [24 May] xxiiij[or] tam milites etc. de visneto predicto per quos etc., et qui predictum Elyam nulla affinitate etc., ad recognoscendum etc. vnde etc. Et interim idem Elyas committitur prisone in custodia vicecomitis etc.

Ad quem diem coram prefatis iusticiariis etc. venit predictus Elyas per vicecomitem ductus et similiter iuratores veniunt; qui ad hoc electi triati et iurati dicunt super sacramentum suum quod predictus Elyas in nullo est culpabilis de felonia predicta nec vnquam se subtraxit occasionibus predictis. Ideo consideratum est quod predictus Elyas est inde quietus etc.

12[3] (*Margin* Ebor') Iohannes de Fangfosse attachiatus fuit ad respondendum Willelmo Marschall seruienti domini de Percy de placito transgressionis per billam contra statutum etc. Et vnde idem Willelmus Marschall in propria persona sua queritur quod cum idem Willelmus die Lune proxima post festum Natalis Domini anno regni Regis Edwardi nunc xxxvj[to] dictum Iohannem ad seruiendum ei apud Alwarthorp' in officio carucarij a festo Purificacionis Beate Marie proximo sequente vsque festum Sancti Martini in Yeme tunc proximo sequens conduxisset, idem Iohannes a seruicio predicto die Lune proxima ante festum Pentecostes anno regni Regis Edwardi nunc xxxvij[mo] contra voluntatem dicti Willelmi et absque causa racionabili recessit et adhuc moratur, in contemptum Domini Regis ad dampna ipsius Willelmi c s. et contra formam statuti etc.[4]

Et predictus Iohannes in propria persona sua venit et dicit quod ipse non potest dedicere quin ipse conductus fuit cum predicto Willelmo in forma qua predictus Willelmus superius versus eum

---

[1] Altered from "est."
[2] Altered from "habeat."
[3] The beginning of the case has not been found, but from the date of the offence, 15 May, it probably began at this same session.
[4] 23 Edw. III, c. 2; 34-5 Edw. III, cc. 9, 10.

narrauit et quod ipse recessit a seruicio dicti Willelmi, prout supponit per billam suam superius. Ideo consideratum est quod predictus Willelmus recuperet predictum Iohannem tanquam seruientem suum vsque ad predictum festum Sancti Martini in Yeme et dampna sua, que taxantur per curiam ad x s. Et idem Iohannes presens in curia iuratus et deliberatus per curiam prefato Willelmo[1] etc. et idem Iohannes in misericordia. Et predictus Willelmus gratis relaxat dampna predicta etc. (*Margin* Misericordia)

13 (*Margin* Ebor') Iurati diuersorum wapentachiorum comitatus predicti (alias)[12] presentauerunt quod Thomas Milner qui vocatur Thomas Whytefote felonice cepit de frumento et siligine Willelmi de Dalton' in molendino domini de Percy die Lune proxima post festum Pasche anno regni Regis Edwardi tercij post conquestum xxxvj to ad valenciam x d. et contra pacem etc.

14 Item dicunt quod idem Thomas die Lune proxima post mediam Quadragesimam anno regni Regis Edwardi nunc xxxvj to felonice cepit vj bussellos brasei, precij ij s. vj d., de Isabella in the Wylughs de Poklyngton' extra molendinum domini Henrici de Percy de Poklyngton' etc; per quod preceptum fuit vicecomiti quod caperet eum etc. et saluo etc. Et modo coram prefatis iusticiariis hic ad hunc diem, scilicet die Iouis in septimana Pentecostes eodem anno [25 May 1363] venit predictus Thomas per vicecomitem ductus, et per iusticiarios allocutus qualiter se velit de premissis sibi impositis acquietare, dicit quod in nullo est inde culpabilis de felonia predicta et hoc de bono et malo ponit se super patriam; ideo fiat inde iurata.

Iuratores ad hoc electi triati et iurati dicunt super sacramentum suum quod predictus Thomas est culpabilis de capcione frumenti et siliginis Willelmi de Dalton' ad valenciam x d., et quia dicta felonia non excedit xiij d., ideo idem Thomas committitur prisone in custodia vicecomitis moraturus per xv dies per discrecionem iusticiariorum causa felonie predicte etc. Et quo ad hoc quod presentatum est quod idem Thomas felonice cepit vj bussellos brasei, precij ij s. vj d., extra molendinum domini Henrici de Percy de bladis Isabelle in the Wylughs, dicunt quod ipse in nullo est inde culpabilis nec vnquam se subtraxit occasione predicta; ideo (quantum)[1] ad hoc eat inde quietus etc.

[m. ij 2] Adhuc apud Poklyngton' die Martis in septimana Pentecostes anno regni Regis Edwardi etc. xxxvij mo [23 May 1363].

15 (*Margin* Ebor' Dykeryng') Iuratores presentant super sacramentum suum, videlicet Willelmus de Ruston' Robertus de Bossale Willelmus Helard de Rudestan Hugo de Louthorp' Alanus de Ruston' Henricus Damyot' Iohannes de Warter de Garton' Iohannes filius Willelmi de Killum Iohannes de Gemlyng' Robertus de Thorp' Iohannes de Berneston' et Rogerus de Hasthorp' quod

---

[1] An "equitable" remedy instead of prison.
[2] Probably at the session of 23 March; *supra*, p. 44.

Alicia seruiens Margarete de Cayton' non vult seruire nisi per dietam et vadit extra villam.[1]

16   Item quod Adam filius Roberti capit pro trituracione j quarterij frumenti v d.

17   Et quod Matillis filia Agnetis de Stakeston' non vult seruire nisi per dietam et vadit extra villam.

18   Et quod Thomas Alburn' de Fraythorp' Robertus Spaldyngton' dyker capit per dietam pro labore suo pro muris faciendis ij d. per dietam cum mensa.

19   Et quod Thomas Moure de Naffirton' triturator capit ij d. quadrantem etc.

20[2]   Et quod Clemens Scherman messor capit in autumpno iiij d. cum mensa per dietam.

21   Et quod Iohannes de Rottese eodem modo.

22[3]   Et quod Rogerus de Ruston' theker capit ij d. et iij d. pro labore suo.

23   Et quod Petrus Theker de Rudestan capit pro labore suo per dietam iij d.

24   Et quod Thomas de Cattewyk' carucarius capit vnam marcam cum mensa per annum de R. Chappeman.

25   Et quod Willelmus de Thurkelby carucarius capit pro labore suo xij s. cum mensa.

26   Et quod Robertus nuper seruiens Thome Milner bercatoris capit per dimidium annum viij s. cum mensa de Roberto Chappeman.

27   Et quod Nicholaus de Clyueland' mawer capit per dietam vij d. et vadit extra villam.

28   Et quod Robertus Bond carucarius renuit seruire per annum set per dietam.

29   Et quod Thomas Harr' carpentarius capit in villa iij d. per dietam.[4]

30   Et quod Thomas Atkinson carucarius renuit seruire et vadit, per dietam capiendo ij d. cum mensa.

31   Et quod Iohannes Codelyng' de Killum triturator non vult triturare per quarterium nisi capiendo ij d. per dietam cum mensa.

32   Et quod Ricardus de Hornese cepit eodem modo.

33   Et quod Willelmus Bond seruiens Willelmi de Malton' cepit eodem modo.

34   Et quod Iohannes de Rydale triturator cepit eodem modo.

---

[1] The pertinent clauses of the labour legislation for the offences in nos. 15-35, 38-45, 47-9, 51-67, 69-70, 72-80, 82-95, 97-108 (omitting 105) are 23 Edw. III, c. 2; 25 Edw. III, st. 2, cc. 1-4; 34-5 Edw. III, cc. 9, 10.

[2] Duplicates no. 107.

[3] Duplicates no. 108.

[4] Excess rate according to 25 Edw. III, st. 2, c. 3, but legal according to 34-5 Edw. III, c. 9.

35 Et quod Willelmus quondam seruiens Willelmi de Malton' triturator cepit eodem modo.

36 Et quod Alicia vxor Roberti Aunger braciat (et vendit)[1] contra statutum, videlicet per mensuram non sigillatam.[1]

37 Et quod Beatrix vxor Willelmi de Swathorp' braciat eodem modo.

38 Et quod Willelmus Brighman de Harpham carucarius exiuit extra villam causa plus capiendi et non vult seruire per annum.

39 Et quod Galfridus seruiens Willelmi de Malton' cepit nimis contra statutum, videlicet xij s. cum mensa.

40 Et quod Edmundus Berier et Beatrix vxor eius ceperunt per se nimium contra statutum, videlicet iij d. et iiij d. per dietam cum mensa et vadit extra villam.

41 Et quod Cecilia Wryght nuper seruiens Roberti Tothe iuit extra seruicium suum contra statutum.

42 Et quod Willelmus de Keldale de Seteryngton' non vult seruire per annum nec dimidium annum set per dietas causa plus capiendi, videlicet iij d. per diem cum mensa.

43 Et quod Willelmus de Grauncemore recessit extra seruicium prioris de Briddelyngton[2] contra statutum.

44 Et quod Willelmus Loweson et Alexander de Acclum de Bucton' recesserunt a seruicio dicti Iohannis in tempore estiuali anno regni Regis Edwardi nunc contra statutum.

45 Et quod Matheus de Penreth' de Hundemanby et Iohannes filius Roberti recesserunt extra dictam villam causa plus capiendi, videlicet iiij d. per dietam.

46 Et quod Iohanna Milner braciatrix vendit ceruisiam cum mensura non sigillata set falsa.

47 Et quod Iohannes filius Elie Theker capit per diem (iij d.)[1] et mensam.

48 Et quod Robertus Ython theker capit eodem modo.

49 Et quod Ricardus Carter de Hundemanby triturator capit ij d. et iij d. per dietam cum mensa.

50 Et quod Willelmus Tapcald' faber capit pro pecia ferri iiij d. contra statutum etc.[3]

51 Et quod Hugo de Helm' de Folketon' carucarius capit contra statutum, videlicet v s. per dimidium anni cum mensa.

52 Et quod Robertus filius Alicie de Kernetby theker capit per dietam ij d. et plus et mensam, et laborat extra villam communiter.

53 Et quod Iohannes de Burton' triturator et mawer vadit extra villam et capit per diem in tempore yemali ij d. (cum mensa)[1] et estiuali (iij d.)[1] cum mensa, ad triturandum.

---

[1] See A, p. 14, note 1.
[2] John de Thweng by 1362; *V.C.H. Yorks.*, III, 204; *Monastic Chancery Proceedings (Yorkshire)*, ed. J. S. Purvis, *Yorks. Arch. Soc.*, vol. 88 (1934), p. vii.   *Cf.* A, p. 15, note 1.   [3] 28 Edw. III, c. 5; price not named.

54 Et quod Agnes atte Milne messor iuit extra villam in autumpno capiendo iiij d. et mensam.

55 Et quod Beatrix seruiens Willelmi de Wandisford' messor vadit eodem modo et cepit per dietam iiij d. cum mensa.

56 Et quod Iohanna vxor Hugonis Taillour messor eodem modo.

57 Et quod Hugo Taillour cepit pro labore suo, videlicet pro pannis plus quam solebat, videlicet pro panno j d. contra etc.

58 Et quod Alicia de Rondon' messor vadit extra villam et cepit iiij d. per dietam et mensam.

59 Et quod Stephanus atte Milne triturator capit per dietam ij d. et mensam contra statutum.

60 Et quod Walterus Taillour cepit pro labore suo, videlicet pro panno plus quam solebat j d. contra statutum.

61 Et quod Willelmus Snell taillour eodem modo (cepit)[1] pro panno contra statutum.

62 Et quod Iohannes Hardiman de Burton' Flemyng' carucarius non vult seruire per terminos vsuales set per dietam, nimis capiendo ij d. cum mensa.

63 Et quod Emma Ingam de Ryghton' Agnes Skott' Alicia Wassand' messores et seruientes renuerunt seruire in eadem villa et ceperunt quilibet per se per dietam iiij d. et mensam.

64 Et quod Iohanna Skott' seruiens Willelmi de Stakeston' iuit extra seruicium suum alibi capiendo contra statutum, videlicet ij d. per diem cum mensa.

65 Et quod Margareta Roulot laborat contra etc.

66 Et quod Iohannes Guddyng' de Speton' non vult seruire [per annum] set per dietam.

67 Et quod Thomas Big' de Louthorp' fossator et Thomas Codelyng' fossator et triturator et Iohannes Frer' theker et Willelmus Walker carpentarius capiunt quilibet per se iij d. per dietam cum mensa.

68 Et quod Margeria de Ruston' Dyota Hardy Iohanna Boy Beatrix Helaw Matillis vxor Willelmi Helaw braciatrices vendunt cum mensuris non sigillatis.[1]

69 Et quod Margareta Kemster Dyota atte Westend' Isabella Aungers Alicia Scoy Agnes Smert' Beatrix Siliben Iohanna vxor Thome Bigg' Beatrix Curtays Matillis vxor Willelmi Hert Katerina vxor Thome Castell' Agnes Wyles Iohanna de Wharrum Iohanna Schephird Beatrix de Ruston' Elena Ketelwell Iohanna de Hundemanby Matillis Walker Iohanna vxor Walteri atte Westend' Elizabetha Aungers messores capiunt per dietam magis quam solebant, videlicet iij d. per dietam cum mensa quilibet per se.

70 Et quod Margareta Peperwhyte et Margareta de Carlel filatrices capiunt plus quam solebant, videlicet j d. cum mensa.

[1] See A, p. 14, note 1.

71 Et quod Thomas clerk de Beuerlaco vocatus Thomas de Louthorp' et Willelmus Dewy emptores bladi emerunt $\overset{xx}{iiij}$ quarteria ordei cum mensura cumulata et renuerunt emere per mensuram rasam.[1]

72 Et Iohannes Swinhird de Briddelyngton' non vult seruire per annum nec per dimidium annum set per dietam capiendo ij d. cum mensa per diem.

73 Et quod Iohannes Fische theker capit per diem ij d. cum mensa et aliquando iij d.

74 Et quod Margareta Aumbeler' et Margareta Potter renuunt seruire in eadem villa set vadunt alibi plus capiendo, videlicet ij d. per diem cum mensa.

75 Et quod Adam seruiens Willelmi de Grenefeld' Willelmus seruiens Willelmi Coke Iohannes seruiens Iohannis Coke Willelmus Peny seruiens Roberti de Warter Iohannes Oubry seruiens Willelmi de Kek' Thomas seruiens Philippi de Cotum capiunt quilibet per se x s. per annum cum mensa et plus, contra statutum, de magistris suis anno regni Regis Edwardi nunc.

76 Et quod Idonea Smyth' de Sywardeby messor vadit extra villam et capit plus etc., videlicet iiij d. cum mensa.

77 Et quod Thomas Symer waller et Iohannes de Bonnewyk' waller ceperunt (per se quilibet)[1] per diem ij d. et iij d. cum mensa.

78 Et quod Margareta de Crouston' messor vadit extra villam causa plus capiendi contra etc. et cepit iij d. cum mensa.

79 Et quod Willelmus Smyth capit pro pecia ferri iiij d. contra etc.[2]

80 Et quod Willelmus Wendinall' et Willelmus seruiens Walteri Iohanson bercatores capiunt nimium salarium, videlicet vnum obolum pro oue, vbi solebant capere nisi quadrantem.

81 Et quod Willelmus Whytyng' de Thweng' faber capit pro una pecia ferri iiij d. contra etc.

82 Et quod Thomas Blounthill theker et Robertus Gerland theker capiunt ij d. cum mensa.

83 Et quod Thomas Carlel triturator cepit eodem modo.

84 Et quod Thomas Schadelok' triturator eodem modo.

85 Et quod Margareta Archer webster et Alicia de Greteham ceperunt pro vlna obolum vbi solebant capere pro v vlnis ij d.

86 Et quod Adam Mawer de Folketon' et Thomas Pochet' foditores turbe capiunt contra statutum, videlicet iiij d. per diem.

87 Et quod Hugo seruiens vicarii capit contra statutum, videlicet x s. per annum cum mensa.

88 Et quod Margareta Pochet filatrix et messor (capit per diem contra statutum)[1], videlicet ij d. cum mensa.

89 Et quod Thomas Spynes de Hilderthorp' carucarius

[1] See A, p. 14, note 1.
[2] P. 51, note 3, *supra*.

renuit seruire in officio carucarii set vadit extra villam ad seruiendum (per dietam)[1] et cepit per diem (ij d.)[1] cum mensa.

90   Et quod Adam seruiens Roberti Paytefyn et Robertus
Haknam seruiens Roberti Paytefyn Iohannes seruiens vxoris
Willelmi Huddeson capiunt contra etc.

91   Et quod Alicia seruiens Margarete de Cayton' de Staxton'
non vult seruire nisi per dietam.

92   Et quod Adam Hobbeson mawer capit vj d. per diem.

93   Et quod Matillis Naght non vult seruire nisi per dietam.

94   Et quod Alicia Megmayden de Stakeston' renuit seruire
nisi per dietam.

95   Et quod Iohannes del Dale de Swathorp' triturator
capit i d. ob. cum mensa per diem.

96   Et quod Agnes seruiens capellani braciatrix vendit cum
mensura non sigillata set falsa.[1]

97   Et quod Thomas Gamel de Boynton' theker vadit extra
villam et capit ij d. per diem cum mensa.

98   Et quod Robertus Wyseman triturator vadit extra
villam et capit ij d. cum mensa.

99   Et quod Iohanna vxor eius vadit extra villam et capit
pro messione iij d. cum mensa.

100   Et quod Iohannes Taillour taillour cepit pro labore
suo i d. pro panno contra etc.

101   Et quod Iohanna vxor eius textrix capit pro labore
suo pro vlna obolum contra etc.

102   Et quod Matillis filia eiusdem Iohannis vadit extra
villam in autumpno ad metendum et cepit per diem iiij d. et
mensam.

103   Et quod Thomas Almot theker capit pro labore suo
per diem iij d. et mensam.

104   Et quod Robertus filius Iohannis Almot' triturator
capit pro labore suo per diem iij d. cum mensa extra villam.

105   Et quod Cecilia vxor Simonis Totayn braciatrix de
Wandisford Thomas Hamer braciator Elena Leke braciatrix
Isabella Hird braciatrix Custancia vxor Ricardi Hughes braciant
contra statutum et vendunt cum mensuris falsis.

106   Et quod Thomas Murr' triturator capit per diem ij d.
cum mensa.

107[2]   Et quod Clemens Scherman capit in autumpno iij d.
et iiij d. cum mensa per diem.

108[3]   Et quod Rogerus de Ruston theker cepit pro labore
suo iij d. et iiij d. cum mensa.

Per quod preceptum est vicecomiti quod capiat predictum
Willelmum de Roston[4] et alios prenominatos [nos. 15-108] si etc.

---

[1] See A, p. 14, note 1.   [2] Duplicates no. 20.   [3] Duplicates no. 22.
[4] Undoubtedly the clerk has carelessly copied the name of the first
juror for no. 15, instead of "Alicia seruiens Margarete" the first of the
indicted.

et saluo etc., et quod habeat corpora eorum coram Willelmo de
Aton' die Iouis apud Pokelyngton' in septimana predicta [25
May 1363] ad respondendum Domino Regi de articulis predictis.
Bruys[1]
[m. ij d. 2 d.] (Blank)

[m. iij 4] Adhuc apud Poklyngton' in septimana Pentecostes anno regni Regis Edwardi etc. xxxvij[mo] [probably Thursday
25 May and Friday 26 May][2].

109 (Margin Ebor') Iuratores diuersorum wappentachiorum Estrithingi comitatus predicti presentant quod Iohannes de
Knapton' est communis triturator diuersorum bladorum in
Poklyngton' et capit per diem ij d. et victum, et est communis
laborarius et recusat laborare per annum per terminos vsuales set
per dietas tantum.[3]

110 Item presentant quod Thomas Gryme est communis
carucarius et carectarius et recusat laborare in eodem officio
capiendo iuxta formam statuti, set laborat per dietas ad cooper-
iendum domos cum stramine capiendo ij d. et victum.

111 Et quod Nicholaus Calf' est communis laborarius carectarius et carucarius et recusat laborare iuxta formam etc. per
annum et per terminos vsuales, set per dietas tantum capiendo per
diem ij d. et cibum.

112 Et quod Willelmus Peres est communis laborarius carectarius et carucarius et recusat seruire in tali officio per annum
et per terminos vsuales, set per dietas tantum capiendo per diem
ij d. et cibum.

113 Et quod Margareta Iollan in autumpno vltimo preterito
iuit extra villam tempore autumpnali ad metendum diuersa blada
in diuersis locis, capiendo per diem iiij d. et cibum.

114 Et quod Agnes seruiens Ade de Boulton' laboraria
capit per dietam de predicto Adam obolum et prandium et renuit
seruire per terminos vsuales contra etc.

Per quod preceptum fuit vicecomiti quod caperet eos si etc.
et saluo etc., ita quod haberet corpora eorum coram prefatis
iusticiariis hic ad hunc diem, videlicet die Iouis in septimana
Pentecostes eodem anno etc. [25 May 1363] (ad respondendum
etc. Ad quem diem)[1] venerunt predicti Iohannes Thomas Gryme

[1] Certainly the clerk of the peace; to be identified as the Robert
Bruys who acted as a pledge in A; pp. 8 and 20; cf. also C 35a. If he is the
same man as the colleague of Aton as justice of labourers in 1356 in the
North Riding (C.P.R. 1354-8, 494), it is possible that Aton brought him
to the East Riding as his clerk, rather than as clerk of the sessions. Cf. also
D 126 for his probable connection with Hutton Bushel, included in the
Aton estates.
[2] See infra, for "ad hunc diem" for 25 and 26 May, respectively. The
only certain reference to 24 May is on p. 47, and to 27 May on pp. 46-7.
Other cases from Pocklington sessions are on m. vij 3. But my distribution
may not be accurate.
[3] For nos. 109-114, see references in note 1, p. 50, supra.

Willelmus Peres Margareta Iollan et alij per vicecomitem ducti et per iusticiarios singillatim allocuti qualiter velint de premissis se acquietare, dicunt singillatim quod ipsi in nullo sunt inde culpabiles et de hoc ponunt se super patriam; ideo fiat inde iurata.

Iuratores ad hoc electi triati et iurati dicunt super sacramentum suum quod predictus Iohannes de Knapton' et alij prenominati culpabiles sunt de premissis superius in presentacione contentis.   Ideo consideratum est quod predictus Iohannes de Knapton' et alij committantur prisone in custodia Thome de Musgraue vicecomitis Eboraci saluo custodiendi sub periculo quod incumbit secundum formam etc. quousque etc., et tunc etc.

[1, 2]   (*Margin* Ebor')   Preceptum fuit vicecomiti sicut alias quod distringeret Gerardum de Grimeston' chiualer et Iohannem de Burton' Willelmum de Hasthorp' et Thomam Chauncy per omnes terras etc. et quod de exitibus etc., et quod haberet corpora eorum hic ad hunc diem, videlicet die Veneris in septimana Pentecostes anno supradicto [26 May 1363] ad reddendum compotum etc.   Quiquidem Gerardus et Iohannes interim venerunt, videlicet die Iouis proximo precedente [25 May] coram prefatis iusticiariis; vnde preceptum fuit per prefatos iusticiarios quod redderent compotum etc. de denariis leuatis de finibus et amerciamentis laborariorum etc. per ipsos leuatis de anno regni Regis Edwardi etc. xxix^{no} et xxx^{mo}.   Et predicti Gerardus et Iohannes dicunt quod computauerunt alias coram baronibus de scaccario Domini Regis de predictis denariis sic leuatis simul et de cviij li. xvij s. iij d. quos receperunt de Thoma Chauncy et Willelmo de Hasthorp' predictis per ipsos leuatos de anno etc. xxix^{no} quo fuerunt collectores; vnde petunt inde exonerari.[1]

Et predicti iusticiarii dicunt quod hoc nolunt nec poterunt facere antequam predicti Gerardus et Iohannes venire facerent recordum de compoto predicto reddito in scaccario sub pede sigilli. Per quod predicti Gerardus et Iohannes petunt diem ad venire faciendum recordum predictum et habent diem (vsque diem)[1] Lune proximam post festum Sancti Michelis proximo inde futurum [2 Oct. 1363].

Et quia predicti Gerardus et Iohannes cognouerunt ipsos recepisse cviij li. xvij s. iij d. de predictis Willelmo et Thoma de tempore quo fuerunt collectores videtur iusticiariis predictis quod versus Willelmum et Thomam amplius non est procedere, set quod predicti Gerardus et Iohannes inde onerentur.

[m. iij d. 4 d.]   (*Blank*)

[m. iiij 5]   Placita corone et transgressionis coram Willelmo de Aton' et Iohanne de Middelton' iusticiariis etc. apud Stanford'-brig' die Lune proxima post festum Sancti Barnabe Apostoli anno supradicto, videlicet anno xxxvij^{mo} [12 June 1363].

---

[1] For this case, see Introduction, *supra*, p. xxxvii.

(*Margin* Ebor') Preceptum fuit vicecomiti sicut alias[1] quod distringeret Willelmum de Meteham Willelmum de Hasthorp' Thomam de Carthorp' Iohannem de Speton' Thomam de Heselarton' Robertum Fryboys Nicholaum de Middelton' Thomam Dughty Iohannem de Fryston' Iohannem de Pokthorp' et Iohannem Lang' de Briddeshall'[2] per omnes terras etc. et quod de exitibus etc., et ita quod haberet corpora eorum coram prefatis iusticiariis hic ad hunc diem (ad faciendum ea que ex parte Domini Regis etc.)[1]. Et predicti Willelmi et alij non veniunt et vicecomes respondet quod districti sunt etc. Et respondet de exitibus (eorum)[1] etc., videlicet de exitibus terrarum Willelmi de Meteham xl d.; et de exitibus terrarum Willelmi de Hasthorp' xx d.; et de exitibus terrarum Thome de Carethorp' xij d.; et de exitibus terrarum Iohannis de Speton' xl d.; et de exitibus terrarum Thome de Heselarton' vj d.; et de exitibus terrarum Roberti Fryboys vj d.; et de exitibus terrarum Nicholai de Middelton' vj d.; et de exitibus terrarum Thome Dughty x d.; et de exitibus terrarum Iohannis de Fryston' x d.; et de exitibus terrarum Iohannis de Pokthorp' vj d.; et de exitibus terrarum Iohannis Lang' de Briddeshall' vj d.

Et preceptum est sicut pluries vicecomiti quod distringat (predictos)[1] Willelmum de Meteham et omnes alios per omnes terras etc. et quod de exitibus etc., et ita quod habeat corpora eorum coram prefatis iusticiariis apud Killum die Lune proxima post festum Sancti Michelis proximo sequens [2 Oct. 1363] ad faciendum ea que ex parte Domini Regis eis etc.

115 [55a][3] (*Margin* Inter V[se] et D[erwent]) Duodecim iurati alias [probably 23 May 1363, at Pocklington][4] presentauerunt quod Thomas filius Nicholai de Stanford'brig' operarius capit per diem ij d. et mensam tempore yemali, contra etc. Per quod preceptum fuit vicecomiti quod caperet eum si etc. (et saluo etc.)[1], et ita quod haberet corpus eius (coram prefatis)[1] iusticiariis (hic)[1] ad hunc diem, scilicet die Lune proxima post festum Sancti Barnabe anno supradicto [12 June 1363]. (Ad quem diem)[1] venit predictus Thomas per vicecomitem ductus et per iusticiarios allocutus qualiter se velit de premissis acquietare, dicit quod non est inde culpabilis et (super)[1] hoc ponit se super patriam; ideo fiat inde iurata. Iuratores ad hoc electi triati et iurati dicunt super sacramentum suum quod predictus Thomas est culpabilis de transgressione (predicta)[1] super ipsum presentata. Ideo consideratum est quod predictus Thomas committatur prisone in custodia Thome de Musgraue vicecomitis Eboraci saluo custodiendus sub periculo quod incumbit, secundum formam statuti[5] etc. et tunc etc.

[1] The earlier writ of distraint for these Dickering jurors has not been found.   [2] Only 11 names.

[3] The numeral followed by "a" and within square brackets refers to a case on m. vij 3.

[4] *Cf.* the writ of capias returnable at Pocklington on 25 May; *infra*, p. 79.

[5] For nos. 115-39, except nos. 131-132, see references in note 1, p. 50, *supra*.

116 [5a] (*Margin* Herthill) Duodecim iurati alias [23, 25, 26, 27 (probably) May 1363, at Pocklington][1] presentauerunt quod Alicia vxor Petri Chauntrell' iuit extra villam de Poklyngton' in autumpno vsque Tibthorp' et ibidem cepit per dietam iiij d. et mensam messiendo.

117 [8a] Et quod Adam Mytayn Alicia vxor Roberti Iohannes Theker et Matillis Stubill recesserunt de villa de Bubbewyth' in estate et in autumpno capiendo alibi excessiuum stipendium, videlicet iiij d. cum prandio.

118 [16a] Et quod Iohannes filius Galfridi mawer Simon Badd' mawer ceperunt quilibet eorum per se vj d. pro acra.

119 [18a] Et quod Matillis Swan et Alicia de Skyren textrices capiunt quilibet earum pro vlna j d. vbi solebant capere pro v vlnis ij d. tantum.

120 [19a] Et quod Ricardus de Watsand' de Hoton' Craunce-wyk' Rogerus de Mikilby Hugo de Hakenes Simon de Southegate Thomas de Chymnesley Ricardus de Bristell' Iohannes frater eius et Willelmus Abot' falcatores et vadunt extra villam causa excessiue capiendi quilibet per dietam vij d. et prandium, renuendo falcare per acram capiendo secundum formam etc.

121 [20a] Et quod Ricardus de Bristell' Iohannes Rasche et Willelmus Abott' capiunt quilibet pro roda turbe fodenda ij d. et prandium vbi solebant capere j d. ob. tantum, contra etc.

[50] Et quod Willelmus Tapcald' faber . . .

[73] Et quod Iohannes Fische theker . . .

122 [40a, 41a] Et quod Willelmus filius Stephani del Brig' de Houeden' Agnes vxor eius Margareta atte Tounend' in Flattgate Willelmus de Bolthorp' de Houeden' taillour Petrus Warde de Yucflet' quolibet tempore autumpni recedunt extra villam causa excessiue capiendi, videlicet per diem iiij d. et mensam.

123 [43a] Et quod Iohannes del More et Thomas Tolyra de Welleton' trituratores capiunt per diem quilibet eorum ij d. ob. et mensam tempore yemali.

124 [45a] Et quod Thomas Wryght et Ricardus Wryght de Welton' seruientes carpentarii capiunt per diem quilibet eorum tempore yemali et estiuali iij d. ob. et mensam.

125 [51a] Et quod Alicia de Escryk' messor recessit extra villam de Clif' in autumpno vltimo preterito causa excessiue capiendi alibi, videlicet iiij d. et mensam.

126 [53a] Et quod Robertus Catrik' de Southduffeld' renuit seruire Iohanni de Surflet' in officio carucarii set seruiuit per dietas.

127 Et quod Thomas Nelebrother de Driffeld' carucarius capit per annum xviij s. et mensam.

128 Et quod Thomas Berier commorans cum Iohanne Wryght de Driffeld' triturator capit per diem ij d. et mensam in yeme.

---

[1] *Cf.* the writs of capias *supra*, p. 55; *infra*, pp. 77, 78, 79.

129 Et quod Thomas Bryse de Langton' non vult seruire set per dietas.

130 Et quod Emma de Caue de Langton' et Iohanna de Swaldale de eadem capiunt contra statutum et nolunt seruire set per dietas.

131 Et quod Alexander Danyel de Leuenyng' capit isto anno de priore de Kirkham[1] nouem solidos argenti et omnes culturas iiij bouatarum terre, contra sacramentum suum.[2]

132 Et quod Iohannes Page de eadem cepit de Thoma Trussebutt' iiij bouatas terre, in fraudem statuti.[2]

133 Et quod Iohanna Perkin de Menythorp' non vult seruire nisi per dietas, et oblatum fuit ei seruicium ad seruiendum Stephano Wascelyn per terminos usuales.

134 Et quod Alexander Manly de Kenerthorp' cepit iiij bouatas terre, in fraudem statuti[2] et hoc non obstanti operatur per dietas.

135 Et quod Iohannes de Warter de Acclum non vult laborare nisi per dietas, contra etc.

136 Et quod Ricardus Guse de Langton' non vult seruire per annum set per dietas, contra etc.

137 Et quod Iohannes de Repynghale Walterus Chappeman et Matillis vxor eius Willelmus Webster et Isabella vxor eius capiunt per diem in autumpno iiij d. et mensam.

138 Et quod Iohanna Boufur de Thornethorp' non vult laborare nisi per dietas, contra etc.

139 Et quod Agnes filia Iohannis filii Petri et Margareta filia Gilberti capiunt per diem iiij d. et mensam in autumpno, contra etc.

Per quod preceptum fuit vicecomiti quod caperet [nos. 116-139] eos si etc. et saluo etc., et ita quod haberet corpora eorum coram prefatis iusticiariis (apud Stanfordbrig' die)[1] Lune proxima post festum Sancti Barnabe Apostoli eodem anno [12 June 1363] etc. (ad faciendum.[3] Ad quem diem)[1] venerunt predicti Alicia Adam Alicia Iohannes et alij prenominati per vicecomitem ducti et per iusticiarios singillatim allocuti qualiter velint de premissis se acquietare, dicunt singillatim quod ipsi in nullo sunt inde culpabiles et de hoc ponunt se super patriam; ideo fiat inde iurata.

Iuratores ad hoc electi triati et iurati dicunt super sacramentum suum quod predicti Alicia Adam et alij prenominati in nullo sunt culpabiles de premissis. Ideo consideratum est quod eant inde quieti etc.

[28] (*Margin* Ebor') Iuratores diuersorum wapentachiorum

---

[1] William de Driffield, Feb. 1363 (d. 1367), succeeding John de Hertelpole (*cf.* A, p. 14, note 2); *V.C.H. Yorks.*, III, 222.

[2] It is possible, as Professor Plucknett has suggested, that these cases are based on a misinterpretation of the "land" clause of 23 Edw. III, c. 1. *Cf.* also a petition of 1354; *Rot. Parl.*, II, 261.

[3] An error for "ad respondendum."

alias [23 May 1363, at Pocklington] presentauerunt quod Robertus Bond' de Rudestan . . .

140   Et quod Ricardus Vikerman de Acclum non vult laborare nisi per dietas, contra statutum etc.

141   Et quod Isabella Clerk' de Stylyngflet' vxor Iohannis Skinner de Stylyngflet' cepit apud Moreby die Lune proxima post festum Sancti Laurencii anno regni Regis Edwardi nunc xxxvj^{to} per diem vj d. et hoc per totum autumpnum.

142 [51a] Et quod Henricus de Brayton' de Clif' et Iuliana Schetebrade messores recesserunt in autumpno vltimo preterito extra villam de Clif' causa excessiue capiendo, videlicet per diem iiij d. et mensam, contra etc.

143 [19a] Et quod Willelmus Ython senior Iohannes Andreuson Iohannes Baty et Adam de Wharrum falcatores capiunt per diem, (videlicet)[1] quilibet vij d. et prandium, renuendo falcare per acram capiendo secundum formam statuti etc.

Per quod preceptum fuit vicecomiti quod caperet eos si etc. et saluo etc., et (ita quod haberet corpora eorum)[1] coram prefatis iusticiariis hic ad hunc diem, scilicet die Lune proxima post festum Sancti Barnabe Apostoli eodem anno [12 June 1363] etc. (ad respondendum etc. Ad quem diem)[1] venerunt predicti Robertus Bond Ricardus Vikerman et alij prenominati per vicecomitem ducti et per iusticiarios singillatim allocuti qualiter velint de premissis se acquietare, dicunt singillatim quod ipsi in nullo sunt inde culpabiles et de hoc ponunt se super patriam; ideo fiat inde iurata.

Iuratores ad hoc electi triati et iurati dicunt super sacramentum suum quod predicti Robertus Ricardus et alij prenominati culpabiles sunt de premissis superius in presentacione contentis. Ideo consideratum est quod predicti Robertus Ricardus et alij committantur prisone in custodia Thome de Musgraue vicecomitis Eboraci saluo custodiendi sub periculo quod incumbit, secundum formam statuti etc. et tunc etc.[1]

144   (*Margin* Ebor') Iuratores diuersorum wappentachiorum presentant quod Iohannes de Swaldale et Ricardus Bonfayth' verberauerunt et vulnerauerunt Willelmum Fretecoket'.

145   Et quod Iohanna de Brigg' quondam vxor Thome Dand' de Acclum vi et armis intrauit domum Willelmi Gauge de eadem et Matillem filiam predicti Willelmi verberauit vulnerauit et male tractauit, ad graue dampnum (ipsius)[1] et contra pacem etc.

146 [4a ?] Item dicunt quod Willelmus Ythun de Craunce-wyk' iunior emit diuersa blada per mensuram cumulatam, contra formam etc.

147   Item dicunt quod Henricus armiger fratris Willelmi de Middelton' firmarij manerij de Allerthorp' cepit quendam

---

[1] The Beverley writ now attached here to the edge of the membrane by recent stitching has been printed in its proper place near the old stitching; *infra*, pp. 67-8.

Iohannem de Fangfosse seruientem Willelmi Ferrour de seruicio eiusdem Willelmi contra voluntatem eiusdem Willelmi Ferrour.

147x[1] Item dicunt quod Robertus Swift de Estheselarton constabularius eiusdem ville habuit quendam Willelmum del Castell' in custodia sua per vicecomitem captum et sibi liberatum ad ducendum apud castrum Eboraci et permisit eum euadere, contra etc. (et in contemptu Domini Regis)[1].

Per quod preceptum fuit vicecomiti quod venire faceret predictum Iohannem et alios coram prefatis iusticiariis hic ad hunc diem, scilicet die Lune proxima post festum Sancti Barnabe Apostoli [12 June 1363] (ad respondendum etc.)[1]. Qui veniunt et per iusticiarios singillatim allocuti qualiter se velint de premissis acquietare, dicunt et quilibet eorum per se dicit quod non potest dedicere; et super hoc quilibet eorum ponit se in gracia Domini Regis et admittuntur. Et super hoc predictus Iohannes de Swaldale fecit finem xij d., plegii Robertus Skegholf' Iohannes Curt' Iohannes Botrell' et Iohannes Grayne; et predictus Ricardus fecit finem xij d., per plegium predictum; et predicta Iohanna de Brig' fecit finem v s., per plegium Willelmi Gauge Galfridi Trussebutt' et Roberti de Leuenyng' de Acclum; et predictus Willelmus Ython fecit finem dimidiam marcam, per plegium Iohannis Thothe Thome Dreng' et Ricardi de Housom; et predictus Henricus armiger predicti fratris Willelmi fecit finem j marcam, per plegium Roberti de Lillyng' Roberti Coke de Etton' et Roberti Sergeaunt de Allerthorp'; et predictus Robertus Swift fecit finem ij s., per plegium Roberti filii Rogeri Willelmi Broun et Iohannis Couper.

(*Margin* Ebor') Preceptum fuit vicecomiti quod venire faceret xxiiij[or] bonos et legales homines de libertate de Holdernesse hic ad hunc diem ad faciendum ea que eis ex parte Domini Regis iniungentur. Et modo ad hunc diem venit balliuus eiusdem libertatis coram prefatis iusticiariis et profert breue Domini Regis eis directum de supersedendo versus predictam libertatem de officiis suis in partibus illis exercendis, prout patet in eodem breui huic rotulo consuto;[2] vnde quantum ad illam libertatem nihil amplius proceditur.

Edwardus Dei gracia Rex Anglie Dominus Hibernie et Aquitanie dilectis et fidelibus suis Radulfo de Neuyll' Willelmo de Aton' et Iohanni de Middelton' salutem. Licet nuper assignauerimus vos et duos vestrum custodes pacis nostre et iusticiarios nostros ad diuersas felonias et transgressiones in Estrithingo in comitatu Eboraci infra libertates et extra audiendas et terminandas et ad quedam alia in litteris nostris patentibus inde confectis contenta in eodem trithingo facienda et explenda, prout in eisdem litteris plenius continetur; et postmodum per alias litteras nostras patentes assignauerimus dilectos et fideles nostros Thomam Tyrell' Robertum de Twyer Iohannem Faucombergg' et Thomam de Wythornwyk'

---

[1] *Cf.* C 7, also p. 46, *supra*; C 160, 161, *infra*.
[2] *Cf.* p. 44, note 3, *supra*.

tres et duos eorum custodes pacis nostre et iusticiarios ad huiusmodi felonias et transgressiones infra libertatem de Holdernesse in
trithingo predicto audiendas et terminandas et ad alia predicta,
vt predictum est, facienda et explenda, vobis mandamus quod ad
aliqua officium iusticiarie predicte tangencia virtute commissionis nostre vobis in trithingo predicto facte nisi pro defectu
eorundem Thome Roberti Iohannis Faucombergg' et Thome vos
non intromittatis.

Teste me ipso apud Westmonasterium xxiiij die Februarii
anno regni nostri tricesimo septimo [1363].[1]

Tam[worth][2]

[m. iiij d.   5 d.]   Placita corone et transgressionis coram
Willelmo de Aton' et Iohanne de Middelton' iusticiariis etc. apud
Killum die Lune proxima post festum Sancti Michelis anno regni
Regis tercij post conquestum xxxvij^{mo} [2 Oct. 1363].

148   (*Margin* Ebor') Iuratores diuersorum wappentachiorum presentant[3] quod Custancia [*cf.* 105] vxor Ricardi Hughlot' de
Wandisford' braciatrix Auicia vxor Ade filii Iohannis Cecilia
[*cf.* 105] vxor Simonis Totan Margareta vxor Roberti Wyles de
Louthorp' Alicia [*cf.* 36] vxor Roberti Aunger Iohanna Boy
[*cf.* 68] de eadem Beatrix Helawe [*cf.* 68] Margareta de Roston'
[*cf.* 68] Matillis [*cf.* 68] vxor Willelmi Helawe Dyonysia Hardy
[*cf.* 68] et Iohanna Milner [*cf.* 46] de Hundemanby braciatrices
vendiderunt ceruisiam per discos et ciphos et non per mensuras
sigillatas, contra formam etc.

149   Item dicunt quod Thomas Alot' constabularius de
Wulton' et Benedictus filius Ade constabularius ville de Ryghton'
non fecerunt seruientes et operarios iurare in constabulariis suis
secundum formam statuti.[4]

150   Item dicunt quod Thomas clerk' de Louthorp' [*cf.* 71]
emit blada per mensuram cumulatam, contra etc.

151   Item dicunt quod Simon Faber de Hugate et Iohanna
vxor sua noluerunt iurare coram constabulariis ad tenendum
statuta laborariorum iuxta etc.

Per quod preceptum fuit vicecomiti quod venire faceret predictam Custanciam et alios prenominatos coram prefatis iusticiariis
hic ad hunc diem, scilicet die Lune proxima post festum Sancti
Michelis anno supradicto [2 Oct.]. Quequidem Custancia et alij
prenominati per vicecomitem ducti et (per iusticiarios)[1] singillatim
allocuti qualiter se velint de premissis acquietare, dicunt et quilibet

---

[1] *C.P.R. 1361-4*, 360; the liberty had received an earlier commission
on 20 Oct. 1361, *ibid.*, 65. See also Introduction, *supra*, p. xxii.

[2] See A, p. 1, note 3.

[3] Since there is no "alias presentauerunt," it may be assumed that
these are new presentments, some of them (but not all), of the same people
for the same offences as the presentments enrolled for the Pocklington
session of 23 May; *supra*, pp. 46, 49.

[4] 25 Edw. III, st. 2, c. 5

eorum per se dicit quod non potest dedicere et super hoc quilibet
eorum ponit se in gracia Domini Regis et admittuntur. Et super
hoc predicta Custancia vxor predicti (Ricardi)[1] Hughlot' fecit
finem per plegium Stephani clerici et Walteri Chaumberlayn xij d.;
et predicta Auicia vxor predicti Ade fecit finem xij d., per plegium
Hugonis de Louthorp' et Ricardi Randolf'; et predicta Cecilia vxor
predicti Simonis fecit finem xij d., per plegium Iohannis Lowe et
Iohannis Gybun; et predicta Margareta vxor Roberti Wyles fecit
finem xij d., per plegium Hugonis de Louthorp' et Ade Bailly;
et predicta Alicia vxor Roberti Aunger fecit finem xij d., per
plegium Iohannis de Neubald et Willelmi Colus; et predicta Iohanna Boy fecit finem vj d., per plegium Roberti de Collum Willelmi
Hardy et Thome seruientis; et predicta Beatrix Helawe fecit finem
viij d., per plegium predictum; et predicte Margareta de Ruston'
Matillis vxor Willelmi Helawe et Dyonysia Hardy fecerunt finem
quelibet earum per se viij d., per plegium predictum; et predicta
Iohanna Milner fecit finem xij d., per plegium Iohannis de Sutton
balliui et Iohannis Baron'; et predictus Thomas Alot' fecit finem
vj d., per plegium Walteri de Cotes et Roberti de Belkthorp'; et
predictus Benedictus fecit finem vj d., per plegium Iohannis de
Sutton' et Iohannis Baron'; et predictus Thomas Clerk' fecit
finem xij d., per plegium Simonis Totan et Iohannis de Lindeȝay de
Naffirton; et predicti Simon Faber et Iohanna vxor sua fecerunt
finem xl d., per plegium Willelmi Vause senioris et Ricardi Berier.
(*Amounts inserted afterwards*)

152 (*Margin* Ebor') Iuratores predicti presentant quod
Beatrix [*cf.* 37] vxor Willelmi de Swathorp' de Louthorp' est
braciatrix et vendit ceruisiam per discos et ciphos et non per mensuras sigillatas, contra etc. Per quod preceptum fuit vicecomiti
quod venire faceret predictam Beatricem coram prefatis iusticiariis
hic ad hunc diem, scilicet die Lune proxima post festum Sancti
Michelis anno supradicto [2 Oct.] (ad respondendum etc.)[1]. Quequidem Beatrix per vicecomitem ducta et per iusticiarios allocuta
(qualiter)[1] se velit de premissis acquietare (que dicit quod)[1] non
potest dedicere quin culpabilis est de presentacione etc. et ponit
se in gracia Domini Regis. Et super hoc predicta Beatrix fecit
finem xij d., per plegium Iohannis de Neubald et Willelmi Colus.
(*Amount inserted afterwards*)

153 [59a] (*Margin* Ebor') Iuratores diuersorum wapentach-
iorum Estrithingi, videlicet Robertus de Rauenthorp' Willelmus
de Wetewang' Adam de Fenton' Hugo Bikernoll' Stephanus
Wasceleyn Galfridus Trussebutt' Walterus Totell' Iohannes de
Lundon' de Geueldale Robertus Wascelyn Iohannes Whyte de
Poklyngton' Thomas de Kendale Thomas de Hugate Walterus de
Cotes Willelmus de Dalton' et Iohannes de Thorp (alias)[1] [prob-
ably 23 May 1363, at Pocklington] presentauerunt quod Iohannes
de Warter de Poklyngton' taillour die Iouis proxima post festum
Pentecostes anno regni Regis Edwardi nunc Anglie xxxiiij[to]

domum Agnetis de Wilton' apud Poklyngton' noctanter fregit et in Agnetem predictam ibidem insultum fecit et ipsam felonice rapuit.

154 [60a] Item idem iuratores presentauerunt quod idem Iohannes de Warter die Lune proxima post festum Natiuitatis Sancti Iohannis Baptiste anno regni Regis Edwardi predicti xxxv to vi et armis hostium et fenestras Iohannis Smyth' de Poklyngton' noctanter fregit et in Iohannam vxorem dicti Iohannis Smyth' insultum fecit vulnerauit et rapuit felonice et contra pacem etc.

155 [61a][1] Item idem iuratores predicti presentauerunt quod predictus Iohannes de Warter die Lune proxima ante festum Natalis Domini anno regni Regis Edwardi xxxvj to quandam Elenam filiam Iohannis de Welburn' de Poklyngton' apud Poklyngton' felonice rapuit etc.

Per quod preceptum fuit vicecomiti quod caperet[2] predictum Iohannem de Warter si etc. et saluo etc., et quod haberet corpus suum coram prefatis iusticiariis apud Killum die Lune proxima post festum Sancti Michelis eodem anno supradicto (videlicet ad hunc diem)[1] [2 Oct. 1363] ad respondendum Domino Regi de feloniis predictis. Et modo ad(hunc)[1] diem coram prefatis Willelmo de Aton' et Iohanne de Middelton' iusticiariis etc. venit predictus Iohannes occasione predicta captus et per vicecomitem ductus, et per iusticiarios allocutus qualiter se velit de predictis feloniis sibi impositis acquietare, qui dicit quod ipse in nullo est inde culpabilis et de hoc de bono et malo ponit se super patriam.

Ideo preceptum est vicecomiti quod venire faciat coram prefatis iusticiariis apud Killum die Mercurii proximo sequente in septimana predicta [4 Oct.] xxiiij or tam milites etc. de visneto predicto per quos rei veritas etc. et qui predictum Iohannem nulla affinitate attingant ad recognoscendum etc. vnde etc.; et interim idem Iohannes remittitur prisone in custodia vicecomitis etc. Ad quem diem coram prefatis iusticiariis etc. venit predictus Iohannes per vicecomitem ductus et similiter iuratores veniunt ad hoc electi triati et iurati (qui)[1] dicunt super sacramentum suum quod predictus Iohannes in nullo est culpabilis de feloniis predictis nec vnquam se subtraxit occasionibus predictis. Ideo consideratum est quod predictus Iohannes eat inde quietus etc.

156[3] (*Margin* Ebor') Preceptum fuit vicecomiti quod distringeret Ricardum Krispyng' de Killum per omnes terras etc. et quod de exitibus etc., et ita quod haberet eum coram prefatis iusticiariis hic ad (hunc) diem Veneris proximam post festum Sancti Michelis [6 Oct.] (ad respondendum Iohanni de Norton')[1]. Ad quem diem predictus Ricardus non venit et vicecomes respondet quod districtus est vnde exitus vj d. Et preceptum est

---

[1] The general charge in 62a is omitted.
[2] See earlier writ of capias returnable at the Pocklington session of 25 May; m. vij 3, *infra*, p. 79.
[3] Beginning of case not found.

eidem vicecomiti sicut alias quod distringat predictum Ricardum per omnes etc. et quod de exitibus etc., et quod habeat corpus suum coram iusticiariis apud Eboracum die Lune proxima post festum Sancti Hillarii [15 Jan. 1364] ad respondendum eidem Iohanni de Norton' rectori ecclesie de Folkton' de placito transgressionis etc.

[52] (*Margin* Ebor') Iuratores supra(dicti)[1] [alias ? 23 May 1363, at Pocklington] presentauerunt quod Robertus filius Alicie de Kernetby ...

[53] Et quod Iohannes de Burton' triturator et falcator ...

[54, 55, 56] Et quod Agnes atte Miln' Beatrix seruiens Willelmi de Wandisford' et Iohanna vxor Hugonis Taillour messores ...

[57, 60] Et quod Hugo Taillour et Walterus Taillour ... cissores ...

[59] Et quod Stephanus atte Miln' triturator ...

[61] Et quod Willelmus Snell taillour ...

[67] Item dicunt quod Thomas Big' de Louthorp' et Thomas Codelyng' fossatores et trituratores et Willelmus Walker carpentarius ... (Iohannes Frer' *omitted*).

[69] Et quod Margareta Kemster Dyota atte Westend (*the same* 17 *others as in* 69) messores ...

[70] Et quod Margareta Peperwhyte et Margareta de Carlel filatrices ...

[72] Dicunt eciam quod Iohannes Swinhird de Briddelyngton' ...

[74] Et quod Margareta Aumbelour et Margareta Potter ...

[75] Et quod Iohannes seruiens Iohannis Cok' Willelmus Peny seruiens Roberti de Warter Iohannes Oubry seruiens Willelmi de Kelk' Thomas seruiens Philippi de Cotum ...

[81] Et quod Willelmus Whytyng' de Thweng' ...

[82] Et quod Thomas Blounthill' et Robertus Gerland' thekers ...

[83, 84] Et quod Thomas de Carlele et Thomas Schadelok' trituratores ...

[85] Et quod Margareta Archer et Alicia de Greteham textrices ...

Per quod preceptum fuit vicecomiti [sicut alias ?][1] quod caperet predictum Robertum et omnes alios prenominatos si etc. (et saluo etc.)[1], ita quod haberet corpora eorum coram prefatis iusticiariis ad predictum diem et locum [probably 2 Oct., at Kilham] (ad respondendum etc.)[1]. Ad quem diem veniunt per vicecomitem ducti et per iusticiarios singillatim allocuti qualiter se velint de premissis acquietare, dicunt singillatim quod non sunt inde culpabiles et [de] hoc ponunt se supra patriam; ideo fiat iurata. Iuratores ad hoc electi triati et iurati dicunt super sacramentum

---

[1] See earlier writ of capias returnable at the Pocklington session of 25 May; *supra*, pp. 54-5.

suum quod predictus (Robertus)[1] et alij prenominati non sunt
culpabiles de excessibus predictis super ipsos presentatis.   Ideo
consideratum est quod eant inde quieti.   (*Margin* Quieti)

[m. v 6]   Adhuc apud Killum [2 Oct. 1363]
[86]   (*Margin* Ebor')   Duodecim iuratores (diuersorum
wapentachiorum alias)[1] [23 May 1363, at Pocklington] presentauerunt quod Adam Mawer de Folkton' foditor turbe . . .
[90]   Item dicunt quod Adam seruiens Roberti Paytefin
et Robertus de Hakenays seruiens eiusdem Roberti Paytefyn . . .
(Iohannes seruiens vxoris Willelmi Huddeson *omitted*).
[18]   Et quod Robertus de Spaldyngton' dyker . . . (Thomas
Alburn *omitted*).
[20, 21, 107]   Et quod Clemens Scherman et Iohannes de
Rottese messores . . .
[22, 108]   Et quod Rogerus de Ruston' theker . . .
[23]   Et quod Petrus Theker de Rudestan . . .
[24]   Et quod Thomas de Cattewyk carucarius . . .
[25]   Et quod Willelmus de Thurkleby carucarius . . .
[27]   Et quod Nicholaus de Clyueland falcator . . .
[31]   Et quod Iohannes Codelyng' de Killum triturator . . .
[32, 34]   Et quod Ricardus de Hornese Iohannes de Rydale
trituratores . . .
[35]   Et quod Galfridus seruiens Willelmi de Malton' . . .
[40]   Et quod Edmundus Berier et Beatrix vxor eius . . .
[49]   Et quod Ricardus Carter de Hundemanby triturator . . .
157 [10a]   Et quod Iohannes filius Roberti solebat laborare
per terminos vsuales et nunc non vult laborare nisi per dietas,
contra etc.
158 [13a]   Et quod Willelmus de Clif' de Seton' non vult
seruire per terminos vsuales set per dietas, contra etc.
Per quod preceptum fuit vicecomiti quod caperet[1] eos si
etc. et saluo etc., et ita quod haberet corpora eorum coram prefatis iusticiariis hic ad hunc diem (videlicet die)[1] Lune proxima
post festum Sancti Michelis anno supradicto [2 Oct. 1363] (ad
respondendum etc. Et modo)[1] venerunt predictus Adam et alij
prenominati per vicecomitem ducti et per iusticiarios singillatim
allocuti qualiter se velint de premissis acquietare, dicunt singillatim
quod ipsi in nullo sunt inde culpabiles et [de] hoc ponunt se super
patriam; ideo fiat inde iurata.   Iuratores ad hoc electi triati et
iurati dicunt super sacramentum suum quod predictus Adam et
alij prenominati in nullo sunt culpabiles de premissis etc.   Ideo
consideratum est quod eant inde quieti etc. (*Margin* Quieti)
[1; *cf.* p. 47, *supra*]   (*Margin* Ebor')   Dies datus fuit alias
apud Poklyngton, videlicet die Veneris in septimana Pentecostes
proximo preterita [26 May 1363] Gerardo de Grimeston' et Iohanni

---

[1] See earlier writ of capias returnable at the Pocklington session of
25 May; *supra,* pp. 54-5.

de Burton' collectoribus (x^e et xv^e)[1] [et] finium et amerciamentorum de operariis etc. (in partibus Estrithingi in comitatu Eboraci)[1] de anno regni Regis Edwardi etc. xxix et xxx^{mo} vsque ad hunc diem ad reddendum compotum etc. de denariis (per ipsos)[1] inde leuatis, vel eciam ad venire faciendum recordum de scaccario Domini Regis de compoto suo denariorum predictorum per ipsos leuatorum coram baronibus scaccarij predicti ibidem reddito, prout prefati iusticiarii ad vltimam diem super responso suo suggestionem fecerunt, videlicet quod de predictis denariis apud scaccarium predictum alias computauerunt.

Vnde nunc ad hunc diem predicti Gerardus et Iohannes veniunt et proferunt coram prefatis iusticiariis quemdam recordum sub pede sigilli de quadam particula compoti in scaccario redditi coram baronibus etc. de tempore quo fuerunt collectores x^e et xv^e et finium et amerciamentorum laborariorum etc., vt patet in recordo huic rotulo consuto,[1] et similiter cum quodam breui Domini Regis predictis iusticiariis directo ad exonerandum predictos Gerardum et Iohannem de omnibus parcellis predictorum denariorum in predicto recordo contentis; vnde quantum ad istam particulam compoti vlterius non proceditur. Set quantum ad remanens, habeant diem vsque ad proximam sessionem ad respondendum per viam compoti reddendi.

(*Margin* Ebor') Preceptum fuit vicecomiti sicut alias quod distringeret villatas libertatis de Beuerlaco per omnes terras etc. et quod de exitibus etc., et ita quod haberet xxiiij bonos et legales homines de libertate predicta coram prefatis iusticiariis apud Killum die Lune proxima post festum Sancti Michelis [2 Oct.] ad faciendum etc.

Et modo ad hunc diem veniunt predicte villate per attornatum (suum)[1] et proferunt breue Domini Regis de supersedendo versus predictam libertatem de officiis suis ibidem exercendis, vt patet in eodem breui huic rotulo immediate consuto.[2] Quare versus predictam libertatem nihil amplius proceditur.

Edwardus Dei gracia Rex Anglie Dominus Hibernie et Aquitanie dilectis et fidelibus suis Radulfo de Neuyll' Willelmo de Aton' et Iohanni de Middelton salutem. Licet nuper assignauerimus vos et duos vestrum custodes pacis nostre et iusticiarios nostros ad diuersas felonias et transgressiones in Estrithingo in comitatu Eboraci infra libertates et extra audiendas et terminandas et ad quedam alia in litteris nostris patentibus inde confectis contenta in eodem trithingo facienda et explenda, prout in eisdem litteris plenius continetur, et postmodum per alias litteras nostras patentes assignauerimus dilectos et fideles nostros Willelmum de Ryse Willelmum de Hoton' et Thomam de Wythornwyk' et duos eorum custodes pacis nostre et iusticiarios nostros ad

---

[1] Marks of old stitching, but the exchequer record is no longer attached; see Introduction, p. xxxvii.

[2] See p. 60, note 1, *supra.*

huiusmodi felonias et transgressiones infra libertatem Sancti
Beuerlaci[1] in trithingo predicto audiendas et terminandas et ad
alia predicta, vt predictum est, facienda et explenda, vobis mandamus quod de aliquibus officium iusticiarie predicte tangentibus
virtute commissionis nostre vobis in trithingo predicto facte nisi
in defectu eorundem Willelmi de Ryse Willelmi de Hoton' et
Thome (infra dictam libertatem faciendis)[1] vos vlterius non
intromittatis.

Teste me ipso apud Westmonasterium xxiiij die Februarii
anno regni nostri tricesimo septimo [1363].   Tam[worth][2]

159 (*Margin* Ebor') Presentatum[3] est per Iohannem de
Norton' de Killum et conquestum coram prefatis iusticiariis hic
et ad hunc diem quod Iohannes Dringe de Driffeld' venit eodem
loco et die supradictis, videlicet modo die Lune proxima post
festum Sancti Michelis anno eodem [2 Oct. 1363] vi et armis predictis iusticiariis presentibus et in cessione sua in aula sedentibus
et ipsum verberauit wlnerauit et male tractauit contra pacem etc.
et petit quod hoc inquiratur pro Rege si billa sua esset vera.

Quequidem billa data (fuit)[c] (est)[1] xij iuratoribus de wapentachio de Dikering'; qui quidem iuratores dicunt quod illa billa
esset vera. Per quod preceptum est vicecomiti quod venire faceret
predictum Iohannem Drenge coram prefatis iusticiariis apud
Pokelington' die Lune in quintam septimanam Quadragesime
proximo future [11 March 1364] ad respondendum Domino Regi
de trangressione predicta et quod habeant tunc ibi hoc preceptum
etc.

160 (*Margin* Ebor') Duodecim iuratores alias[4] presentauerunt quod vbi quidam Gilbertus de Aton' assignatus per
vicecomitem Eboraci ad capiendum quendam Willelmum del
Castell' [no. 7] de Estheselarton' indictatum coram prefatis iusticiariis de diuersis feloniis et transgressionibus ad respondendum
Domino Regi de predictis feloniis et transgressionibus, cepit
predictum Willelmum apud Schirburn in Harfordlyth' et corpus
eiusdem Willelmi liberauit Petro Ledeleydy constabulario predicte
ville de Schirburn' ad saluo custodiendum quousque ordinaretur
qualiter melius et securius ad castrum Eboraci et per quod poterit
adduci in custodia vicecomitis liberaturum et ibi moraturum
usque ad (diem)[1] prime sessionis iusticiariorum predictorum, idem
Petrus voluntarie et fraudulenter permisit dictum Willelmum de
sua custodia euadere, in contemptu Domini Regis etc. Per quod

[1] *C.P.R. 1361-4*, 21 Nov. 1362, 293 (erroneously described in the
index to the *Calendar* as a "commission of labourers." An earlier commission
had been issued on 2 June 1361; *ibid.*, 66.
[2] See A, p. 1, note 3.
[3] An unusual phrase for a personal action. It has been altered from
"preceptum."
[4] The earlier presentment has not been found; but *cf.* p. 46, *supra*,
and C 147x.

preceptum fuit vicecomiti quod venire faceret predictum Petrum coram prefatis iusticiariis hic ad hunc diem ad respondendum Domino Regi de contemptu et transgressione predictis. Et idem Petrus modo venit per vicecomitem ductus et inde per prefatos iusticiarios allocutus est qualiter se velit de premissis acquietare, qui dicit quod non voluntarie nec per assensum suum de custodia sua euasit, set dicit quod quidam Willelmus Coluill' de Knapton' vi et armis venit ad domum suam in Schirburn' et corpus predicti Willelmi del Castell' in custodia sua existentis, contra voluntatem suam cepit et extra custodiam suam abduxit (contra pacem etc.)[1] et hoc petit verificare per patriam; ideo inde fiat iurata.

Et postmodum duodecim iuratores ad hoc bene electi et triati per summonicionem vicecomitis veniunt; qui dicunt per sacramentum suum quod Willelmus Coluill' predictus vi et armis cepit corpus predicti Willelmi del Castell' de custodia predicti Petri et ipsum abduxit contra pacem, et quod (predictus Petrus)[1] non voluntarie permisit eum euadere, sicut presentatum fuit de eo. (Ideo consideratum est quod predictus Petrus eat de premissis quietus)[1].

161   Per quod preceptum est vicecomiti quod venire faciat predictum Willelmum Coluill' coram prefatis iusticiariis apud Eboracum die Lune proxima post festum Sancti Hillarii proximo futurum [15 Jan. 1364] ad respondendum Domino Regi de contemptu et transgressione predictis.

Adhuc in tergo

[m. v d. 6 d.]   162   [14a, *with slight differences*]   (*Margin Ebor'*)   Iuratores diuersorum wapentachiorum presentant[1] quod Robertus atte Kirk' de Elmeswell' carucarius capit pro stipendio suo per annum xij s., contra etc.

163 [15a]   Et quod Robertus de Westwod carucarius de eadem non vult seruire per terminos vsuales set per dietas tantum, capiendo stipendium excessiuum, videlicet per diem iij d. et prandium, contra etc.

164 [16a]   Et quod Robertus de Pokthorp' de Skyren Willelmus Badd et Iohannes Badd falcatores capiunt quilibet eorum pro acra falcanda cotidie vj d., contra etc.

165 [17a]   Et quod Alicia Milner Iohanna Fox Matillis Badd Matillis Swan Matillis de Rottese Alicia de Skyren Matillis atte Cotes filatrices capiunt quilibet eorum pro pctra lanc filanda xviij d. vbi solebant capere xij d., contra etc.

166 [20a]   Et quod Ricardus de Bristhill' Iohannes Rasche et Willelmus Abot capiunt quilibet eorum pro roda turbe fodenda iij d. et prandium vbi solebant capere j d. ob. tantum, contra etc.

167   Et quod Robertus de Skelton de Poklyngton' et Elena

---

[1] Since there is no "alias presentauerunt," it may be assumed that these are new presentments, some of them (but not all), of the same people for the same offences as the presentments enrolled on m. vij 3 from the Pocklington sessions of 25, 26 and (perhaps) 27 May.

vxor eius recesserunt extra villam de Poklyngton' vsque Waldam, capiendo per diem iiij d. et cibum, contra etc.

168 Et quod Iohannes de Malton' de Grimeston' recessit a seruicio Thome Wascelyn apud Thornethorp' infra terminum inter eos concordatum, contra etc.

Per quod preceptum fuit vicecomiti quod caperet eos si etc. et saluo etc. Et modo coram prefatis iusticiariis ad hunc diem, scilicet die Lune proxima post festum Sancti Michelis eodem anno etc. [2 Oct. 1363] veniunt predicti Robertus et alij prenominati per vicecomitem ducti et per iusticiarios singillatim allocuti qualiter se velint de premissis acquietare, dicunt singillatim quod ipsi in nullo sunt inde culpabiles et [de] hoc ponunt se super patriam; ideo fiat inde iurata.

Iuratores ad hoc electi triati et iurati dicunt super sacramentum suum quod predictus Robertus et alij prenominati in nullo sunt culpabiles de premissis etc. Ideo consideratum est quod eant inde quieti etc. (*Margin* Quieti)

[m. vj 7] Placita corone transgressionis et contemptus capta coram Willelmo de Aton' et Iohanne de Middelton' iusticiariis Domini Regis ad pacem necnon ad ordinaciones et statuta de operariis et artificibus in Estrithingo in comitatu Eboraci obseruanda assignatis apud Pokelyngton' die Lune in quinta septimana Quadragesime anno regni Regis Edwardi tercij a conquestu tricesimo octauo [11 March 1364].

169 [8a] (*Margin* Eboracum) Iuratores diuersorum wappentachiorum presentant[1] quod Thomas Power de Bubwyth' et Sibilla Webster de eadem recesserunt de villa de Bubwyth' in estate et in autumpno capiendo alibi excessiuum stipendium[2]

170 [11a] Et quod Iohannes Yongson' de Wylughtoft' renuit seruire Iohanni de Cardoill' de Bubwyth' per terminos vsuales, capiendo de ipso salarium ordinatum per statutum, contra statutum.

171 [13a] Et quod Willelmus de Rykall' de Seton' nunc vacabundus non vult seruire per terminos vsuales set per dies tantum, et idem Willelmus de Rykall cepit in autumpno vltimo preterito communiter per diem v d. cum prandio.

172 [42a] Et quod Willelmus Irland de Welton' operarius seruit per dietam et renuit seruire per terminos vsuales causa excessiui et operatur extra villam et cepit communiter per diem iiij d. (et)[1] per mensam.

173 [41a] Et quod Willelmus Skynner de Houden' recessit extra villam de Houden' in autumpno, capiendo alibi per diem iiij d. cum esca.

174 [49a] Et quod Iohannes in the Wylughes de Brakenholme

---

[1] See p. 69, note 1, *supra*. The duplications on m. vij 3 come from the Pocklington sessions of 23, 25, 26 and (perhaps) 27 May.

[2] For nos. 169-205 and also the cases from a previous session [19] etc., see references in note 1, p. 50, *supra*.

carucarius non vult seruire per terminos vsuales set per dietas tantum.

175   Et quod Robertus Berier de Queldryk' cepit apud Queldryk et Morby pro falcacione per diem xvj d. et prandium.

[19]   Et quod Thomas Moure de Naffreton' triturator . . .

[103]   Et quod Thomas Almot de Boynton' theker et Robertus filius Iohannis Almot triturator . . .

[100, 101, 102]   Et quod Iohannes Taillour et Iohanna vxor eius et Matillis filia eiusdem Iohannis . . .

176   Et quod Willelmus Baker de Wyghton' falcator exiuit extra villam et noluit falcare cum vicinis.

177   Et quod Ricardus Mantill' messor cepit per diem in autumpno vltimo per diem vj d. et prandium.

178   Et quod Stephanus Logard' de Lepyngton' noluit laborare nisi per dietas, vbi Galfridus Trusbut optulit ei seruicium ad seruiendum ei per annum integrum.

179 [21a]   Et quod Elena Goundry Matillis Tapy messores ceperunt in autumpno communiter per diem iiij d. et prandium.

180 [21a]   Et quod Iohanna Whitfot' cepit itaque per diem iiij d. et prandium.

181 [22a]   Et quod Margareta de Swathorp' textrix capit pro qualibet vlna ob. et prandium, vbi solebat capere pro (diem)^c v vlnis ij d. tantum.

182 [23a]   Et quod Agnes Clerc capit pro qualibet libra filanda ij d.; vbi solebat capere j d. tantum.

183 [29a]   Et quod Ricardus filius Thome de Queldryk' manens in Eboraco exiuit extra villam de Sutton', qui fuit carucarius et causa statuti quia noluit iustificare iuit vsque Eboracum.

184   Et quod Willelmus Hykson' de Langton' Thomas Kytson' de eadem et Ricardus seruiens Willelmi de Langton' capiunt salarium excessiuum, contra statutum.

185   Et quod Thomas Nyghtgale de Burton' Anneys exiuit extra villam tempore autumpni causa capiendi salarium excessiuum.

186 [54a]   Et quod Matillis Bate de Scorby et Margareta filia Iohannis Tardcurtays messores capiunt per diem in autumpno iiij d. cum prandio.

187 [54a]   Et quod Robertus de Flaceby de Scorby triturator cepit per diem in autumpno iiij d. cum prandio.

188 [56a]   Et quod Stephanus Berier de Donyngton' messor cepit per diem in autumpno iij d. et escam.

189 [57a]   Et quod Iohannes Short et Stephanus seruiens Rogeri de Langwath' nolunt seruire [nisi]^1 per dietas vbi requisiti fuerunt seruire per terminos vsuales.

190   Et quod Elena Braydour de Wynestowe Agnes Sotheron' de eadem Alicia Louthian de eadem Alicia de Wodehouse de eadem Willelmus filius Thome Berier de eadem mawer **Margeria**

---

^{1} Supplied from 57a.

Bouer de eadem Stephanus Paulyn de eadem Iohannes Whelewath'
de eadem Matillis Cristiandoghter Best de eadem Matillis del Hill'
de eadem ceperunt per diem in autumpno communiter v d. etc.

191   Et quod Beatrix Roland' et Diota Heruy ceperunt per
diem in autumpno iij d. et victum.

192   Et quod Diota Sauser iuit extra villam tempore estatis
causa capiendi contra statutum etc.

193   Et quod Iohannes Hambald iunior de Hugate Agnes
Toppyng' Alicia de Soureby de eadem Willelmus Droury Iohannes
Taillour Alicia vxor Ricardi Buterum Iohanna Toppyng' Rogerus
Curteys et Emma vxor Iohannis Hambald' iunioris sunt rebelles
et nolunt facere sacramentum coram constabulario, et quilibet
eorum cepit per diem in autumpno communiter v d. et prandium.

194   Et quod Simon Berier de Touthorp' Emma Sotheron'
de eadem et Agnes filia Iohannis Milner de eadem separatim
ceperunt in autumpno per diem communiter iiij d. et prandium,
contra statutum etc.

195   Et quod Iohannes filius Willelmi filii Matillis de
Sutton' super Derwent Robertus Taillour de eadem et Obrida
Short de eadem exierunt de villa predicta tempore autumpni
capiendo alibi salarium excessiuum, contra statutum etc.

196 [1a]   Et quod Iohannes Stoutberd' de Belby cepit in
autumpno vltimo preterito per diem viij d. et prandium, contra
statutum etc.

197   Et quod Iohannes Barker de Lutton' et Henricus Wentland' de eadem renuerunt seruire per terminos vsuales set per dietas
tantum, contra statutum.

198   Et quod Willelmus de Ryppeley de Hundmanby
(exierunt)[c] exiuit extra villam in autumpno capiendo alibi salarium excessiuum, contra statutum etc.

199   Et quod Willelmus de Shirburn' carucarius de Garton'
renuit seruire per terminos vsuales, capiendo per dietas salarium
excessiuum, contra statutum etc.

200   Et quod Thomas Wydouson' laborarius de eadem cepit
per diem communiter anno preterito v d. cum prandio.

201   Et quod Adam de Cotom' (est)[1] forstallarius et dat
communiter messoribus in autumpno v d. ob., contra statutum.

202   Et quod Iohannes de Kirtton' de Garton' carucarius
exiuit extra seruicium magistri sui ante terminum concordatum,
capiendo salarium excessiuum, contra statutum etc.

203   Et quod Iohannes Ally de Fymmer carucarius cepit
per annum anno preterito xij s., contra statutum, cum victu.

204   Et quod Hugo filius Iohannis de eadem messor cepit
per diem iiij d. cum victu, contra statutum etc.

205   Et quod Sibilla filia Alicie de Holm' messor cepit per
diem in autumpno iiij d. cum esca, et iuit extra villam, contra
statutum etc.

Pretextu cuius presentacionis preceptum fuit vicecomiti

quod caperet eos [nos. 19, 100-3, 169-205] si etc. et saluo etc., ita quod haberet corpora eorum coram Willelmo de Aton' et sociis suis iusticiariis etc. apud Pokelyngton' die Lune in quinta septimana Quadragesime [11 March 1364] ad respondendum Domino Regi de premissis etc. Ad quem diem veniunt prefati Thomas et omnes alij coram prefatis iusticiariis per vicecomitem ducti et per iusticiarios allocuti qualiter se velint de premissis acquietare, dicunt ipsi quod in nullo sunt inde culpabiles et de hoc ponunt se super patriam; ideo fiat inde iurata.

Iuratores ad hoc electi triati et iurati dicunt super sacramentum suum quod predicti Iohannes Barker de Lutton Henricus Wentland' Willelmus de Ryppeley Willelmus de Shirburn' Thomas Wydouson' Adam de Cotum Iohannes de Kirketon' Iohannes Ally Hugo filius Iohannis et Sibilla filia Alicie de Holm' sunt culpabiles de articulis et excessibus super ipsos presentatis. Ideo committantur prisone Domini Regis in custodia vicecomitis per xl dies moraturi, secundum formam statuti[1] etc.

Dicunt eciam predicti iuratores quod predicti Thomas et omnes alij [nos. 19, 100-3, 169-196] non sunt culpabiles in aliquibus super ipsos presentatis. Ideo eant inde quieti etc.

206[2] (*Margin* Eboracum) Preceptum fuit vicecomiti quod venire faceret coram Willelmo de Aton' et sociis suis iusticiariis apud Pokelyngton' die Lune in quinta septimana Quadragesime [11 March 1364] Willelmum Megson' de Feriby et Petrum Braytwayt de eadem ad respondendum Domino Regi de eo quod ipsi intrant batellos per aquam de Humbre transeuntes cum piscibus et aliis victualibus in eisdem batellis existentibus, forstallando pisces predictos antequam ad portum veniant.

[4] Et eciam Robertum Taillour de Tybthorp' ad respondendum Domino Regi de eo quod ipsi die Lune post festum Sancte Katerine anno regni Domini Regis nunc tricesimo septimo Cecilliam de Bardelby verberauit et est communis malefactor.

207 Et eciam Nicholaum Banchon' iuniorem de Eleghton' ad respondendum Domino Regi de eo quod ipse conduxit messores in autumpno pro salario excessiuo.[3]

208 Et eciam Robertum Wascelyn ad respondendum Domino Regi de quodam contemptu facto in presencia iusticiariorum.

209 Et eciam Iohannem Brakenholm' (et Ricardum Spede)[c] ad respondendum prefato Domino Regi de eo quod non habuit Matheum Heward quem manucepit.

210 Et eciam Ricardum Spede (de Esthorp' et Iohannam vxorem eius)[1] ad respondendum Domino Regi de eo quod dederunt messoribus in autumpno stipendia excessiua.[3]

[*cf.* 160, 161] Et eciam Willelmum Coluill' ad respondendum etc. de eo quod ipse cepit Willelmum del Castell' de Esthaselarton'

---

[1] 25 Edw. III, st. 2, c. 5 (not the recent act).
[2] Beginning of case not found.
[3] 23 Edw. III. c. 3.

indictatum et in custodia Petri Ledledy existentem de custodia predicti Petri contra diffensum suum.

211 Et eciam Iohannem Pokthorp' de Ryllyngton' ad respondendum etc. de eo quod die Sabati proxima post festum Sancti Michelis Archangeli anno xxxvij Regis nunc vi et armis quandam domum Alicie de Halmby fregit et vnam ollam et duas patellas, precii x s., ibidem inuentas cepit et asportauit contra pacem.

[46] Et eciam Iohannam Milner de Hundmanby braseatricem ad respondendum etc. de eo quod vendidit ceruiciam cum mensuris falsis et non sigillatis.

Et modo veniunt predicti Willelmus Megson' et omnes alij et singillatim petunt admitti ad finem faciendum [cum] Domino Rege et admittuntur, prout patet in rotulis finium;[1] videlicet Willelmus Megson fecit finem xl d.; et predictus Petrus de Braythwayth' fecit finem xl d.; et Robertus Taillour de Tybthorp' fecit finem vj d.; et predictus Nicholaus de Baunchon' de Eluyngton' fecit finem iij s.; et Robertus Wascelyn fecit finem vj d.; et predicta Iohanna Brakenholm' fecit finem iiij d.; et predictus Ricardus Spede fecit finem iiij d.; et predictus Willelmus Coluyll' fecit finem xij d. et predictus Iohannes de Pokthorp' fecit finem iiij d.; et predicta Iohanna Mylner de Hundmanby fecit finem xij d.

[m. vj d. 7 d.] [159] (*Margin* Eboracum) Presentatum fuit alias apud Killum, videlicet die Lune proxima post festum Sancti Michelis anno tricesimo septimo [2 Oct. 1363] per Iohannem de Norton' quod Iohannes Dringe de Driffeld' venit eodem die et loco supradicto presentibus ibidem iusticiariis vi et armis et ipsum verberauit et wlnerauit contra etc. Vnde preceptum fuit vicecomiti quod venire faceret Iohannem Drenge si etc. et saluo etc., ita quod haberet corpus eius coram Willelmo de Aton' et sociis suis iusticiariis etc. apud Pokelyngton' (hic et ad hunc diem videlicet)[1] die Lune in quinta septimana Quadragesime [11 March 1364] ad respondendum Domino Regi de diuersis articulis super ipsum presentatis.

Ad quem diem venit predictus Iohannes coram prefatis iusticiariis etc. Et quia eisdem iusticiariis ad diem illum ex certa causa non prouisum fuit eundi ad deliberacionem predicti Iohannis super articulis predictis, predictus Iohannes committitur in custodiam vicecomitis etc. Et postea Thomas Dreng' Robertus de Thorp' Willelmus de Wetewang' Iohannes de Horkstowe et Willelmus Drenge manuceperunt pro predicto Iohanne habendo corpus eius coram prefatis iusticiariis apud Sledmer die Lune proxima post octabas Sancte Trinitatis [27 May 1364] vel alibi quandocumque per prefatos iusticiarios infra quatuor dies premuniti fuerint; et eciam quod predictus Iohannes obseruabit pacem erga omnes de populo Domini Regis, sub pena centum

---

[1] Not found.

librarum vsque ad diem predictum. (*Margin* in respectu pena c li.)

Notandum est quod quedam presentaciones et indictamenta coram prefatis iusticiariis capta apud Poklyngton' die Lune in quinta septimana Quadragesime anno xxxviij^{uo} supradicto [11 March 1364] in isto vltimo rotulo contenta similiter et quedam in aliis rotulis non plene terminantur, et hac de causa quia Dominus Rex assignauit alios iusticiarios per breue suum nouum ad custodiendum pacem etc.[1] Quare predicti Willelmus et Iohannes iusticiarii hic nominati de officio suo vlterius exercendo supersedentur.

(*At bottom*) Placita corone in comitatu Eboraci anno xxxvij° et xxxviij° Edwardi iij

E[dwardi] tercij

(*Later hand*) Placita corone in comitatu Eboraci annis 37, 38 Edwardi 3 ᵗⁱ ᴶ

[m. vij 3] Adhuc de sessione apud Pokelyngton' (in septimana Pentecostes)[2] anno xxxvij° [1363, probably Thursday, Friday and Saturday 25, 26 and 27 May for nos. 1a-36a, and Tuesday 23 May for nos. 37a-62a][3]

1a[4] [196] (*Margin* Ebor') Iuratores diuersorum wappentachiorum presentant quod Iohannes Stouberd' de Beleby . . .

2a Et quod Willelmus de Driffeld' de Northcaue falcator et cepit communiter per diem viij d. et victum.

3a Item presentant quod Iohannes de Wentlant est communis laborarius et non vult seruire per annum aut dimidium annum set per dietas tantum.

4a [146 ?] (*Margin* Herthill') Item quod Willelmus Youn de Crauncewyk emit diuersa blada, videlicet viginti quarteria frumenti et ordeij per mensuram cumulatam et renuit emere per mensuram rasam, secundum formam statuti, et vendit eadem per mensuras falsas.

5a [116] Item presentant quod Alicia vxor Petri Chaunterell' . . .

6a Item quod Thomas Heruy de Kyllyngwyk' et Agnes vxor eius ceperunt diuisim in autumpno de Roberto de Fenton' iiij d. cum esca, contra etc.

---

[1] Henry de Percy, William de Roos, Ralph de Nevill, Thomas de Metham, Thomas de Sutton, John de Leyngcroft, Thomas de Nessefeld; 8 March 1364; *C.P.R. 1361-4*, 530. The copy of the commission must have arrived between 11 March and 27 May, the date of the session that was arranged for but not held. For the new form, see Introduction, *supra*, pp. xvi-xvii.

[2] Written over an erasure.

[3] For my discussion of this membrane, see Introduction, *supra*, p. xx

[4] Because of the uncertainty of the provenance of the entries on this membrane, it has seemed better to number the cases separately (as in B and E) and to add within square brackets the number of the cases duplicated on previous membranes. An asterisk shows that only the name thus indicated is found in the case within the square brackets.

7a Item quod idem Thomas Heruy capit per diem continue pro coopertura domorum cum stramine iij d. cum esca.

8a [169, 117] Item quod Thomas Power laborarius Adam Mytayn Alicia vxor Roberti Sibilla Webster Iohannes Theker Matillis Stubill' . . .

9a Item quod Iohannes atte Pole dat cuilibet metenti in autumpno iiij d. et escam per dietam.

10a [157] Item quod Iohannes filius Roberti* Matheus Helbald laborarius . . .

11a [170] Item quod Thomas Yungson . . . renuit seruire Iohanni Cardoyl'. . .

12a Item quod Henricus filius Walteri Rayner de Aghton' recessit de seruicio eiusdem Iohannis Cardoyl ante finem termini inter eos concordati.

13a [158, 171] Item quod Willelmus de Clif' de Seton' et Willelmus de Ricall' . . .

14a [162, *with slight differences*] Item quod Thomas seruiens Roberti atte Kirk' de Elmeswell' . . . (xvj s. *for* xij s.).

15a [163] Item quod Robertus de Westwod' . . .

16a [164, 118] Item quod Robertus de Pokthorp' de Skyren falcator Willelmus Badd mawer Iohannes Badd mawer Iohannes filius Galfridi mawer Simon Badd mawer . . .

17a [165] Item quod Alicia Milner de Skyren Matillis atte Cotes Iohanna Fox Matillis Badd' filatrices . . . [Matillis Swan Matillis de Rottese *omitted*].

18a [119] Item quod Matillis Swan* de eadem Matillis de Rottese Alicia de Skyren* textrices . . .

19a [120, 143] Item quod Ricardus de Watsand'* de Hoton' Crauncewyk' mawer Willelmus Ythom senior* mawer Rogerus de Mikilby* Adam de Wharrum* Iohannes Andreweson* Hugo de Hakenesse* Ricardus Roland' Simon del Southgate Thomas de Chimnesle Iohannes Baty* Ricardus de Bristell'* Iohannes frater eius* et Willelmus Abbot* falcatores . . .

20a [121, 166] Item quod Rogerus Toury de eadem Iohannes Baty Willelmus Ython' senior Ricardus de Bristoll'* Iohannes Rasch'* Willelmus Abbot* . . .

21a [180, 179] Item quod Iohanna Storour de Crauncewyk' Matillis Walron' Agnes Erughs Elena de Bristell' Iohanna Milner Margareta Baty Alicia de Hotham Iohanna Whytefote* Elena Goundry* Matillis Tapy* et Iohanna de Watsand' messores . . .

22a [181] Item quod Margareta de Swathorp'* textrix Willelmus Webster Alanus Tassenot' Beatrix de Ake textrices . . .

23a [182] Item quod Agnes Clerk* Iohanna de Fittelyng' Elena Goundry Iohanna Souter Cecilia de Fraysthorp' Isabella Cokes Alicia Andrewson Iohanna Theker whelespinners . . .

24a Item quod Agnes (redditur prisone culpabilis)[1] seruiens Ade Boulton laboraria capit per dietam de predicto Ada obolum et prandium et renuit seruire per terminos vsuales, contra etc.

25a   Item quod Ricardus filius Simonis Warner de Schupton'
iuratus fuit coram iusticiariis die Veneris in septimana Pentecostes vltimo preterita [26 May 1363] apud Poklyngton' ad seruiendum Ricardo Fraunceys de Schupton' in officio carucarii et
exiuit de seruicio dicti Ricardi eodem die et omnino renuit seruire
predicto Ricardo contra etc.

26a   Item quod Thomas de Brigham de Wyghton' renuit
seruire in villa de Wyghton' in estate set seruit alibi, contra etc.

27a   Item quod Thomas Brandan de Seton' renuit seruire
in villa de Seton' per terminos vsuales et est communis carectarius
laborando per dietam capiendo ad triturandum ij d. et cibum,
contra etc.

28a   Item quod Rogerus Cody commorans apud Eboracum
cum Fratribus Minoribus venit hoc anno in festo Annunciacionis
Beate Marie apud Sutton' super Derwent et cepit Robertum
Dicunson seruientem domini extra seruicium suum pro dono
capiendo alibi.

29a   [183]   Item quod Ricardus filius Thome de Queldryk'
manens in Eboraco iuit extra villam de Sutton', qui fuit carucarius et causa statuti quia noluit iustificari iuit usque Eboracum,
contra formam etc.

30a   Item quod Robertus filius Ricardi de Sutton' super
Derwent iuit extra villam causa predicta.

31a   Item quod Agnes Tebbe (de eadem)[1] filatrix capit pro
libra lane filanda iij d. hoc anno communiter contra etc.

32a   Item dicunt quod Thomas filius Henrici de Bronhom
fuit communis bercarius eiusdem ville et recessit extra villam
predictam die Veneris in septimana Pentecostes hoc anno [26 May
1363] et dimisit bidentes ville sine custode, contra etc.

33a   Item quod Beatrix de Swyne et Albreda (de)[c] filia
Willelmi Sekker de Sutton' super Derwent operarie recesserunt
extra villam de Sutton' quia nolunt iustificari ad seruiendum per
terminos vsuales, contra etc.

34a   Item Willelmus filius Willelmi Webster textor de
Sutton' super Derwent iuit extra villam predictam die Lune
proxima ante festum Pentecostes vltimo preteritum, contra etc.

35a   Et quod Willelmus Bele de Helperthorp' non vult
seruire nisi per dietas, capiendo per diem ij d. et cibum, et Robertus Bruys' optulit ei seruicium, pro forma etc.

36a   Item dicunt quod Alicia filia Simonis Tretard' de
Wresell' Ricardus Chappeman et Isabella vxor eius renuunt
seruire et metere blada in autumpno ibidem iuxta formam etc. et
exierunt villam predictam in autumpno vltimo preterito causa
excessiue capiendi alibi, videlicet per diem iiij d. et mensam etc.

Per quod preceptum est vicecomiti quod capiat eos si etc. et
saluo etc., ita quod habeat corpora eorum coram Willelmo de

---

[1] The clerk of the peace; p. 55, note 1 *supra*.

Aton' et sociis suis iusticiariis etc. apud Stanfordbrig' die Lune proxima post festum Sancti Barnabe Apostoli [12 June 1363][1] ad respondendum Domino Regi de premissis etc.

37a   Item dicunt quod Robertus Waykebaynson recessit de seruicio Galfridi Skayf' ante finem termini inter eos concordati, contra formam etc.

38a   Et quod Willelmus de Thornhill' laborarius recessit de villa de Elmeswell' et cepit alibi per dietam ij d. et prandium et non vult seruire per terminos vsuales.

39a   Et quod Adam Berier laborauit extra villam et cepit per dietam ij d. cum mensa.

Ideo preceptum est vicecomiti quod capiat predictum Robertum [et alios] si etc. et saluo etc., et quod habeat corpora eorum coram prefatis iusticiariis ad predictos diem et locum ad respondendum Domino Regi de premissis etc., videlicet die Iouis in septimana Pentecostes apud Pokelington' [25 May 1363].

Ideo preceptum est vicecomiti quod venire faciat predictum Willelmum Youn [4a 146 ?] coram prefatis iusticiariis ad predictos diem et locum ad respondendum Domino Regi de premissis etc.

40a [122]   (*Margin* Ebor') Iuratores diuersorum wappentachiorum presentant quod Willelmus filius Stephani del Brig' de Houeden' et Agnes vxor eius . . .

41a [122, 173]   Item quod Margareta atte Tounend* in Flattegate de Houeden' Willelmus Skinner* Willelmus de Bolthorp* de Houeden' taillour et vxor eius Petrus Ward'* de Yucflet Beatrix Coke de Houeden' . . .

42a [172]   Item quod Willelmus de Irland' alio nomine vocatus Willelmus Faber de Welleton' operarius . . .

43a [123]   Item dicunt quod Iohannes del More et Thomas Tolyra de Welleton' trituratores . . .

44a   Item Iohannes Curtays de eadem et Ricardus Faber coopertores straminis capiunt quilibet eorum per diem tempore yemali ij d. et ob. et mensam.

45a [124]   Item quod Thomas Wryght et Ricardus Wryght de Welleton' seruientes carpentarii . . .

46a   Item quod Thomas Hardeslowe milner die Dominica proxima post festum Ascencionis Domini vltimo preteritum verberauit et vulnerauit Alanum Rede de Blaktoft' apud Blaktoft', ita quod vix euadere potuit cum vita.

47a   Item quod Robertus Somer de Yucflet' operarius et triturator capit per diem pro trituracione ij d. et mensam, et eciam operatur extra villam predictam causa excessiue capiendi, videlicet iij d. et mensam per diem.

48a   Item quod Willelmus Catrik' de Southduffeld' seruiens et carucarius iuit extra villam predictam alibi et oblatum fuit ei seruicium in villa predicta.

[1] The presentments were probably made at the next previous Pocklington sessions, those of 25, 26, and possibly 27 May; *supra*, p. 75.

49a [174]   Item quod Iohannes de les Wilughs de Brakin-
holm' carucarius . . .

50a   Et eciam Radulfus de les Wilughs de Hemmyngburgh'
carucarius non vult seruire nisi per dietas, vbi oblatum fuit ei
seruire per terminos etc.

51a [142, 125]   Item quod Henricus de Brayton' de Clif'
Iuliana Schetebrade Alicia de Eskrik' messores . . .

52a   Et quod Willelmus Abell' de Clif' conductus fuit ad
seruiendum dicte villate in officio porcarii hoc anno et recusauit
seruire in officio predicto et seruit per dietas etc.

53a [126 *wording different*]   Et quod oblatum fuit Roberto
Catrik' de Southduffeld' seruicium ad seruiendum Iohanni de
Surflet' in officio carucarii hoc anno et nolens recusauit set seruit
per dietas.

54a [187, 186]   Et quod Robertus de Flasceby de Scorby
triturator Matillis Bate Margareta filia Iohannis Tartecurtays
messores . . .

55a [115]   Et quod Thomas filius Nicholai de Stanfordbrig'
operarius . . .

56a [188]   Et quod Stephanus Berier de Donyngton' messor . . .

57a [189]   Et quod Iohannes Schort et Stephanus seruiens
Rogeri de Langwath' . . .

Per quod preceptum est vicecomiti quod capiat predictum
Willelmum filium Stephani et alios prenominatos si etc. et saluo
etc., et quod habeat corpora eorum coram prefatis iusticiariis ad
predictum locum, videlicet die Iouis in septimana predicta [25
May][1] ad respondendum etc.

58a (*Margin* Ebor')   Item presentant quod Iohannes
Ferrour de Aylesbury felonice furatus fuit vj solidos viij denarios
extra loculum Cecile de Houeden', et v solidos alias de vxore
Thome del Forge de eadem, et alias xx denarios de vxore Roberti
Sissill' medio tempore Quadragesimali anno Domini millesimo etc.
lx^{mo} secundo.

59a [153]   (*Margin* Ebor')   Item presentant per sacramentum suum quod Iohannes de Warter de Poklyngton' taillor . . .

60a [154]   Item idem Iohannes . . .

61a [155]   Et quod idem Iohannes de Warter . . .

62a   Et dictus Iohannes de Warter est communis noctiuagus
et communis malefactor et pacis Regis noctantcr in casibus
consimilibus perturbator.

Quare preceptum est vicecomiti quod capiat predictos
(Iohannem de Aylesbury et)[1] Iohannem de Warter etc. et eos
saluo etc., et quod habeat corpora eorum coram prefatis iusticiariis ad predictum locum die Iouis in septimana predicta
[25 May] ad respondendum Domino Regi de feloniis predictis.

[m. vii d. 3 d.] (*Blank*)

[1] The presentments were probably made at the next previous Pocklington session, that of 23 May; *supra*, p. 75.

ASSIZE ROLL 1135 (D) NORTH RIDING

[m. 1] Placita coram Waltero de Fauconberge et sociis suis iusticiariis Domini Regis in Northtridingo in comitatu Eboraci ad omnimoda felonias latrocinia et transgressiones quascumque ad sectam Regis tantum et eciam excessus seruientium et ad debitam punicionem faciendam de hiis qui vsi sunt ponderibus et mensuris contra formam statuti[1] Domini Regis audienda et terminanda assignatis apud Northaluerton' die Lune proxima post festum Sancti Barnabe Apostoli anno regni Regis Edwardi tercij post conquestum xxxv^to [14 June 1361].

Dominus Rex mandauit breue suum Waltero Fauconberge et sociis suis in hec verba. Edwardus Dei gracia Rex Anglie Dominus Hibernie et Aquitanie dilectis et fidelibus suis Waltero Fauconberge Ricardo Lescrop' Roberto Rouclif' Iohanni de Fulthorp' et Willelmo Lassels salutem. (*There follows the enrolment of the commission of the peace of 20 March 1361 in the same form, mutatis mutandis, as that for the East Riding, supra, pp. 1-3*).

Virtute cuius breuis preceptum fuit vicecomiti[2] quod venire faceret coram Waltero Fauconberge et sociis suis apud Northaluerton' die Lune proxima post festum Sancti Barnabe Apostoli [14 June 1361] xxiiij bonos et legales homines de villa de Northaluerton' et xxiiij de libertate de Northaluerton' et xxiiij de libertate Richm' et xxiiij de wapentachio de Brudford',[3] et eciam xxiiij de wapentachio de Bulmer'[4] quod essent coram prefatis iusticiariis die Martis tunc proximo sequente [15 June] apud Esingwald'; et eciam xxiiij de wapentachio de Rydale[5] quod essent coram prefatis iusticiariis die Mercurii tunc proximo sequente [16 June] apud Helmeslay; et eciam xxiiij de villa de Scarthburgh'[6] et xxiiij de (villa)[1] Pykering' et xxiiij de Pykeringlith'[7] quod essent coram prefatis iusticiariis die Iouis tunc proximo sequente [17 June] apud Scarthburgh'; et eciam xxiiij de libertate de Qwyteby quod essent coram prefatis iusticiariis die Veneris tunc proximo sequente [18 June] [apud Qwyteby]; et eciam xxiiij de wapentachio de Langbergh'[8] apud Gisburn' die Lune tunc proximo sequente [21 June]; et quod haberet ibidem hoc preceptum et breue Domini Regis quod sibi venit adesse intendendo dictis iusticiariis et eciam transcriptum statuti vltimo editi apud Westmonasterium.

[1] 34-5 Edw. III, cc. 1, 5, 6, 9-11.
[2] Marmaduke Constable, 21 Nov. 1360—20 Nov. 1362.
[3] Although the original panels (mentioned on p. 81) are missing, in some instances the names of the jurors can be identified through E; e.g., for the 13 from Birdforth chosen from the 24; see p. 82, note 1, *infra*; *cf.* also note 2, p. 99.   [4] For the 12 from Bulmer chosen from the 24 see p. 84, note 2.
[5] For the 12 from Ryedale chosen from the 24 see p. 85, note 1.
[6] For the 12 from Scarborough chosen from the 24 see p. 87, note 3.
[7] The Pickering jurors did not appear at Scarborough; see pp. 87-90, 104.
[8] For the 12 from Langbaurgh chosen from the 24 see pp. 92, note 1, 93, note 1.

Ad quos dies et loca dictus vicecomes respondet prefato precepto, prout pat[et] in panellis prefato precepto attachiatis. Et eciam profert transcriptum statuti, et breue de intendendo quod sibi venit in hec verba. Edwardus Dei gracia etc. Cum per litteras nostras patentes assignauerimus dilectos et fideles nostros Walterum Fauconberge Ricardum Lescrop' [Robertum] Rouclif Iohannem de Fulford[1] et Willelmum Lascells quatuor et tres eorum custodes pacis nostre et iusticiarios nostros ad diuersas felonias [et transgressiones] in partibus de Northridingo in comitatu tuo infra libertates et extra audiendas et terminandas secundum legem et consuetudinem re[gni nostri], et ad quedam alia in dictis litteris nostris contenta in eisdem partibus facienda et explenda, prout in litteris nostris predictis plenius continet[ur, tibi] precipimus quod ad certos dies et loca quos ijdem Walterus Ricardus Robertus Iohannes et Willelmus quatuor vel tres eorum tibi scire facient [venire facias] coram eis quatuor vel tribus eorum tot et tales probos et legales homines de partibus predictis tam infra libertates quam extra per quos r[ei veritas] in premissis melius sciri poterit et inquiri, et habeas ibidem hoc breue.

Teste me ipso apud Westmonasterium xx die Marcij anno regni nostri tricesimo quinto [1361].

[m. 1 d.] (*Margin* Warantum vicecomitis) Et vicecomes per commissionem suam Thomam de Thorp' Walterum Truslay Thomam de Fencotes et Alanum de Mersk' vel eorum alterum intendendo nomine suo dictis iusticiariis assignauit ad omnia et singula mandata dictorum iusticiariorum recipienda et exequenda nomine suo; cuius data est apud Eboracum die Iouis proxima post festum Sancti Willelmi Archiepiscopi anno regni nunc xxxv [10 June 1361].

1 (*Margin* Richm') Iurati in panello retornati exacti et iurati dicunt super sacramentum suum quod Willelmus Marschall' de Croft' contra pacem verberauit wlnerauit et maletractauit Willelmum Clerk de Croft' die Lune proxima ante festum Inuencionis Sancte Crucis anno regni Regis nunc . . .[2] apud Croft', et quod est communis malefactor et pacis perturbator. Et dictus Willelmus ductus per vicecomitem allocutus qualiter [se velit acquietare] de transgressione predicta, qui dicit quod fecit dictam transgressionem se defendendo et hoc petit verificari per inquisicionem, plegii Thomas de [Reaith'?] et Henricus . . .[2] (*Margin* Richm' finem fecit)

2 (*Margin* Richm') Item dicunt quod Iohannes de Skithby et Willelmus frater eiusdem Iohannis manentes in Scorton' die Sabati proxima ante festum Sancti Willelmi apud Scorton' (vi et armis)[1] Thomam (Harymyll')[1] bercarium de Scorton' verberauerunt vulnerauerunt et maletractauerunt anno Regis nunc xxxv, et quod sunt communes malefactores et pacis Domini Regis perturbatores. (*Margin* finem fecit)

[1] For "Fulthorp."
[2] Torn.

3 (*Margin* Aluerton) Iurati dicunt quod Willelmus Frost de Esingwald' furtiue furatus fuit vnum tapetum duo linthiamina et vnum collobium, precii vj s. viij d., de Willelmo Wright apud Berouby die Lune proxima ante Dominicam in Ramispalmarum anno regni nunc xxxv. (*Margin* vtlagatus)

4 (*Margin* Aluerton) Item dicunt quod Iohannes Coltman' quondam clericus ecclesie de Leke furtiue furabatur vnum equum nigrum, precii xl s., de Iohanne capellano de Knayton' die Lune proxima post festum Inuencionis Sancte Crucis anno Regis nunc xxxij. (*Margin* vtlagatus)

5 (*Margin* Aluerton') Iurati dicunt quod Walterus de Berighisend' vi et armis et contra pacem Domini Regis verberauit wlnerauit et˙ maletractauit Isabellam de Iarum apud Aluerton' die Dominica proxima post festum Inuencionis Sancte Crucis anno Regis nunc xxxv, et quod est communis malefactor et Domini Regis pacis perturbator. Et dictus Walterus presens in curia allocutus fuit qualiter se voluit de transgressione predicta acquietare, qui posuit se in graciam Domini Regis et fecit finem Domino Regi pro dicta transgressione pro ij s., per plegium Roberti de Rypon' de Aluerton' et Iohannis de Sigesten'. (*Margin* finem fecit ij s.)

6 (*Margin* Aluerton') Item dicunt quod Robertus de Ripon' vi et armis et contra pacem verberauit wlnerauit et maletractauit Iohannam vxorem Willelmi Wynd' apud Aluerton' die Iouis proxima post festum Purificacionis Beate Marie Virginis anno Regis nunc xxviij, et est communis malefactor et pacis Domini Regis perturbator. (*Margin* finem fecit)

7 (*Margin* Aluerton' Item dicunt quod Eua vxor Roberti de Rypon' vi et armis et contra pacem verberauit wlnerauit et maletractauit Margeriam filiam Iohannis de Midelton' apud Aluerton' die Lune proxima post festum Sancte Marie Magdalene anno Regis nunc xxxiiij to. (*Margin* finem fecit)

8 (*Margin* Brudford') Iurati[1] dicunt super sacramentum suum quod Willelmus Gibson' quondam manens in Erdensyde Willelmus Knight' nuper seruiens Willelmi Hert' monachi abbatis de Bellaland'[2] furtiue burgauerunt domum Iohannis de Studlay apud le Aldstede die Dominica in festo Pentecostes anno Regis nunc xxxv et ibidem furtiue ceperunt et asportauerunt pannos lineos et laneos ad valenciam xx s., et xx solidos in denariis numeratis furtiue ibidem ceperunt et asportauerunt, et quod sunt communes latrones.

9 (*Margin* Brudford') Item dicunt quod Willelmus Bullok' de Soureby felonice interfecit Iohannem Glouer de Soureby apud

---

[1] Names of the Birdforth jurors for nos. 8-18 are given in E 4.

[2] William (no surname given) was abbot of the Cistercian monastery of Byland, 1357-70; *V.C.H. Yorks.*, III, 133. In no. 117, *infra*, he is called "Willelmus de Helmeslay."

Soureby die Dominica proxima ante festum Sancti Barnabe Apostoli anno Regis nunc xxxv.

10 (*Margin* Brudford') Item dicunt quod Rogerus Plughmayster' de Nouo Burgo furtiue cepit et abduxit duos bouiculos, precii v s., de Iohanne filio Cecilie de Cesay apud Thornton' iuxta Baxby die Iouis proxima post festum Sancti Michelis anno Regis nunc xxxiiij, et quod est communis latro.

11 [E 4] (*Margin* Brudford') Item dicunt quod Robertus del Wode forestarius de Crayk' vi et armis et contra pacem verberauit [et] vulnerauit Hugonem filium Henrici Gardener' apud Stelington' die Iouis proxima post festum Sancti Gregorii Pape anno Regis nunc xxxv. (*Margin* coram Rege)[1]

12 [E 5] Item dicunt quod idem Robertus del Wode cum pluribus aliis ignotis die Iouis proxima post festum Pentecostes anno Regis nunc xxxv obuiauit abbatem de Bella Landa in regia via inter portam de Crayk' Park' et Vlueston' in bosco eiusdem ville et ibidem Adam seruientem eiusdem abbatis verberauit vulnerauit et maletractauit, ita quod de vita eius disperabatur.

13 [E 6] Item dicunt quod idem Robertus del Wode die Dominica proxima post festum Co[r]poris Christi anno Regis nunc xxxv abbathiam de Nouo Burgo vi et armis intrauit et ibidem in canonicos et seruientes prioris[2] eiusdem abbathie insultum fecit et quemdam Willelmum Trotter' ibidem verberauit vulnerauit et maletractauit, ita quod de vita eius disperabatur. (*Margin* Memorandum alias)

14 Et eciam quod idem Robertus del Wode verberauit omnes tenentes prioris de Nouo Burgo extra villam de Langlythorp' die Martis tunc proximo sequente et coegit eos ire apud Nouum Burgum, asserando eos ibidem (non)[3] commorari nisi prior Noui Burgi concesseret Rogerum Moyses esse capellanum parochialem ecclesie de Cokewald', et quod est communis malefactor et pacis Domini Regis perturbator.

15 (*Margin* Brudford') Item dicunt quos Willelmus Darell' (finis)[1] capellanus vi et armis et contra pacem die Lune proxima post festum Sancti Barnabe Apostoli anno Regis nunc xxxj° verberauit wlnerauit et maletractauit Ranulphum Kyng' de Thrisk' apud Thrisk'.

16 Item dicunt quod idem Willelmus Darell vi et armis verberauit wlnerauit et maletractauit Adam Personman de Condale apud Condale die Martis proxima post festum Sancti Iacobi Apostoli anno Regis nunc xxx, et quod est communis malefactor et pacis Domini Regis perturbator.

---

[1] Implied for D 12-14.

[2] John de Thresk (d. 1369) was probably prior of the Austin Canons of Newburgh at this date; V.C.H. Yorks., III, 230; there was possibly an "intruder" in 1359.

[3] Superfluous, unless "commorari" is an error for "commouere."

17[1] (*Margin* Brudford) Item dicunt quod Henricus Gardener' de Thornton et Hugo filius eiusdem Henrici furtiue furati fuerunt nouem porcos de Thoma Russell' de Tollerton', precii x s., in bosco de Thornton' die Lune proxima post festum Sancti Martini anno Regis nunc xxxj.

18 (*Margin* Brudford') Item dicunt quod Thomas Russell' de Esingwald' vi et armis et contra pacem verberauit et wlnerauit Willelmum Clyst' de Esingwald' apud Esingwald' die Mercurii proxima post festum Sancte Trinitatis anno Regis nunc xxxij, et quod est communis malefactor. Et predictus Thomas presens in curia, ductus est coram prefatis iusticiariis per vicecomitem et allocutus est quomodo se velit de transgressione predicta se acquietare, qui se posuit in graciam Domini Regis et fecit finem cum Domino Rege pro transgressione predicta pro xl d., plegii de fine et de bono gestu dicti Thome Ricardus Bernard' senior et Iohannes de Strinsall'. (*Margin* finem fecit xl d.)

[m. 2] Adhuc coram Waltero Fauconberge et sociis suis apud Esingwald' die Martis proxima post festum Sancti Barnabe Apostoli proximo sequentem [15 June 1361].

19 (*Margin* Bulmer') Iurati[2] dicunt super sacramentum suum quod Willelmus de Grantham de Eboraco Willelmus Aubry de eadem Alexander Haulaghbyman' de Thrisk' Iohannes de Aluerton' de Eboraco Thomas de Sigeston' de eadem Nicholaus Fouke de eadem Iohannes de Clayton' de eadem Adam de Lutryngton' de eadem Willelmus de Swanland' Ricardus de Barneby flessehewer de eadem Henricus Gudebarne de eadem Hugo de Myton' de eadem Ricardum de Moreton' de eadem Iohannes de Fayceby de Sutton' Iohannes Totty de Stocketon' in mora et Ricardus Totty de eadem sunt communes mercatores lanarum, et vsi sunt emere lanas per nouem annos elapsos per petras ponderantes duodecim libras et dimidiam, et saccos ponderantes triginta petras, in depauracionem . . .[3] plurimorum et contemptum Domini Regis et contra statutum in contrario editum.[4] Et illas lanas emerunt apud Kirkham Cesay Aldwerk' Wilton' Thorlthorp' Hoby Sutton' Raeskelf' Flathwath' Thrisk' et Tollerton' et alibi infra Northridingo predicto. (*Margin* Breue de supersedendo)[5]

20 [E 1] (*Margin* r' Bulmer') Item dicunt quod Willelmus filius Thome filii Rogeri de Tollerton' vi et armis et contra pacem verberauit et wlnerauit Iohannem filium magistri Iohannis Coci de eadem et quod est communis malefactor et pacis perturbator die Sabbati in vigilia Pentecostes anno Regis nunc xxxv, et quod est communis malefactor et pacis perturbator. (*Margin* liberatum coram Rege)

[1] See K.B. 27, 412, Rex m. 22 d.; 414, Rex m. 8 for unsuccessful process against them.
[2] Names of the Bulmer jurors for nos. 19-23 are given in E 1.
[3] An erasure.
[4] See A, pp. 13, note 1, 14, note 1.   [5] *Infra*, p. 99.

21 (*Margin* r' Bulmer') Item dicunt quod Iohannes filius magistri Iohannis vi et armis verberauit et vulnerauit Thomam filium Henrici Thomam Sawle Thomam filium Rogeri et (quod est communis malefactor et pacis perturbator)ᶜ die Sabbati in vigilia Pentecostes anno Regis nunc xxxv, et quod est communis malefactor et pacis perturbator. (*Margin* Inquiratur melius)

22 [E 2] (*Margin* r' Bulmer') Item dicunt quod Willelmus del Vykers de Sutton' vi et armis et contra pacem verberauit et vulnerauit Willelmum de Rythir' in Sutton' et quod est communis malefactor et pacis perturbator die Martis proxima post festum Inuencionis Sancte Crucis anno Regis nunc xxxv, et quod est communis malefactor et pacis perturbator. (*Margin* coram Rege)

23 [E 3] (*Margin* r' Bulmer') Item dicunt quod Iohannes del Wode quondam seruiens Roberti Fox et Iohannes de Cotom vi et armis et contra pacem verberauerunt wlnerauerunt et maletractauerunt Thomam Tailliour de Alne apud Alne die Mercurii proxima ante festum Purificacionis Beate Marie Virginis anno Regis nunc xxxv, et quod sunt communes malefactores. (*Margin* coram Rege)

Adhuc coram eisdem iusticiariis die Mercurii proxima post festum Sancti Barnabe Apostoli anno supradicto [16 June 1361] apud Helmeslay.

24 [E 8] (*Margin* Rydale)[1] Iurati dicunt quod Henricus capellanus de Malton' quondam seruiens Willelmi de Touthorp' vi et armis et contra pacem verberauit wlnerauit et maletractauit Alanum de Scheffeld' suter de Malton' apud Malton' die Veneris proxima ante festum Pentecostes anno Regis nunc xxxv, et est communis malefactor et pacis perturbator. (*Margin* coram Rege)

25 (*Margin* Rydale) Item dicunt [quod] Rogerus de Houingham de Eboraco Hugo de Marton' (de eadem)[1] Willelmus Graa de eadem Ricardus de Wateby de eadem Walterus de Kelstern' de eadem Willelmus de Broune de eadem Henricus Godebarne de eadem Rogerus de Moreton' de eadem Nicholaus Tauerner' de eadem Willelmus Couper' de eadem Willelmus Frankys de eadem Ricardus de Schirburne de eadem Iohannes de Broune de eadem Gocelinus del Haghe Esterling' de eadem Iohannes de Gisburne de eadem Thomas de Sigeston de eadem Adam Pund' de Hull' Willelmus de Touthorp' de Malton' Nicholaus de Locketon' de eadem Willelmus de Knapton' de eadem Thomas del Kerr' de Rydale (et)[1] Willelmus de Kaldham de Pykering' sunt communes mercatores lanarum et vsi sunt emere lanas per nouem annos elapsos per petras ponderantes duodecim (petras)ᶜ (libras)[1] et dimidiam, et saccos ponderantes triginta petras, in depauperacionem plurimorum et contemptum Domini Regis et contra statutum incontrario editum. Et illas lanas emerunt apud Ryuaux Malton' Kirkebimoresheued' Helmeslay Bildesdale Farndale Houingham

---

[1] Names of the Ryedale jurors for nos. 24-36 are given in E 8.

Slingesby Nonington' Naulton' Bothelom' et Halmby et alibi infra
Northridingo predicto (*Margin* Breue de supersedendo)

26 (*Margin* Rydale) Item dicunt super sacramentum suum
quod Walterus Barett' de Malton' vi et armis et contra pacem
verberauit wlnerauit et maletractauit Willelmum Wright et Adam
Calueknaue de Malton' die Mercurii proxima post festum Pentecostes anno Regis nunc tricesimo quinto, et quod est communis
malefactor et pacis perturbator. Et postea ductus est per vicecomitem et allocutus quomodo se velit acquietare, qui se ponit
in graciam Domini Regis et fecit finem pro dicta transgressione pro
xl d., plegii de fine et bono gestuo suo versus Regem et populum
suum, Iohannes de Malton' et Willelmus de Knapton.' (*Margin*
fecit finem xl d.)

27 (*Margin* Rydale)   Item dicunt super sacramentum
suum quod Thomas Barett' de Marton' super Seuen' furtiue cepit
vnam vaccam nigram, precii x s., de Willelmo Mawer de Nesse in le
Waterholme die Lune proxima post festum Sancte Trinitatis anno
Regis nunc xxxj⁰, et quod est communis latro.

[m. 2 d.] 28 (*Margin* Rydale) Iurati dicunt super sacramentum suum quod Rogerus de Thornton' de Carlton' Thomas
frater eiusdem Rogeri Iohannes de Thornton' de Helmeslay et
Willelmus de Thornton' frater eiusdem (Iohannis)[1] furtiue ceperunt xl multones, precii lx s., de Ricardo Forester' de Hilderskelf'
apud Hilderskelf' die Sabbati in vigilia Sancte Trinitatis anno
Regis nunc xxxv, et quod sunt communes latrones. (*Margin*
vtlagati)

29 (*Margin* Rydale) Item dicunt super sacramentum suum
quod Willelmus filius Gilberti de Auldbyland' furtiue depredauit
Iohannem de Studlay del Auldstede de xl solidis argenti in
denariis numeratis et de pannis laneis et lineis ad valenciam c s.
apud le Auldstede die Dominica in festo Pentecostes anno Regis
nunc xxxv. (*Margin* Vtlagatus)

30 (*Margin* Rydale) Item dicunt super sacramentum suum
quod Willelmus filius Gilberti de Auldbiland' cum duobus extraneis
ignotis furtiue depredauerunt Ricardum Fox de Sproxton' de vno
collobio, precij ij s., et de ij solidis in denariis numeratis et eum
verberauerunt vulnerauerunt et maletractauerunt in via regia
inter abathiam de Ryuaux[1] et Halmby in festo Pentecostes anno
Regis nunc xxxv, et quod est communis latro. (*Margin* Vtlagatus)

31 (*Margin* Rydale) Item dicunt super sacramentum suum
quod Willelmus Porter de Gilling' in Rydale furtiue cepit vnum
bouem, precij x s., de vno homine de Vlueston' cuius nomen
ignorant apud Vlueston' die Sabbati proxima post festum Purificacionis Beate Marie Virginis anno Regis nunc xxxiiij⁰ʳ. (*Margin*
Vtlagatus)

32 Item dicunt quod (idem)[1] Willelmus Porter furtiue

[1] In *V.C.H. Yorks.* (III, 153) the abbots of this famous Cistercian
monastery listed for this period are: Richard, 1349, John II, occurring 1363.

furabatur vnum iumentum, precii x s., de Willelmo Pierson' de Nesse apud Nesse in Rydale die Dominica proxima post festum Corpus Christi anno Regis nunc xxxv.

33 (*Margin* Rydale) Item dicunt super sacramentum suum quod Iohannes de Wakefeld de Helmeslay est communis foristallator piscium in Helmeslay. Qui ductus est per vicecomitem et allocutus est qualiter se velit acquietare de predicta transgressione et ponit se in graciam Domini Regis, et fecit finem pro dicta transgressione pro ij s., plegii de fine Iohannes de Malton' et Ricardus Cort' de Helmeslay. (*Margin* fecit finem ij s.)

34 (*Margin* Rydale) Item dicunt super sacramentum suum quod Iohannes Raton' de Helmeslay et Willelmus Webster de eadem textores nolunt operare secundum ordinacionem statutorum[1] Domini Regis.

35 (*Margin* Rydale) Item dicunt super sacramentum suum quod Iohannes Turnay de Helmeslay Iohannes de Baynbrig' de eadem et Adam Best de eadem carnifices vendunt carnes contra statutum[2] Domini Regis. Qui presentes in curia ducti sunt coram iusticiariis per vicecomitem Eboraci et alloquti sunt quomodo se vellent de transgressionibus predictis acquietare, qui se ponunt in graciam Domini Regis et fecerunt finem cum Domino Rege pro iij s., plegii de fine Willelmus del Wardrop' et Simon Wake de Helmeslay. (*Margin* fecerunt finem iij s.)

36 (*Margin* Wytby) Iurati dicunt super sacramentum suum quod Willelmus Potter' de Schirburn' in Hertforlyth' Thomas Tockewyth de Witeby Iohannes del Hill de Scarthburgh' Thomas de Scalby de eadem Willelmus de Thouthorp' de Malton' Henricus de Scoreburgh' de Pykering' Iohannes Dobson' de Cropton' Iohannes filius Walteri de Apilton' Ricardum Atteyate de Cropton' Iohannes Redheued de Wytby et Thomas de Kirkham de Pykering' sunt communes mercatores lanarum (et)[1] per nouem annos elapsos vsi sunt emere lanas per petram ponderantem duodecim libras et dimidiam, et xxx petras ad saccum, in oppressionem populi et contra statutum Domini Regis, apud Hakenays Euerslay Silfhowe Harwod' Broxay Fyling' Haukesgarth' et Vgelwardby et alibi in Northridingo Eboraci. (*Margin* supersedeas)

[m. 3] Adhuc coram prefatis iusticiariis apud Scarthburgh' die Iouis proxima post festum Sancti Barnabe Apostoli anno supradicto [17 June 1361].

37 (*Margin* Scarthburgh') Iurati[3] dicunt super sacramentum suum quod Willelmus de Hertlagh' Willelmus de Manby Robertus de Manby et Iohannes Beufrount cum aliis malefactoribus ignotis contra pacem et extorcionem [*sic*] ceperunt de Willelmo filio Roberti de Flaynburgh' pisces ad valenciam iij s. x d. apud

---

[1] 23 Edw. III, c. 5; 34-5 Edw. III, c. 9.
[2] 23 Edw. III, c. 6 (ordinance, not statute).
[3] Names of the Scarborough jurors for nos. 37-45 are given in E 9.

Scarthburgh' die Lune proxima ante festum Purificacionis Beate
Marie Virginis anno Regis nunc xxxv. Et preceptum fuit balliuis
libertatis de Scarthburgh' quod venire facerent predictos Willelmum Willelmum Robertum (Iohannem)ᶜ et Iohannem. Et
Willelmus (ij s.)¹ Willelmus (ij s.)¹ et Robertus (ij s.)¹ presentes in
curia ducti sunt per balliuos et alloquti sunt quomodo se velint
acquietare de transgressione predicta, qui se ponunt in graciam
Domini Regis et fecerunt finem cum Domino Rege, quilibet
eorum pro ij s., plegii de fine Robertus de Acclom' Petrus Percy
Iohannes de Broune. (*Margin* finem fecerunt vj s.)

Et quantum ad Iohannem Beufrount' preceptum fuit vicecomiti quod venire faceret predictum Iohannem coram prefatis
iusticiariis die Veneris proximo sequente apud Wytby. Ad quem
diem vicecomes retornauit quod mandauit retornum huius precepti Iohanni de Rillington' et Ricardi del Castell' balliuis (libertatis)¹ de Scarthburgh' qui nullum responsum inde dederunt;
ideo dicti balliui in misericordia xl d. (*Margin* misericordia xl d.
preceptum est vicecomiti venire)

Et ideo preceptum est vicecomiti Eboraci quod non omittat
propter libertatem de Scarthburgh' quin venire faciat predictum
Iohannem coram prefatis iusticiariis die Lune proxima ante festum
Natiuitatis Sancti Iohannis Baptiste proximo futurum [21 June
1361] apud Gisburn'. Et postea predictus Iohannes Beufrount'
ductus per vicecomitem et ponit se in graciam Domini Regis pro
dicta transgressione et fecit finem pro ij s., plegii de fine Ricardus
de Nouo Castro et Alanus Barbur' de Scarthburgh'. (*Margin*
finem fecit ij s.)

38 (*Margin* Scarthburgh') Item dicunt super sacramentum
suum quod Thomas de Rotse carpentarius Thomas filius Gilberti
Wright Willelmus Rotse (Robertus de Scoreburgh' carpentarius)¹
Iohannes Perkinson' Cuthbertus Wright Iohannes de Seterington'
Alexandrus Wright Iohannes Fouk' iunior Hugo Wright carpentarius nolunt operari secundum ordinacionem statuti¹ Domini
Regis, set quilibet eorum capit per diem v d. et victum suum vel
vj d. cum victu suo. Et Iohannes Fouke Alexandrus Wright
Iohannes de Seterington' Thomas de Rotse Iohannes Pierson'
Cuthbertus Wright' Willelmus Rotse Thomas filius Gilberti presentes in curia alloquti sunt quomodo ipsi velint se acquietare de
transgressione predicta, qui se ponunt in graciam Domini Regis et
inuenerunt securitatem adessendum coram prefatis iusticiariis ad
primum aduentum suum apud Scarthburgh' sub pena quilibet
eorum xx li. de audiendo iudicio suo, videlicet Iohannem² Qwyte
Robertum Hobson' Petrum Percy Stephanum Carter' Iohannem de
Swathorp' Ricardum de Coquina Iohannem Stokyth' Iohannem
de Acclom' Willelmum Hobson' Robertum Grenehode Iohannem
de Broune Ricardum de Coquina Adam Dyotson' et Adam de
Seleby. (*Margin* Iudicium in respectu)

¹ 34-5 Edw. III, c. 9. ² Altered from "Iohannes."

39　(*Margin* Scarthburgh') Item dicunt super sacramentum suum quod Rogerus Douber' de Marketgate coopertor domorum Rogerus Sclater de Scarthburgh' et Thomas Sclater de eadem capiunt v d. et victum suum per diem contra statutum.[1] Et predicti Rogerus Douber et Thomas Sclater presentes in curia calumpniati sunt quomodo se velint acquietare de (transgressione)[1] predicta, qui fatentur transgressionem et ponunt se in graciam Regis; ideo ad iudicium. Et predicti Rogerus Douber et Thomas inuenerunt securitatem ad essendum coram prefatis iusticiariis ad primum aduentum suum apud Scarthburgh', videlicet Petrum Percy et Stephanum Carter' sub pena xx li. (*Margin* Iudicium in respectu)

40　(*Margin* Scarthburgh') Presentatum fuit quod Iohannes de Barton' fysser fuit communis malefactor et pacis Domini Regis perturbator. Inuenit plegios pacis de se bene gerendo versus Dominum Regem et populum suum sub pena xl li., videlicet Iohannem de Acclom' de Scarthburgh' et Ricardum Cholman' de eadem. (*Margin* manucapcio)

41　(*Margin* Scarthburgh') Item dicunt super sacramentum suum quod Ricardus Makeatde de Schirburn' capellanus et Walterus Howesom' de Scarthburgh' furtiue burgauerunt domum Simonis del Brewehouse de Scarthburgh' et furtiue inde ceperunt et asportauerunt tres couerlites, precii xl s., vnam peluim et lauatorium, precii x s., octo petras casei, precii v s., et vij coddes de serico, precii iiij s., die Mercurij proxima post medium Quadragesime anno Regis nunc xxxv. (*Margin* Vtlagati)

42　(*Margin* Scarthburgh') Item dicunt super sacramentum suum quod Iohannes Neleson' de Semer est communis forestallerius et quod forestallauit iij quarteria et vj bussellos ordei apud Semer' venientia apud Scarthburgh' ad vendenda. (*Margin* Memorandum alias)

43　(*Margin* [S]carthburgh') Item dicunt super sacramentum suum quod Hugo Rede de Crawemore Iohannes Monk' de eadem Willelmus Lascy de Kirkley Thomas Lascy de eadem et Dennygryme de eadem et Robertus Ingmanson' de Grimsby sunt communes forestallerii in portu de Scarthburgh' et vsi sunt per iij annos elapsos. (*Margin* Memorandum alias)

44 [E 44]　(*Margin* [S]carthburgh') Item dicunt super sacramentum suum quod Iohannes Stacy wright de Scarthburgh' die Veneris proxima post festum Purificacionis Beate Marie Virginis anno Regis nunc xxxv verberauit wlnerauit et maletractauit Alanum de Foresta de Scarthburgh' vi et armis apud Scarthburgh' et quod est communis malefactor. (*Margin* coram Rege)

45　(*Margin* [S]carthburgh') Item dicunt super sacramentum suum quod Iohannes de Barton' fyscher de Scarthburgh' Thomas de Scalby de eadem Iohannes Kyng' de eadem et Nicholaus

---

[1] 25 Edw. III, st. 2, c. 3.

Connyng' de eadem vsi sunt emere et vendere canabum cum
petris ponderantibus duodecim libras et dimidiam apud Scarthburgh' per iij annos elapsos.

(*Margin* Scarthburgh' [Preceptum] est vicecomiti)   Preceptum fuit vicecomiti quod venire faceret Henricum capellanum
de Malton' [24] quondam seruientem Willelmi de Towthorp' ad
respondendum Domino Regi de diuersis transgressionibus vnde
indictatus est coram prefatis iusticiariis ad hunc diem. Et vicecomes respondet quod nihil habet in balliua sua vnde per quod
potest attachiari. Ideo (cap)ᶜ preceptum est vicecomiti quod capiat
dictum Henricum ita quod habeat corpus dicti Henrici coram prefatis iusticiariis apud Gisburn' die Lune proxima ante festum
Natiuitatis Sancti Iohannis Baptiste [21 June 1361].

[m. 3 d.] Adhuc coram prefatis iusticiariis apud Wyteby die
Veneris proxima post festum Sancti Barnabe Apostoli anno supradicto [18 June 1361].

46 (*Margin* Wytby) Iurati dicunt super sacramentum suum
quod Robertus filius Iuliane magister nauis Roberti filii Roberti
de Scarthburgh' Iohannes Braandes de Scarthburgh' magister
nauis Willelmi filii Roberti de Scarthburgh' Robertus Coke magister
nauis Roberti de Acclom' de Scarthburgh' Iohannes Wrighteson'
quondam manens in Seton' super Tees Henricus Drepya de Scarht-
burgh' Robertus filius Hugonis magister alterius nauis Roberti
filii Roberti de Scarthburgh' et Iohannes Doweson' de Scarthburgh' in naue sua cum aliis malefactoribus ignotis felonice depredauerunt quamdam nauem de (Campe (que est locus)ᶦ inter
Holand' et Seland' in mari coram Scarthburgh' die Lune proxima
ante festum Assencionis Domini anno Regis nunc xxxv)ᶦ carcata
cum diuersis mercemoniis et inde ceperunt felonice pannos laneos
et lineos et alia mercimonia ad valenciam ccc li. et abduxerunt.

47 (*Margin* Scarthburgh') Item dicunt quod Willelmus
Swift de Scarthburgh' attachiatus fuit per balliuos de Scarthburgh' pro transgressione et in prisona detentus, et dictus Willelmus fregit prisonam et euasit, contra pacem et voluntatem balliuorum etc. (*Margin* Memorandum alias)

48 (*Margin* Wytby) Item dicunt super sacramentum suum
quod Adam Ferrour de Wyteby vi et armis et contra pacem verberauit wlnerauit et male tractauit in Witby Willelmum de
Eskdale die Exaltacionis Sancte Crucis anno Regis nunc xxxiij,
et quod est communis malefactor.

49 Item dicunt super sacramentum suum quod idem
Adam Ferrour vi et armis verberauit vulnerauit et male tractauit
Iohannem de Skinnergrene iuniorem in Wytby die Lune proxima
post festum Sancte Margarete Virginis anno Regis nunc xxxiiij,
et quod est communis malefactor et vagus hostiatiue noctanter
contra pacem Domini Regis.

50 (Item dicunt super sacramentum suum quod Nicholaus

Penok' de Wytby vi et armis verberauit wlnerauit et maletractauit Iohannem filium Lyolphi Manloy de Eggeton' die Dominica in festo Sancte Trinitatis anno Regis nunc xxxiiij^{to}, et quod est communis malefactor et pacis perturbator.)^c

51 (*Margin* Wytby) Item dicunt super sacramentum suum quod Nicholaus Penokes de Wytby et vi et armis verberauit wlnerauit et maletractauit Iohannem filium Lyolphi Mauloy de Eggeton (in Witby)[1] die Dominica in festo Sancte Trinitatis anno Regis nunc xxxiiij, et quod est communis malefactor et pacis perturbator. (*Margin* finis)

52 Item dicunt super sacramentum suum quod idem Nicholaus vi et armis verberauit wlnerauit et maletractauit (in Witby)[1] Cristianam vxorem Iohannis Cogman' de Witby (noctanter)[1] die Mercurii proxima ante festum Sancti Martini anno Regis nunc xxxiij, et quod est communis malefactor et pacis Domini Regis perturbator.

53 (*Margin* Wytby) Item dicunt super sacramentum suum quod Iohannes de Esingwald de Kyngeston' super Hull forstallauit vnam lastam alleciarum recentium de quodam piscatore veniente ad mercatum de Witby die Lune proxima post festum Sancti Laurencij anno Regis nunc xxxiiij^{to}, et quod est communis forstallator alleciarum tempore estiuali.

54 (*Margin* Witby) Item dicunt super sacramentum suum quod Iohannes filius Petri et Iohannes Candeler de Witby carpentarii nauium capiunt per diem vj d. sine victu et iiij d. cum victu, contra formam statuti inde editi.[1]

55 (*Margin* Wytby) Item dicunt super sacramentum suum quod Willelmus Narousty Thomas Theker' et Iohannes Scott' douber' coopertores domorum capiunt per diem iij d. cum mensa, contra formam statuti Domini Regis inde editi.[2] Et Iohannes Scott' douber' venit in curiam et alloqutus est qualiter se velit acquietare de transgressione predicta, qui dicit quod non est culpabilis et ponit se super patriam. (*Margin* Inquiratur)

56 (*Margin* Wytby) Item dicunt super sacramentum suum quod Iohannes de Balton' de Arwell' Willelmus Beriard de Kirkley Iacobus Clare de Grimmesby et Willelmus Swift' de Scarthburgh' die Veneris proxima ante festum Assumpcionis Beate Marie Virginis anno Regis nunc xxxiiij exierunt de mercato de Qwitby et obuiauerunt Iohanni Cadman' de Kirkley Iohanni Wyld' de Couehythe et Nicholao Bond' de eadem piscatoribus venientibus ad dictum mercatum de Witby cum sex lastis alleciarum recentium et illas forstallauerunt, ad dampna populi, et quod sunt communes forstallatores quolibet anno tempore estiuali.

[m. 4] Placita coram eisdem iusticiariis apud Gisburn' die Lune proxima ante festum Natiuitatis Sancti Iohannis Baptiste anno Regis nunc Anglie xxxv [21 June 1361].

---

[1] 34-5 Edw. III, c. 9.   [2] *Ut supra*, p. 89, note 1.

57 (*Margin* Gisburn' Langebergh')   Iurati[1] dicunt super sacramentum suum quod Iohannes del Chaumber de Nouo Castro emit sex saccos lane de priore de Gisburn'[2] et aliis hominibus de Cleueland' per pondera xij librarum et dimidie ad petram, et xxx petrarum pro sacco, contra formam statuti. (*Margin* Supersedeas)[3]

58 Et Robertus filius Nicholai de Aton' in Cleueland' emit iiij saccos lane de (Iohanne)[1] rectore ecclesie de Lofthouse et aliis hominibus de Cleueland' per pondera supradicta.

59 Et quod Willelmus Godfrayson' de Kildale emit iij saccos lane de Ricardo Norays et aliis hominibus in Cleueland' per pondera supradicta.

60 Et quod Iohannes de Ormesby emit iij saccos lane de (Iohanne)[1] persona ecclesie de Lofthouse per pondera supradicta.

61 Et quod Iohannes filius Thome de Grenehowe emit ij saccos lane de Nicholao Couper' et aliis hominibus in Cleueland' per pondera supradicta.

62 Et quod Iohannes del Celer' de Gisburn' emit ij saccos lane de Willelmo de Barnby capellano et aliis hominibus in Cleueland' per pondera supradicta.

63 Et quod Bertinus Schephird' de Vplithom emit ij saccos lane de Stephano Hullur' et aliis hominibus in Cleueland'.

64 Et quod Walterus de Erghhowe de Iarum emit iiij saccos lane de Bertino Schephird' et aliis hominibus in Cleueland' per pondera supradicta.

65 Et quod Willelmus Tauerner' de eadem emit sex saccos lane de Iohanne de Laysingby et aliis hominbus in Cleueland' per pondera supradicta.

66 Et quod Thomas de Aghton' de eadem emit iiij saccos lane de Thoma de Ormesby et aliis hominibus in Cliueland' per pondera supradicta.

67 Et quod Willelmus de Caldham de Pykering' emit xix saccos lane de Iohanne Cysson' per pondera supradicta.

Et quod omnes isti prenominati sunt communes mercatores et emptores lanarum.

68 (*Margin* Gisburn')   Item dicunt super sacramentum suum quod Iohannes (finis)[1] fysseman de Gisburn' et Iohannes (finis)[1] filius Roberti de Normanby sunt communes forestallatores piscium in Giseburn' et forstallarunt xij pondera piscium ibidem in ij annis precedentibus.

69 (*Margin* Gisburn')   Item dicunt quod Iohannes filius Thome clerk' de Wilton' Thomas frater eiusdem Iohannis et Willelmus frater eiusdem Iohannis vi et armis contra pacem verberauerunt wlnerauerunt et male tractauerunt Thomam de Keldsyke de Gisburn' in Gisburn' (die)[c] in festo Natiuitatis Sancti Iohannis Baptiste anno Regis nunc xxxiij.[o] (*Margin* fines)

---

[1] Names of the Langbaurgh jurors for nos. 57-74 may be the same as those for nos. 75-83 given in E 10.

[2] Probably John de Derlington, elected 1346; *V.C.H. Yorks.*, III, 212.

[3] Applies also to nos. 58-67; see *infra*, p. 99.

70 Item dicunt quod ijdem Iohannes Thomas et Willelmus vi et armis et contra pacem verberauerunt wlnerauerunt et male tractauerunt Willelmum Rendur' de Gisburn' in Gisburn' in festo Natiuitatis Sancti Iohannis Baptiste anno supradicto.

71 Item dicunt quod ijdem Iohannes Thomas et Willelmus vi et armis et contra pacem verberauerunt wlnerauerunt et male tractauerunt Thomam Cornay de Eston' in Gisburn' die Lune proxima ante festum Assencionis Domini anno Regis nunc xxx, et quod sunt communes malefactores et pacis perturbatores.

72 (*Margin* Gisburn') Item dicunt super sacramentum suum quod Henricus (finis)[1] Walker de Skelton' vi et armis et contra pacem verberauit wlnerauit et male tractauit Gilbertum Smith de Gisburn' in Gisburn' die Iouis proxima post festum Assumpcionis Beate Marie Virginis anno Regis nunc xxxiiij.

73 Item dicunt quod jdem Henricus (finis)[1] vi et armis et contra pacem verberauit wlnerauit et male tractauit Ricardum Walker' de Manneby in Gisburn' die Lune proxima ante festum Sancti Nicholai anno Regis nunc xxxij.

74 Item dicunt quod jdem Henricus (finis)[1] vi et armis et contra pacem verberauit vlnerauit et maletractauit Ricardum Orre seruientem rectoris de Lythum' in Gisburn' die Lune proxima post festum Sancti Barnabe Apostoli anno Regis nunc xxxiiij, et quod est communis malefactor.

75 [E 10] (*Margin* Langbergh') Iurati[1] dicunt super sacramentum suum quod Iohannes Gilson' de Whorlton' Willelmus del Spense de eadem Willelmus filius Ricardi filii Hugonis de eadem Matheus de Rongeton' Iohannes filius Walteri Waynman' de Whorlton' Willelmus Smith' de Pothowe et Rogerus de Gowton' de eadem die Veneris proxima ante Dominicam in Ramispalmarum anno Regis nunc xxxv vi et armis venerunt apud grangiam occidentalem de Whorlton' contra pacem et ibidem fecerunt vnum bussementum iuxta viam regiam et ex malicia precogitata insultum fecerunt cuidam Willelmo filio Iohannis Vauasour armigero et Rogero filio Laurencii Gower de Fayceby et eos cum sagittis et aliis armis felonice interfecerunt, et predictum Willelmum Vauasur (ibidem)[1] depredauerunt de duobus leporariis et j leese, precii ij s. (*Margin* coram Rege)

76 (*Margin* Langbergh') Item dicunt super sacramentum suum quod Willelmus Robbe et Beatrix vxor eius sunt communes forstallatores de salmonibus in aqua de Teese.

77 (*Margin* Langebergh') Item dicunt quod Willelmus de Caldham de Pykering' Iohannes filius Godfridi de Grenehowe Iohannes Perur' Iohannes Scragg' de Pothowe Adam Attewode de Bildeshale . . .[2] (*Margin* Supersedeas)

78 (*Margin* Langbergh') Item dicunt super sacramentum

[1] See p. 92, note 1, *supra*.
[2] Unfinished; probably also a wool case.

suum quod Thomas (finis)[1] Sturmy coronator[1] (capit pro visu cuiuslibet corporis mortui)[c] (cepit pro visu (corporis)[1] Willelmi Vauasur mortui et de quolibet corpore de quo facit visum)[1] per infortunium dimidiam marcam, sicut alii coronatores ceperunt.

79 (*Margin* Langbergh') Item dicunt super sacramentum suum quod Iohannes de Seggefeld' iunior vi et armis et contra pacem die Dominica ante festum . . .[2] anno Regis nunc xxxv verberauit wlnerauit et maletractauit Petrum bercarium domini Willelmi Mody capellani apud Ing . . .[2] [et quod est communis] malefactor et pacis perturbator. (*Margin* finis)

80 (*Margin* Langbergh') Item dicunt super sacramentum suum quod Willelmus Punderson' de Grenehowe vi et armis et contra pacem die Veneris. . .[2] anno Regis nunc xxxiiij verberauit wlnerauit et male tractauit Willelmum Milner de Eseby, ita quod de vita eius disperabatur apud . . .[3] et quod est communis malefactor. (*Margin* finis)

81 (*Margin* Langbergh') Item dicunt super sacramentum suum quod Robertus de Maltby de Midelsburgh' Iohannes Smith' de eadem Iohannes Cornebak' de eadem forstallauerunt xxiiij chauldre de carbone maris in aqua de Teese, videlicet in Teesegares in vna naue carcata priusquam dicta nauis applicauit super le hauen de Mildesburgh' die Martis proxima post festum Sancte Trinitatis anno Regis nunc xxxv.

82 (*Margin* Langbergh') Item dicunt quod Robertus Peche de Danby felonice interfecit Iohannem Hudson' de Danby tailliour cum uno baculo die Dominica proxima post festum Sancti Willelmi Episcopi apud Danby in Blakemore anno Regis nunc xxxv. (*Margin* vtlagatus)

[m. 4 d.] 83 (*Margin* Langbergh') Item dicunt super sacramentum suum quod Iohannes Rombald' de Cotom' Ricardus Wyseman' de eadem Radulphus Leuesiluer' de Rydker' Iohannes Leusiluer' de eadem Thomas de Cornburgh' de Cotom' Iohannes de Burghbrig' Iohannes Treweman' de Semer' Nicholaus Salter' de eadem mercatores piscium per confederacionem inter eos et piscatores fraudulenter factam, videlicet cum Iohanne Puryk' de Cotom' Waltero Couard' de eadem Roberto Sturmy de Rydker' et Alano Codeling' de eadem emunt pisces in grosso (apud Cotom')[1], ita quod domini de patria et liberi tenentes patrie non possunt habere victum suum necessarium ad raconabile precium, et quod sunt communes forstallatores.

(*Margin* Ebor' Preceptum est) Preceptum fuit vicecomiti Eboraci quod caperet (sicut alias)[c] Willelmum Frost [3] de Esingwald' Iohannem Coltman [4] q[uondam clericum ecclesie de] Leke Willelmum Gibson' [8] quondam manentem in Erdensyde

---

[1] His rolls contain a detailed account of Vauasour's death; J.I.2/215, m. 29 d. See also Introduction, *supra*, p. xxiv.
[2] Torn.
[3] Blank.

Willelmum Knyght [8] nuper seruientem Willelmi Hert' [monachi abbatis de] Bella Landa Willelmum Bullok' [9] de Soureby Rogerum Ploghmaister' [10] de Nouo Burgo Henricum Gardener' [17] de Thor[nton Hugonem] filium eiusdem Henrici [17] (Thomam Barett' [27] de Marton' super Seuen')ᶜ Rogerum de Thornton' [28] de Carlton' Thomam fratrem eiusdem Rogeri [28] Iohannem de Thornton' [28] de Helmslay Willelmum de Thornton' [28] fratrem eiusdem Iohannis Willelmum [29, 30] filium Gilberti de Auldebiland' et Willelmum Porter [31, 32] de Gillyng' in Rydale, si etc. et saluo etc., ita quod haberet corpora predictorum Willelmi et aliorum coram prefatis iusticiariis apud Gisburn' die Lune proxima ante festum Natiuitatis Sancti Iohannis Baptiste anno Regis nunc xxxv [21 June 1361] ad respondendum Domino Regi de diuersis feloniis vnde indictati sunt. (*Margin* Capias sicut pluries)

Ad quem diem vicecomes respondit quod predicti Willelmus Frost et alii prenominati non fuerunt inuenti in balliua sua post recepcionem huius precepti. Et ideo preceptum fuit vicecomiti quod caperet sicut alias predictos Willelmum Frost et omnes alios prenominatos, si etc. et saluo etc., ita quod haberet corpora predictorum Willelmi et aliorum coram prefatis iusticiariis apud Richemund' die Lune proxima post festum Translacionis Sancti Thome Martiri tunc proximo sequens [12 July 1361] ad respondendum Domino Regi de feloniis predictis.

Ad quem quidem diem vicecomes respondit quod predicti Willelmus et alii prenominati non fuerunt inuenti in balliua sua post recepcionem huius precepti. Et ideo preceptum est vicecomiti quod capiat sicut pluries predictos Willelmum et alios prenominatos, si etc. et saluo etc., ita quod habeat corpora predictorum Willelmi et aliorum coram prefatis iusticiariis apud Northallerton' die Mercurii proxima post festum Assumpcionis Beate Marie Virginis proximo futurum [16 Aug. 1361] ad respondendum Domino Regi de feloniis predictis.

(*Margin* Exig' Frost' et alios etc.) Ad quem diem vicecomes respondit quod Willelmus Frost' de Esingwald' Iohannes Coltman' quondam clericus ecclesie de Leke Willelmus Gibson quondam manens in Erdensyde Willelmus Knyght' nuper seruiens Willelmi Hertes monachi abbatis de Bella Landa Willelmus Bullok' de Soureby Rogerus Plughmayster' de Nouo Burgo Henricus Gardener' de Thornton' Hugo filius eiusdem Henrici Thomas Barett'[1] de Marton' super Seuen' Rogerus de Thornton' de Carlton' Thomas frater eiusdem Rogeri Iohannes de Thornton' de Helmeslay Willelmus de Thornton' frater eiusdem Iohannis Willelmus filius Gilberti de Auldbiland' et Willelmus Porter' de Gilling' in Rydale non fuerunt inuenti in balliua sua post recepcionem dicti precepti. Et ideo preceptum est vicecomiti quod exigi faciat (*same list of names*) .... de comitatu in comitatum quousque vtlagentur secundum legem Anglie etc., si non etc. et si etc., tunc eos capiat

¹ In spite of cancellation.

etc., ita quod habeat corpora eorum coram prefatis iusticiariis apud Northallerton' die Mercurii in vigilia Sancti Dunstani Archiepiscopi proximo futura [18 May 1362] ad respondendum Domino Regi de diuersis feloniis vnde indictati sunt.

[m. 5] Adhuc placita coram Waltero de Fauconberge et sociis suis apud Richemond' die Lune proxima post festum Translacionis Sancti Thome anno regni Regis Edwardi xxxv [12 July 1361].

84   (*Margin* Richemond') Iurati[1] dicunt super sacramentum suum quod Thomas de Derby quondam manens cum Petro de Richemond' verberauit wlnerauit et maletractauit Ricardum Bateman' quondam seruientem Henrici de Tesedale apud Dalton in le Gayles die Dominica proxima ante festum Natalis Domini anno regni Regis Edwardi tercii xxij contra pacem, et quod est communis malefactor et pacis perturbator. (*Margin* finis)

85   (*Margin* Richemond') Item dicunt super sacramentum suum quod Rogerus de Warthop' Thomas de Derby Thomas de Moreton' capellanus et Iohannes Preestson' seruiens Thome de Derby vi et armis insultum fecerunt Henrico de Colby die Martis proxima ante festum Natiuitatis Sancti Iohannis Baptiste anno regni Regis nunc xxxv apud Smithton', et ibidem venit Thomas Coltman balliuus abbatis Beate Marie Eboraci[2] tanquam custos pacis Domini Regis ibidem et voluit eos arestasse ex parte Regis; et ijdem Rogerus Thomas Thomas et Iohannes noluerunt stare aresto suo, set (predictam arestam fregerunt; et)[1] predictus Iohannes per exitacionem et manutenencionem predictorum Rogeri Thome Thome et Iohannis percussit quemdam Willelmum de Tegale cum vna sagitta in pectore, ita quod de vita ejus desperabatur; qui quidem Willelmus venit cum dicto balliuo in auxilium pro arestacione facienda, et quod sunt communes malefactores. (*Margin* fines)

86   (*Margin* Richemond') Item dicunt super sacramentum suum quod Iohannes Dayson' Iohannes del Wode et Robertus seruiens Willelmi Vauasur' felonice interfecerunt Iohannem forestarium abbatis de Fontibus[3] apud Funtayns die Mercurii proxima post festum Inuencionis Sancte Crucis anno regni Regis Edwardi tercij post conquestum xxxiiij to. (*Margin* Vtlagati)

87   (*Margin* Richemond') Item dicunt super sacramentum suum quod Patricius (finis)[1] Scott' sutor de Rythe vi et armis verberauit wlnerauit et maletractauit Willelmum de Fytom' (in)c de Rythe in Rythe in Swaldale die Lune proxima ante festum Sancte Marie Magdalene anno regni Regis Edwardi tercij post conquestum xxxij do, et quod est communis malefactor et pacis perturbator.

---

[1] Names of the Richmond jurors for nos. 84-105 are given in E 11.
[2] See A, p. 10, note 2.
[3] Robert Monkton (d. 1369) abbot of the Cistercian abbey of Fountains; *V.C.H. Yorks.*, III, 138.

88 (*Margin* Richemond') Item dicunt super sacramentum suum quod Iohannes de Schepesheued sclater Gilbertus Sclater Iohannes Spicer sclater nolunt operare per dietas nisi (quilibet eorum)[1] capiat per diem iiij d. cum prandio suo. (*Margin* fines)

89 Item dicunt quod Willelmus Maszon de Berningham capit per diem viij d.

90 Item dicunt quod Robertus de Croft' mason capit per diem iiij d. cum prandio suo.

91 Item dicunt quod Rogerus Skerll' maszon Robertus Hothelop' mason Willelmus Schakett' senior mason et Willelmus Schakett' iunior mason capiunt per diem iij d. cum prandio suo.

92 Item dicunt quod Thomas Wright de Cateryk' capit per diem iiij d. cum prandio suo.

93 Item dicunt quod Willelmus Wright de Hunton' capit per septimanam ij s. cum prandio suo.

94 Item quod Robertus Stedeman wright capit per diem iiij d. ob.

95 [E 11] (*Margin* Richemond') Item dicunt super sacramentum suum quod Iohannes Day de Nyderdale Iohannes quondam seruiens Iohannis Webster' de Aszerlawe et Iohannes quondam seruientem [*sic*] Willelmi Vauasour felonice interfecerunt Iohannem Barbur' parcour' (abbatis de)[1] Fontayns apud Funtayns die Lune proxima post festum Purificacionis Beate Marie Virginis anno regni Regis Edwardi tercij xxxiiij[to]. (*Margin* liberatum coram Rege)[1]

96 [E 12] Et dicunt super sacramentum suum quod Thomas filius Petri de Malo Lacu post dictam feloniam factam sciens ipsos dictam feloniam fecisse eos receptauit per xv dies apud Gunersethouse in Swaldale et alibi et eos manutentauit.

Et ideo preceptum est vicecomiti quod capiat dictos Iohannem Iohannem Robertum[2] et Thomam si etc. et saluo etc., ita quod habeat corpora dictorum Iohannis Iohannis (Iohannis)[c] Roberti[2] et Thome coram prefatis iusticiariis apud Northallerton' die Mercurii proxima post festum Assumpcionis Beate Marie Virginis proximo futurum [16 Aug. 1361] ad respondendum (Domino Regi)[1] de feloniis predictis.

97 (*Margin* Richemond') Item dicunt super sacramentum suum quod Willelmus Neelson' de Kirtelington' fuit et est unus fullo, et fuit in partibus transmarinis et modo reuentus in patria et non wlt vti arte sua, sicut ordinatum est in statuto.[3]

98 (*Margin* Richemond') Item dicunt quod Robertus Walker de Bedall' cepit per extorcionem de Waltero Dalling' iiij libras lane per extorcionem et de Iohanne de Well' de Gaytenby ij libras per extorcionem. (*Margin* finis)

99 (*Margin* Richemond') Item dicunt quod Robertus

---

[1] Applies also to no. 96.
[2] An error for "John."
[3] 23 Edw. III, c. 1 (ordinance not statute).

Iopman de Aluerton' fyscher est communis forstallator et forstallauit xx pondera piscium et alleciarum in Aluerton' anno Regis
nunc xxxv et per iiij annos vltimo preteritos. (*Margin* finis)

100 (*Margin* Richemond')   Item dicunt quod Henricus
Schephird de Aluerton' est communis forstallator et forstallauit
(iiij boues et vaccas et xx bidentes)¹ (maulardes de ryuer perdices et
pluuers in numerum de c)¹ venientes versus mercatum de Aluerton'
anno Regis nunc xxxv et per iiij annos vltimo preteritos. (*Margin*
postea finis)

101 (*Margin* Richemond')   Item dicunt quod Robertus de
Rypon' de Aluerton' est communis forstallator ferri et quod
forstallauit cc pecias ferri [venientes versus] mercatum de Aluerton' Richmond' Bedall 'et Thrisk' anno Regis nunc xxv et per vj
annos vltimo preteritos.

102 (*Margin* Richemond')   Item dicunt quod Adam (finis)¹
del Bergh' et Iohannes de Penerith seruientes Henrici de Scoreby
ceperunt per [extorcionem]...¹ Rede iiij libras lane de Willelmo
de Sinderby iiij libras lane de Gilberto filio Nicholai de Esta...¹
et de Willelmo Basson' iiij libras lane anno regni Regis Edwardi
tercij xxviij et in annis sequentibus. (Et postea venit Adam del
Bergh et fecit finem Domino Regi pro dicta...)² ᶜ

103 (*Margin* Richemond')   Iurati dicunt super sacramentum suum quod Ricardus Hathewy die Lune proxima post festum
Inuencionis Sancte Crucis anno regni Regis Edwardi tercij xxxiiij
verberauit vulnerauit et maletractauit Thomam qwelewright de
Estwitton' contra pacem etc., et quod est communis malefactor
et pacis perturbator. (*Margin* finis)

[m. 5 d] 104 (*Margin* Richemond')   Item dicunt super sacramentum suum quod Robertus seruiens Thome de Elfhowhall'
verberauit wlnerauit et maletractauit Robertum Gardener' de
Ieruaux die Mercurii proxima post festum Natiuitatis Sancti
Iohannis Baptiste anno regni Regis Edwardi tercij xxxiiij ᵗᵒ, et
quod est communis malefactor et pacis perturbator. (*Margin*
finis)

105 (*Margin* Richemond')   Item dicunt super sacramentum
suum quod Thomas Smert verberauit wlnerauit et maletractauit
...³ de Stapulton' die Lune proxima post festum Sancte Trinitatis
anno regni Regis Edwardi xxxij ᵈᵒ, et quod est [communis male-
factor] et pacis perturbator. (*Margin* finis)

106⁴ (*Margin* Aluerton')   Robertus de Herlsay de Aluerton'
non est prosecutus billam suam versus Iohannem de Canerston'
de Dyghton'; ideo ipse in misericordia per plegium Iohannis de
Griff' et Iohannis de Monkgate. (*Margin* misericordia iij d.)

Preceptum fuit vicecomiti Eboraci quod distringeret Willelmum de Grantham de Eboraco et alios in predicto precepto nominatos. Et vicecomes respondit quod predictus Willelmus et alii

¹ Destroyed.   ² Blank.
³ Destroyed.   ⁴ Beginning of case not found.

districti fuerunt, prout patet in precepto. Et super hoc Dominus Rex mandauit breue suum de supersedendo in hec verba. Edwardus Dei gracia Rex Anglie Dominus Hibernie et Aquitanie dilectis et fidelibus suis Waltero de Fauconberge et sociis suis iusticiariis ad inquirendum de mensuris et ponderibus abusis in Northtrithingo in comitatu Eboraci salutem. (*There follows a writ of supersedeas identical with that enrolled for the East Riding, dated* 28 *June* 1361, *instead of* 27 *June; supra,* A. pp. 16-18). Virtute cuius breuis iusticiarii omnino supersederunt.[1]

(*Margin* Wode Preceptum est) Preceptum fuit vicecomiti Eboraci quod venire faceret Robertum del Wode forestarium de Crayk' [11, 12, 13, 14; *cf.* 110] coram prefatis iusticiariis apud Richemond' die Lune proxima post festum Translacionis Sancti Thome Martiris [12 July 1361] ad respondendum Domino Regi de diuersis transgressionibus (et feloniis)[c] vnde indictatus est. Et vicecomes respondit quod dictus Robertus nichil habuit in balliua sua etc. Per quod preceptum fuit vicecomiti quod caperet dictum Robertum etc., ita quod haberet corpus eius coram prefatis iusticiariis apud Stokeslay die Mercurii proxima post festum Sancte Margarete Virginis proximo futurum [21 July 1361] ad respondendum Domino Regi de diuersis transgressionibus et feloniis vnde indictatus est. (*Margin* liberatum coram Rege)

[m. 6] Adhuc placita coram Waltero Fauconberge et sociis suis apud Thrisk' die Mercurii proxima post festum Translacionis Sancti Thome anno regni Regis Edwardi tercij xxxv [14 July 1361].

107 (*Margin* Bridford') Iurati[2] dicunt super sacramentum suum quod Ricardus de Fyschewyk' cum aliis ignotis (felonice)[i] depredauit Thomam le Tauerner de Thrisk' de vj marcis argenti in Pilmore iuxta Cesay die Lune proxima ante festum Sancti Iohannis Baptiste anno Regis nunc xxxv. (*Margin* Vtlagatus)

108 Et Iohannes de Fyschewyk' persona ecclesie de Berningham receptauit predictum Ricardum (apud Berningham)[i] sciens ipsum (esse)[c] (fecisse depredacionem predictam, et quod est)[i] communis latro et depredator.

(*Margin* respondeat capias) Et ideo preceptum est vicecomiti quod capiat predictum Ricardum si etc. et saluo etc., ita quod habeat corpus eius coram prefatis iusticiariis apud Stokeslay die Mercurij proxima post festum Sancte Margarete Virginis proximo futurum etc. [21 July] ad respondendum Domino Regi de felonia predicta. Et Iohannes de Fyssewyk' postea captus per vicecomitem et traditus in ballium donec principalis sit attinctus.

109 (*Margin* Bridford') Item dicunt super sacramentum suum quod Thomas de Thornton' canonicus prioris[3] de Nouo Burgo

---

[1] Applied merely to the wool cases; nos. 19, 25, 36, 45, 57-67, 77 (?).

[2] Possibly the Birdforth jurors for nos. 107-122 are the same as those for nos. 8-18 given in E 4; see p. 82, note 1.

[3] See p. 83, note 2.

felonice interfecit Willelmum de Kirketon' canonicum eiusdem domus apud Newburgh' iuxta Cokewald' die Lune in vigilia Apostolorum Petri et Pauli anno Regis nunc xxxv. Et ideo preceptum fuit vicecomiti quod caperet predictum Thomam si etc. et saluo etc., ita quod habeat corpus eius coram prefatis iusticiariis apud Stokeslay die Mercurii proxima post festum Sancte Margarete Virginis proximo futurum [21 July 1361] etc. ad respondendum Domino Regi de felonia predicta. (*Margin* capias)

110 [F 7] (*Margin* Bridford') Item dicunt quod Robertus del Wode forestarius de Crayk' rapuit Iohannam de Warlullay quondam seruientem Thome forestarii de Vlueston' apud Vlueston' die Lune proxima post festum Natiuitatis Beate Marie Virginis anno regni Regis Edwardi tercij xxxiiij to et eam felonice deflorauit. Et ideo preceptum est vicecomiti quod capiat predictum Robertum si etc. saluo etc.. ita quod habeat corpus eius coram prefatis iusticiariis apud Stokeslay die Mercurij proxima post festum Sancte Margarete Virginis proximo futurum [21 July] ad respondendum Domino Regi de felonia predicta. (*Margin* felonia capias liberatum coram Rege)

111 (*Margin* Bridford') Item dicunt super sacramentum suum quod Elias de Wethirby nuper seruiens magistri[1] de Monte Sancti Iohannis iuxta Filiskirk' rapuit quamdam Aliciam de Acliff' apud Filiskirk' die Dominica proxima post (festum)[1] Natiuitatis Sancti Iohannis Baptiste anno regni Regis Edwardi tercij xxviij et eam felonice deflorauit. Et preceptum est vicecomiti quod capiat predictum Eliam si etc., ita quod habeat corpus eius coram prefatis iusticiariis apud Stokeslay die Mercurii proxima post festum Sancte Margarete Virginis proximo futurum [21 July] ad respondendum Domino Regi de felonia predicta.

112 (*Margin* Bridford') Item dicunt super sacramentum suum quod Elias de Wethirby supradictus verberauit wlnerauit et maletractauit Adam Schakelok' apud Montem Sancti Iohannis iuxta Filiskirk' die Mercurii proxima post festum Inuencionis Sancte Crucis anno regni Regis Edwardi tercij xxxiiij, ita quod vita eius disperabatur, et quod est communis malefactor et pacis perturbator.

113 (*Margin* Bridford') Item dicunt super sacramentum suum quod Iohannes le Clerk' de Knaresburgh' feodarius domini de Moubray cepit de tenentibus prioris de Nouo Burgo apud Langleythorp' xl d. per extorcionem et de tenentibus eiusdem prioris apud Cokewald' die Lune proxima post festum Sancti Iohannis Baptiste anno Regis nunc xxxv per extorcionem per colorem officii sui, asserando illos (esse)[1] amerciatos in curia domini de Moubray apud Thrisk' pro assisa panis et ceruisie, cum non

---

[1] Probably either John de Thame (occurs 1338) or Richard de Quertone (occurs 1365). The preceptory of Mount St. John belonged to the Knights Hospitallers; *V.C.H. Yorks.*, III, 260-1.

fuerint amerciati nec predictus dominus de Moubray habuit assisam
de pane nec ceruisie. (*Margin* respondit finis)

114 (*Margin* Bridford') Item dicunt quod Iohannes Clerk'
de Knaresburgh' cepit de tenentibus Iohannis de la Ryuer' vj s.
viij d. per extorcionem die Martis proxima post festum Natiuitatis
Sancti Iohannis Baptiste anno regni Regis nunc xxxv, et sic cepit
de diuersis tenentibus de feodo domini de Moubray per diuersas
vices ad valenciam xl s. per extorcionem. (*Margin* respondit
finis)

115 (*Margin* Bridford') Item dicunt super sacramentum
suum quod Iohannes de Swaynby capellanus verberauit vulnerauit
et maletractauit Agnetem vxorem Iohannis Scott' de Thrisk' die
Lune proxima post festum Natiuitatis Sancte Iohannis Baptiste
anno Regis nunc xxxv [et quod] est communis malefactor et pacis
perturbator. Et postea dictus Iohannes captus per vicecomitem,
qui allocutus est quomodo se velit acq[uietare de] transgressione
predicta qui dicit quod non est culpabilis. (*Margin* finis)

116 (*Margin* Bridford') Item dicunt super sacramentum
suum quod Adam vicarius de Filiskirk' cepit per extorcionem de
Thoma filio Ricardi Litester' de Thrisk' iij s. iiij d. de Rogero de
Wresill' (de eadem) ij s. de Iohanne Wright' de eadem vj s. viij d.
de Ranulpho Kyng' de eadem x s. de Willelmo Litester' de eadem
iij s. iiij d. de Thoma filio dicti Willelmi Litester' de eadem x s.
in annis regni Regis Edwardi tercij xxxiij et xxxiiij to. (*Margin*
non culpabilis)

Ideo preceptum est vicecomiti quod venire faciat dictum
Adam coram prefatis iusticiariis apud Northaluerton' die Mercurii
proxima post festum Assumpcionis Beate Marie Virginis proximo
futurum [18 Aug. 1361] ad respondendum Domino Regi de dictis
transgressionibus. Et dictus Adam venit et allocutus est qualiter
se velit de transgressionibus predictis acquietare, dicit quod non
est culpabilis et de hoc ponit se super patriam. Ideo preceptum
est etc. vicecomiti quod venire faciat xij bonos et legales homines
etc.

117 (*Margin* Bridford') Item dicunt super sacramentum
suum quod Willelmus de Helmeslay abbas de Bella Landa[1] Ricar-
dus de Cundale Adam Yole et alii vi et armis venerunt in Bagby et
Sutton' subtus Qwitstan et ceperunt per extorcionem xxx gallinas
de Willelmo Blyth Iohanne de Marthirby Willelmo de Loncastre
Ranulpho de Blith' Thoma Souter' Iohanne Mirewra Iohanne
Wyghtman' et aliis tenentibus ibidem die Sabbati in festo Sancti
Stephani anno regni Regis Edwardi xxxiiij to. Ideo preceptum est
vicecomiti quod venire faciat predictos Willelmum abbatem
Ricardum et Adam coram prefatis iusticiariis apud Northaluerton'
die Mercurii proxima post festum Assumpcionis Beate Marie
Virginis proximo futurum [18 Aug. 1361] ad respondendum

[1] See p. 82, note 2.

Domino Regi de dictis transgressionibus. Et dictus Willelmus de Helmeslay et alii venerunt et allocuti fuerunt qualiter se velint de transgressionibus predictis acquietare, dicunt quod non sunt inde culpabiles et de hoc ponunt se super patriam. Ideo preceptum est vicecomiti quod venire faciat xij bonos et legales homines etc. (*Margin* Preceptum est venire)

118 (*Margin* Bridford') Item dicunt super sacramentum suum quod Iohannes Halbarne cepit per extorcionem de Willelmo Diconson' de Bridford' viij libras lane et de Iohanne Maunsell' vij libras lane et de Ada Kyng' de Bridford' vj libras in annis regni Regis Edwardi tercij xxxiij et xxxiiij to. Ideo preceptum est vicecomiti quod venire faciat (predictum)[1] Iohannem Halbarne coram prefatis iusticiariis apud Northaluerton' die Mercurii post festum Assumpcionis Beate Marie Virginis proximo futurum [18 Aug.] ad respondendum Domino Regi de dicta transgressione. Et dictus Iohannes venit et allocutus fuit qualiter se voluit acquietare de transgressione predicta, dicit quod non est (inde)[1] culpabilis et de hoc ponit se super patriam. Ideo preceptum est vicecomiti quod venire faciat xij bonos et legales homines etc. (*Margin* preceptum est venire)

119 (*Margin* Bridford') Item dicunt super sacramentum suum quod Robertus de Tollerton' hagger cepit per extorcionem de Iohanne Maunsell' v libras lane in annis regni Regis Edwardi tercij xxxiij et xxxiiij to.

[m. 6 d.] 120 (*Margin* Bridford') Item dicunt super sacramentum suum quod Iohannes Belle capellanus die Lune proxima post festum Sancti Petri quod dicitur Aduincula anno regni Regis Edwardi tercij xxxiiij to vi et armis insultum fecit Henrico de Colleby in Parua Smithton' et eum fugauit in libertatem Richm' et (depredauit de duobus)c (de eo cepit duos)[1] equis, precii xl s., apud Parua Smithton' die (et anno)[1] supradictis contra pacem Domini Regis etc. (*Margin* finis)

121 (*Margin* Bridford') Item dicunt super sacramentum suum quod Willelmus de Sexhowe et Iohannes Flesschewer de Smithton' constabularii eiusdem ville vbi Roger de Warthtop' Thomas de Derby Thomas de Moreton' capellanus insultum fecerunt Henrico de Colleby in Smithton' die Martis proxima ante festum Natiuitatis Sancti Iohannis Baptiste anno Regis nunc xxxv noluerunt venire ad arestandum predictos Rogerum Thomam et Thomam in malicia sua predicta, set recesserunt in contemptu Domini Regis etc. et permiserunt illos euadere in eorum defectu. (*Margin* fines)

122 (*Margin* Bridford') Item dicunt super sacramentum suum quod Thomas Russell de Esingwald' Willelmus de Driffeld de eadem Willelmus Lyght de eadem Thomas Ward de eadem Thomas Bilett' Adam Barker' de eadem Willelmus Haymrik' de eadem Iohannes filius Roberti Raynald de eadem Hugo Snoder de eadem Iohannem Plummer' de eadem Iohannes Malleson' de

eadem Willelmus filius Iohannis Malleson' de eadem Willelmus
filius Ade filii Edmundi de eadem Robertus filius eius de eadem
Robertus Haymryk' de eadem Willelmus Lockesmith' de eadem
Iohannes Smith' de eadem Iohannes Raufson' de eadem Robertus
Lyght de eadem Thomas Newland' de eadem Iohannes Loker-
mosse de Hoby Iohannes filius Thome de eadem Iohannes Wright
de eadem Walterus de Newland' de Esingwald' Petrus Piper' de
eadem Iohannes Webster de eadem Willelmus de Raynington' de
eadem Galfridus Barker' de eadem Willelmus de Raynington' de
eadem Ricardus Webster de eadem Iohannes Walker de eadem
Robertus Abott' de eadem Willelmus filius Iohannis Guderyk'
de eadem Henricus Prynce de eadem Thomas Kyngesman de
eadem Iohannes Sagher' de eadem Thomas Haymr[y]k [de eadem]
Walterus Carpenter de eadem Iohannes Bosse de eadem Willelmus
filius Iohannis Smith' de eadem Ricardus in le Wra de eadem . . .[1]
Musseham de eadem Iohannes Vikerman' qwelwright de eadem et
Willelmus Hamson' de eadem venerunt in Thornton' super le Hill
vi et armis, et ibidem in festo Sancti Mathie (Apostoli)[1] anno
regni Regis Edwardi tercij xxxv fossata et sepes cuiusdam clausi
Thome Darell' (ibidem)[1] fregerunt et herbas (in)[1] dicto clauso
crescentes cum bestiis suis depasti fuerunt, et arbores in dicto
clauso crescentes succiderunt et asportauerunt (contra pacem)[1e]
ad valenciam c s., et alia enormia (ei)[1] ibidem fecerunt etc. contra
pacem Domini Regis.

[15, 16] Willelmus Darell' capellanus captus fuit per vicecomitem ad respondendum Domino Regi de diuersis transgressionibus vnde indictatus est, vt patet in presentacione; et fecit finem
Domino Regi pro xl d. per plegium Willelmi de Lascells et Georgii
Darell'. (*Margin* fecit finem xl d.)

[6] Robertus de Rypon' captus fuit per vicecomitem
Eboraci ad respondendum Domino Regi de diuersis transgressionibus vnde indictatus est, vt patet in presentacione; et fecit finem
Domino Regi pro dimidia marca per plegium Iohannis del Lound
et Iohannis de Sigeston'. (*Margin* fecit finem dimidia marca)

[7] Eua vxor Roberti de Rypon' capta fuit per vicecomitem
Eboraci ad respondendum Domino Regi de diuersis transgressionibus vnde indictata est, vt patet in presentacione; et fecit finem
Domino Regi pro xij d. per plegium Iohannis del Lound et Iohannis de Sigeston'. (*Margin* fecit finem xij d.)

[2] Willelmus de Skithby captus fuit per vicecomitem
Eboraci ad respondendum Domino Regi de diuersis transgression-
ibus vnde indictatus est, vt patet in presentacione; et fecit finem
Domino Regi pro ij s. per plegium Bartholomei de Scorton' et
Willelmi de Skithby senioris. (*Margin* fecit finem ij s.)

[2] Iohannes de Skithby captus fuit per vicecomitem
Eboraci ad respondendum Domino Regi de diuersis transgressionibus vnde indictatus est, vt patet in presentacione; et fecit finem

[1] Destroyed.

Domino Regi pro ij s. per plegium Bartholomei de Scorton' et
Willelmi de Skithby senioris. (*Margin* fecit finem ij s.)

[1] Willelmus Marschall' de Croft' captus fuit per vicecomitem Eboraci ad respondendum Domino Regi de diuersis
transgressionibus vnde indictatus est, vt patet in presentacione;
et fecit finem Domino Regi pro ij s. per plegium Thome de Ruth'
et Thome Buteler'. (*Margin* fecit finem ij s.)

(*Margin* Manucaptores) Manucaptores Willelmi Marschall
de Croft' de bono gestu suo versus Dominum Regem et populum
suum, Iohannes Cleruaux de Croft' et Adam Attestighill sub pena
xx li.

[m. 7] Adhuc placita coram Waltero de Fauconberge et
sociis suis apud Pykering' die Iouis proxima ante festum Sancte
Margarete Virginis anno regni Regis Edwardi tercij xxxv [15
July 1361].

123 (*Margin* Pykeringlith') Iurati[1] dicunt super sacramentum suum quod Iohannes de Wighhale Iohannes Webster' de
Beuerlaco et Williamus Milner' de Wighton' die Lune proxima
post festum Sancti Barnabe Apostoli anno Regis nunc xxxv
(felonice)[1] depredauerunt Willelmum Chapman de Bathirsby de
quinque denariis argenti in mora de Kildale in regia via inter
Gisburn' et Kildale. (*Margin* coram Rege)[2]

124 [E 13] Item dicunt quod dicti Iohannes Iohannes et
Willelmus felonice depredauerunt Iohannem de Duresme gardener
in mora de Bathirsby die Martis proxima post festum Sancti Barnabe Apostoli anno supradicto de septemdecim solidis argenti vna
roba et vno lecto, precii xx s.

125 [E14] Item dicunt quod ijdem Iohannes Iohannes et
Willelmus die Lune proxima post festum Sancti Barnabe Apostoli
anno Regis nunc xxxv furtiue furati fuerunt vnum agnum, precii
xij d., de Ranulpho Draper de Hoton' iuxta Gisburne, et quod
sunt communes latrones.

126 (*Margin* Pykeringlith') Item dicunt super sacramentum
suum quod Iohannes Coluill' quondam seruiens Roberti Bruys[3]
felonice burgauit cameram predicti Roberti apud Preston' iuxta
Hotonbossall' die Martis proxima ante Dominicam in Ramispalmarum anno regni Regis Edwardi tercij xxxv et exinde asportauit
vnam tunicam cum capucio de stragulo vnam zonam cum quadam
bursa de veluett' quatuor cocliaria argenti aurum et argentum ad
valenciam xl s., et quod est communis latro.

127 (*Margin* Pikeringlith') Item dicunt super sacramentum

---

[1] The names of the Pickering jurors for nos. 123-37 are probably
those given in E 13; although summoned to Scarborough for 17 June (*supra*,
p. 80) they had failed to appear.

[2] Applies also to nos. 124 and 125. In spite of "coram Rege" no. 123
is not found in E and Wighhale and Webster were tried at gaol delivery on
indictments before the sheriff; App., *infra*, pp. 148-9.

[3] See C, p. 55, note 1.

suum quod Adam Lang de Pikering' vi et armis verberauit wlner-auit et maletractauit Iohannam de Saulton' de Pikering' vaccariam eiusdem ville die Lune proxima post festum Translacionis Sancti Thome Martiris anno Regis nunc xxxv in pastura de Pikering', ita quod de vita sua desperabatur, et quod dictus Adam est communis malefactor et pacis perturbator. (*Margin* coram Rege)[1]

128   Item dicunt quod jdem Adam verberauit wlnerauit et maletractauit Ricardum Vtting' de Pikering' et Aliciam vxorem eius die Mercurii proxima post festum Sancti Michelis anno regni Regis Edwardi tercij xxxiiij[to] apud Pikering', et quod est communis malefactor et pacis perturbator.

129   (*Margin* Pikeringlith')   Item dicunt super sacramentum suum quod Philippus Sagher' de Pikering' capit pro roda bordarum sarranda xl d. vel iij s. ad minus, contra statutum[2] Domini Regis, et renuit operari per dietas etc.

130   Item dicunt quod Willelmus Bellard de eadem sagher capit pro roda bordarum sarranda contra statutum Domini Regis.

131   Item dicunt quod Robertus Wright de Pikering' capit per diem iij d. cum prandio suo quum operatur per dietas, et renuit operari per dietas.[3]

132[4]   (*Margin* Pikeringlith')   Item dicunt quod Thomas de Kirkham de Pikering' Henricus de Scoreburgh' de eadem Thomas Chapman de eadem Iohannes del Hill' de Scarthburgh' Iohannes Norman de Aton' Ricardus de Westhorp' de Brompton' Iohannes filius Roberti de Scamston' Iohannes filius Walteri de Scamston' Thomas de Scalby de Scarthburgh' Willelmus Potter' de Schirburn' emerunt lanas per petras ponderantes xij libras et dimidiam cum tractu (per extorcionem)[1] ante Pascham vltimo preterito in Pikering' et Pikeringlith'.

133   Item dicunt quod Willelmus de Caldham de Pikering' emit vnam saccam lane de Galfrido Truccok' die Dominica proxima post festum Sancte Trinitatis anno Regis nunc xxxv apud Pikering' post proclamacionem per petras ponderantes xij petras [*sic*] et dimidiam cum tractu, contra statutum Domini Regis etc.

134   Item dicunt quod idem Willelmus emit de Roberto Litester' de eadem vnam saccam lane apud Pikering' ante Pascham vltimo preterito (per petras)[1] ponderantes xij libras et dimidiam cum tractu per extorcionem.

135   Item dicunt quod Robertus Litester de Pikering' emit ij petras lane de Roberto Bruysman' de Neuton' apud Neuton' (post proclamacionem)[c] (in estate anno regni Regis tercij xxxiiij)[1] per petras ponderantes xij libras et dimidiam cum tractu per extorcionem.

---

[1] Applies to no. 128 also.
[2] Probably 25 Edw. III, st. 2, c. 3.
[3] Work in gross was permitted by statute 34-5 Edw. III, c. 9, but only for carpenters and masons.
[4] Of the wool cases, nos. 132-7, only nos. 133 and 137 are certainly subject to penalties, *supra*, pp. 98-9 and A, pp. 16-18.

136 Item dicunt quod Ricardus Atteyate de Cropton'
Ricardus filius eiusdem Ricardi Iohannes Dobson' de eadem
Iohannes filius Walteri de Apilton' Willelmus de Touthorp' Ioh-
[annes] filius eiusdem Willelmi Nicholaus de Lokton' de Malton'
emerunt lanas per diuersas vices ante Pascham vltimo preterito
[in Pikering'] et Pikeringlith' per petras ponderantes xij libras et
dimidiam cum tractu per extorcionem.

137 Item dicunt quod Iohannes filius Roberti de Scamston'
emit lanas in Pikeringlith' post proclamacionem per petras ponderantes xij libras et dimidiam cum tractu per extorcionem et
contra formam statuti Domini Regis etc.

(*Margin* Pecche Preceptum est capere sicut alias) Preceptum
fuit vicecomiti Eboraci quod caperet Robertum Pecche de Danby
[82] ad respondendum Domino Regi de morte Iohannis Hudson'
de Danby per eum felonice interfectum, ita quod haberet corpus
eius coram prefatis iusticiariis apud Stokeslay die Mercurii proxima
post festum Sancte Margarete Virginis [21 July 1361].

Ad quem diem vicecomes respondit· quod idem Robertus
non fuit inuentus in balliua sua post recepcionem huius precepti,
et ideo preceptum est vicecomiti quod capiat sicut alias dictum
Robertum etc. et saluo etc., ita quod habeat corpus eius coram
prefatis iusticiariis apud Northallert[on] die Mercurii proxima post
festum Assumpcionis Beate Marie Virginis proximo futurum
[18 Aug. 1361] ad respondendum Domino Regi de morte dicti
Iohannis Hudson', et interim diligenter inquirat que bona et
catalla terras et tenementa predictus Robertus habuit in balliua
tua die Dominica proxima post festum Sancti Willelmi Archiepiscopi anno Regis nunc xxxv [13 June 1361] seu postea in comitatu
Eboraci et fideliter appreciat, et eadem bona et catalla terras et
tenementa capiat in manum Domini Regis et ea saluo custodiat
donec inde aliud habuerit in mandato, et quid inde fecerit nobis
distincte et aperte certificet remittendo et hoc preceptum etc.

[m. 7 d.] (*Blank*)

[m. 8] Adhuc placita coram Waltero de Fauconberge et
sociis suis apud Stokeslay die Mercurii proxima post festum Sancte
Margarete Virginis anno regni Regis Edwardi tercij xxxv^to [21
July 1361].

[54] (*Margin* Iudicium in respectu vsque Witby) Iohannes
Candeler' de Whitby (carpentarius)[1] captus per vicecomitem ad
respondendum Domino Regi de eo quod cepit per diem vj d. contra
statutum[1] Domini Regis; et fatetur et habet diem de audiendo
iudicium suum apud Whitby ad primam sessionem iusticiariorum
ibidem, et inuenit manucaptores attend' iudicium Thomam
Homett' et Iohannem Gregson'.

[115] Iohannes de Swaynby capellanus captus fuit per
vicecomitem Eboraci ad respondendum Domino Regi de diuersis

----

[1] 34-5 Edw. III, c. 9.

transgressionibus vnde indictatus est, vt patet in presentacione; et fecit finem Domino Regi pro xl d. per plegium Thome de Salcok' de Ingilby et Iohannis de Couseby et de bono gestu suo versus Regem et populum suum sub pena xx li. (*Margin* fecit finem xl d.)

[68] Iohannes Fyscheman' de Gisburn' captus fuit per vicecomitem Eboraci ad respondendum Domino Regi de diuersis transgressionibus vnde indictatus est, vt patet in presentacione; et fecit finem Domino Regi pro xl d. per plegium Iohannis Perur' Henrici Walker'. (*Margin* fecit finem xl d.)

[68] Iohannes filius Roberti de Normanby captus fuit per vicecomitem Eboraci ad respondendum Domino Regi de diuersis transgressionibus vnde indictatus est, vt patet in presentacione; et fecit finem Domino Regi pro xl d. per plegium Iohannis Perur' et Henrici Walker'. (*Margin* fecit finem xl d.)

[83] Iohannes Rombald' captus fuit per vicecomitem Eboraci ad respondendum Domino Regi de diuersis transgressionibus vnde indictatus est, vt patet in presentacione; et fecit finem Domino Regi pro xl d. per plegium Thome Benes Iohannis Lyolf' et Ade de Dalehuse. (*Margin* fecit finem xl d.)

[83] Ricardus[1] Wyseman' captus fuit per vicecomitem Eboraci ad respondendum Domino Regi de forstallaria vnde indictatus fuit, vt patet in presentacione; et fecit finem Domino Regi pro xl d. per plegium Ricardi Attestyle et Willelmi Attegapp'. (*Margin* fecit finem xl d.)

[83] Radulphus Leuesiluer' de Ridker' fecit finem pro eodem pro ij s. per plegium Iohannis de Eseby et Stephani de Ormesby. (*Margin* fecit finem ij s.)

[83] Iohannes Leuesiluer' de eadem fecit finem pro eodem pro ij s. per plegium Iohannis de Eseby et Stephani de Ormesby. (*Margin* fecit finem ij s.)

[83] Thomas de Cornburgh' de Cotom fecit finem pro eodem pro xl d. per plegium Thome Benes et Iohannis Lyolf' et Ade de Dalehuse. (*Margin* fecit finem xl d.

[83] Iohannes Trewman' de Semer' fecit finem Domino Regi pro eodem pro xl d. per plegium Iohannis filii Ade Coke de Newby et Adam Knight'. (*Margin* fecit finem xl d.)

[83] Nicholaus Salter' de eadem fecit finem Domino Regi pro eodem pro xl d. per plegium (Iohannis (filii)[1] Ade Coke de Newby et Adam Knight)[c]. (*Margin* fecit finem xl d.)

[83] Iohannes Puryk' de Cotom fecit finem Domino Regi pro eodem pro xl d. per plegium Thome Benes Iohannis Lyolf' et Ade de Dalehous. (*Margin* fecit finem xl d.)

[83] Walterus Coiard de Cotom fecit finem Domino Regi pro eodem pro v s. per plegium Thome Benes Iohannis Lyolf' et Ade de Dalehuse. (*Margin* fecit finem v s.)

[83] Robertus Sturmy de Ridker' fecit finem Domino Regi

Altered from "Willelmus."

pro eodem pro xl d. per plegium Roberti de Chilton' et Iohannis de Boythorp'. (*Margin* fecit finem xl d.)

[83] Alanus Codeling de Ridker' fecit finem Domino Regi pro eodem pro xl d. per plegium Roberti de Chilton' et Iohannis de Boythop'. (*Margin* fecit finem xl d.)

[78] Thomas Sturmy coronator fecit finem Domino Regi pro transgressione quam fecit capiendo vj s. viiij d. (pro visu faciendo de corpore Willelmi Vauasour interfecti apud Whorlton' et quia cepit de quolibet corpore quando fecit visum (vj s. viij d.)[1] pro (quolibet)[1] visu cuiuslibet corporis mortui per infortunum pro dimidia marca per plegium Willelmi Terry et Thome Gretheued'. (*Margin* fecit finem dimidiam marcam)

[144, 160][1] Thomas de Ingilby de Iarum fecit finem Domino Regi de forstallaria, vnde indictatus est, vt patet per presentacionem, pro xl d. per plegium Willelmi de Pothowe et Henrici Schephird' de Kirkleuington'. (*Margin* fecit finem xl d.)

[143][1] Robertus Cok' de Iarum fecit finem Domino Regi de forstallaria vnde indictatus est, vt patet per presentacionem, pro ij s. per plegium . . .[2] de Thormetby et Iohannis Gower' de Carlton'. (*Margin* fecit finem ij s.)

(*Margin* Biland' Preceptum est) Preceptum est vicecomiti Eboraci quod venire faciat apud Aluerton' die Mercurii proxima post festum Assumpcionis Beate Marie Virginis proximo futurum [18 Aug. 1361] xxiiij probos et legales homines de visneto de Bagby et Sutton' subtus Whitstan' qui nulla affinitate etc. Willelmo de Helmeslay abbati de Bella Landa Ricardo de Cundale nec Ade Yole [117], et quod habeat ibi hoc preceptum etc.

(*Margin* Wode Capias sicut alias) Preceptum fuit vicecomiti Eboraci quod caperet Robertum del Wode forestarium de Crayk' [110], ita quod haberet corpus eius coram prefatis iusticiariis apud Stokeslay ad hunc diem (ad respondendum Domino Regi de feloniis et transgressionibus vnde indictatus est)[1]. Et modo vicecomes respondit quod dictus Robertus non fuit inuentus in balliua sua post recepcionem huius precepti etc. Ideo preceptum est vicecomiti quod capiat sicut alias dictum Robertum etc., ita quod habeat corpus dicti Roberti coram prefatis iusticiariis apud Northallerton' die Mercurii proxima post festum Assumpcionis Beate Marie Virginis proximo futurum [18 Aug. 1361]; et interim diligenter inquirat que bona et catalla terras et tenementa predictus Robertus habuit in balliua tua die Lune proxima post festum Natiuitatis Beate Marie Virginis anno Regis nunc (xxxiiij to)[1]; seu postea in comitatu Eboraci et fideliter appreciare, et eadem bona et catalla terras et tenementa capiat in manum Domini Regis et ea saluo custodiat donec inde aliud habuerit in precepto; et quid inde fecerit nobis distincte et aperte certificet, remittendo et hoc preceptum etc.

[1] The clerk has enrolled the fine before the indictment.
[2] Destroyed.

(*Margin* Whorlton' Preceptum est capias sicut alias) Preceptum fuit vicecomiti Eboraci quod caperet Iohannem Gilson'
de Whorlton' [75] (*and the* 6 *others likewise named*) et saluo etc.,
ita quod haberet corpora eorum coram prefatis iusticiariis apud
Stokeslay die Mercurii proxima post festum Sancte Margarete
Virginis anno supradicto [21 July 1361] ad respondendum Domino
Regi de diuersis feloniis vnde indictati sunt. Et modo vicecomes
respondit quod predictus Iohannes Gilson et alii in precepto nominati non fuerunt inuenti in balliua sua post recepcionem huius
precepti. Et (ideo)[1] preceptum est vicecomiti quod capiat sicut
alias predictos Iohannem Gilson et alios in precepto nominatos
et quod eos saluo etc., ita quod habeat corpora eorum coram
prefatis iusticiariis [apud] Northallerton' die Mercurii proxima
post festum [Assumpcionis] Beate Marie proximo futurum [18
Aug. 1361] ad respondendum Domino Regi de feloniis predictis
[et interim diligenter] inquirat que bona et catalla terras et tenementa predicti Iohannes Gilson' (*and the* 6 *others*) habuerunt in
balliua sua [die Veneris proxima ante Dominicam] in Ramispalmarum anno Regis nunc xxxv seu postea (in comitatu Eboraci)[c]
et fideliter appreciat, et eadem b[ona et catalla terras et tenementa]
capiat in manum Domini Regis et ea saluo custodiat donec inde
aliud habuerit in precepto; et quid inde [fecerit nobis distincte et
aperte] certificet, remittendo et hoc preceptum etc.

[m. 8 d.] 138 (*Margin* Langbergh') Iurati[1] dicunt super
sacramentum suum quod Iohannes filius Thome clerici de Wilton'
verberauit vulnerauit et male[tractauit Willelmum Penyman][2]
de Laysingby apud Laysingby die Lune proxima post festum
Natiuitatis Sancti Iohannis Baptiste anno Regis nunc xxx[v] . . .[3]
propria, et quod est communis malefactor et pacis perturbator.
(*Margin* finis)

139 Item dicunt quod jdem Iohannes filius Thome die Lune
[proxima post festum][4] Translacionis Sancti Thome Martiris
anno Regis nunc (xxxv)[1] cepit Aliciam vxorem Roberti Penok' et
illam verberauit wlnerauit et maletractauit et eam conculpauit
volendo eam rapuisse in campo de Lackenby.

140 Item dicunt quod idem Iohannes filius Thome verberauit wlnerauit et maletractauit Aliciam vxorem Iohannis
Smith' de Lackenby die Lune proxima post festum Translacionis
Sancti Thome Martiris anno Regis nunc xxxv; quequidem Alicia
venit in auxilium Alicie vxoris Roberti Penok' quum illam verberauit volendo illam rapuisse, et quod est communis malefactor
et pacis perturbator.

141 (*Margin* Langbergh') Item dicunt super sacramentum
suum quod Auicia Scott' de Iarum verberauit vulnerauit et male-

---

[1] Names of the Langbaurgh jurors for nos. 138-47 may be the same
as those given in E 10; see pp. 92, note 1, 93, note 1.
[2] Supplied from p. 116, *infra*.
[3] Undecipherable. [4] On the analogy of no. 140.

tractauit Cristianam de Cokerton' de Iarum die Martis in festo Sancte Margarete Virginis anno regni Regis nunc xxxv.

142 Item dicunt quod eadem Auicia verberauit wlnerauit et maletractauit Iulianam de Hertburn' de Iarum apud Iarum die Dominica proxima post festum Natiuitatis Sancti Iohannis Baptiste anno Regis nunc xxxv, et quod est communis malefactor.

143¹ (*Margin* Langbergh') Item dicunt super sacramentum suum quod Robertus Cok' de Iarum est communis forstallator salmonum, emendo salmones de piscatoribus in aqua de Teese antequam piscatores capiant pisces in dicta aqua. (*Margin* finis)

144¹ (*Margin* Langbergh') Item dicunt super sacramentum suum quod Thomas de Ingilby de Iarum est communis forstallator salmonum, emendo salmones de piscatoribus in aqua de Teese antequam piscatores capiant pisces in dicta aqua. (*Margin* finis)

145² (*Margin* Langbergh') Item dicunt super sacramentum suum quod Willelmus de Wirksall' (finis)¹ de Iarum [et] Simon' de Wirksall' de Eboraco sunt communes forst[allatores salmonum, emendo] salmones de piscatoribus in aqua de Teese antequam piscatores capiant pisces in dicta aqua. (*Margin* fines)

146 (*Margin* Langbergh') Item dicunt super sacramentum suum quod Iohannes Fyscher' de Iarum est communis forstallator, emendo salmones de piscatoribus in aqua de Teese antequam piscatores capiant pisces in dicta aqua.

147 (*Margin* Langbergh') Item dicunt super sacramentum suum quod Walterus de Erghhowe de Iarum Thomas de Aghton' de eadem et Willelmus Tauerner' de eadem emerunt (xl petras)¹ lane post festum Pasche vltimo preterito per petras ponderantes xij libras et dimidiam cum tractu de Waltero de Couerdale Thoma Barker' de Bathirsby Roberto Smith' de Rudby et aliis hominibus in Rudby Bathirsby et alibi in Cleueland', contra statutum Domini Regis etc. (*Margin* fines)

[m. 9] Adhuc coram Waltero de Fauconberge et sociis suis apud Northallerton' die Mercurii proxima post festum Assumpcionis Beate Marie Virginis anno regni Regis Edwardi tercij xxxᵗᵒ [18 Aug. 1361].

[117] (*Margin* Brudford') Iuratores inter Dominum Regem et abbatem de Bella Landa ponuntur in respectu vsque diem Iouis in crastino Natiuitatis Beate Marie Virginis proximo futuro [9 Sept. 1361].

[99] (*Margin* Allerton') Preceptum fuit vicecomiti Eboraci quod caperet Robertum Iopman de Allerton' fyscher ita quod haberet corpus eius coram iusticiariis ad hunc diem. Et predictus Robertus captus et ductus per vicecomitem allocutus est quomodo se velit acquietare de eo quod fuit communis forstallator et quod forstallauit xx pondera piscium apud Northallerton' anno

¹ *Supra,* p. 108.   ² *Infra,* pp. 119, 121.

Regis nunc xxxv et per iiij annos precedentes; qui dicit quod in nullo est culpabilis et hoc petit quod inquiratur etc.

Et ideo preceptum est vicecomiti quod venire faciat apud Stokeslay die Iouis in crastino Natiuitatis Beate Marie Vi[r]ginis proximo futuro [9 Sept. 1361] xxiiij probos et legales homines et qui predictum Robertum nulla affinitate etc. ad faciendum recognicionem predictam etc. Et inuenit Robertum Ward et Michelem Langbayne manucaptores suos ad habendum dictum Robertum coram prefatis iusticiariis ad diem predictam et sic de die in diem donec iurata transsiret. Et postea venit et fecit finem cum Domino Regi pro transgressione predicta pro dimidia marca, plegii de fine Thomas Longespy et Henricus Schephird'. (*Margin* finis dimidia marca)

[100] (*Margin* Allerton') Preceptum fuit vicecomiti Eboraci quod caperet Henricum Schephird de Allerton' ita quod haberet corpus eius coram iusticiariis ad hunc diem. Et predictus Henricus captus et ductus per vicecomitem allocutus est quomodo se velit acquietare de eo quod fuit communis forstallator et quod forstallauit c maulardes perdices et pluuers apud Northallerton anno Regis nunc xxxv et per iiij annos elapsos; qui dicit quod in nullo est culpabilis et hoc petit quod inquiratur etc.

Et ideo preceptum est vicecomiti quod venire faciat apud Stokeslay die Iouis in crastino (Natiuitatis)[1] Beate Marie Virginis proximo futuro [9 Sept.] xxiiij probos et legales homines et qui predictum Robertum[1] nulla affinitate attingant etc. ad faciendum recognicionem predictam etc. Et inuenit Thomam Longespy et Iohannem del Lound' manucaptores suos ad habendum dictum (Robertum)[c] Henricum coram prefatis iusticiariis ad diem predictam et sic de die in diem donec iurata transiret. Et post fecit finem cum Domino Rege pro transgressione predicta pro xl d., plegii de fine Iohannes de Sigeston' (et)[1] Robertus Fyscher. (*Margin* fecit finem xl d.)

[101] Robertus de Rypon' qui indictatus fuit de forstallaria ductus est per vicecomitem et fecit finem Domino Regi pro dicta transgressione pro dimidia marca, per plegium Thome Longespy et Iohannis del Lound'. (*Margin* fecit finem dimidia marca)

[83] Iohannes de Burghbrig' qui indictatus fuit de forstallaria ductus est per vicecomitem et fecit finem Domino Regi pro dicta transgressione pro xl d., per plegium Iohannis de Newton' et Iohannis Fysser de Allerton'. (*Margin* fecit finem xl d.)

[120] Iohannes Bell capellanus qui indictatus fuit de transgressione ductus est per vicecomitem et fecit finem Domino Regi pro dicta transgressione pro dimidia marca, per plegium Rogeri de Couton' et Willelmi de Sexhowe. (*Margin* fecit finem dimidia marca)

[121] Willelmus de Sexhowe de Smithton' qui indictatus

---

[1] An error for "Henricum."

fuit de transgressione ductus est per vicecomitem et fecit finem Domino Regi pro xl d., per plegium Rogeri de Couton' et Thome Coltman'. (*Margin* fecit finem xl d.)

[121] Iohannes Flessehewer de Smithton' qui indictatus fuit de transgressione ductus est per vicecomitem et fecit finem Domino Regi pro xl [d., per plegium] Rogeri de Couton' et Thome Coltman'. (*Margin* fecit finem xl d.)

(*Margin* Exig' Wode Gilleson') Preceptum fuit vicecomiti quod caperet sicut alias Robertum del Wode forestarium de Crayk' [110] Iohannem Gilleson' [75] de Wherton [*sic*] (*and the 6 others named*) Robertum Peche de Danby [82] in Blakemore, ita quod haberet corpora eorum ad hunc diem coram prefatis iusticiariis; et eciam quod interim inquireret que bona et catalla terras et tenementa Robertus del Wode habuit in balliua sua die Lune proxima post festum Natiuitatis Beate Marie Virginis anno Regis nunc xxxiiij seu postea; et eciam que bona et catalla terras et tenementa predicti Iohannes Gilson' (*and the 6 others named above*) habuerunt in balliua sua die Veneris proxima ante Dominicam in Ramispalmarum anno Regis nunc xxxv seu postea; et eciam que bona et catalla terras et tenementa Robertus Peche de Danby habuit in balliua sua die Dominica proxima post festum Sancti Willelmi Episcopi anno Regis nunc xxxv seu postea et ea fideliter etc. appreciaret, et eadem bona et catalla terras et tenementa sic capta in manu Domini Regis saluo custodiret etc. donec aliud inde habuerit in mandato etc.

Et vicecomes modo respondit quod Robertus del Wode forestarius de Crayk' et alii inferius in predicto precepto inferius nominati non fuerunt inuenti in balliua sua post recepcionem (huius)[c] dicti precepti; et eciam quod diligenter inquisiuit secundum formam predicti precepti et non inuenit quod predictus Robertus del Wode nec alii in precepto predicto nominati aliqua habuerunt bona seu catalla terras nec tenementa in balliua sua diebus et annis in precepto predicto contentis seu postea. Et ideo preceptum est vicecomiti quod exigi faciat Robertum del Wode (*and the 8 others as above*) de comitatu in comitatum quousque vtlagentur secundum legem Anglie etc. si non etc.; et si etc., tunc eos capiat etc., ita quod habeat corpora eorum coram prefatis iusticiariis apud Aluerton' die Mercurii in vigilia Sancti Dunstani Archiepiscopi proximo futura [18 May 1362] ad respondendum Domino Regi de diuersis f[eloniis] vnde indictati sunt.

Et postea Iohannes Gilson' de Whorlton' (*and the 6 others named in* 75) venerunt coram prefatis iusticiariis et se reddiderunt prisone et trad[untur in ballium] . . .[1] de Hilton' Roberto de Camera Iohanni Bertram Thome de Semer' Thome de Hoton . . .[1] qui eos manuceperunt corpus pro corpore ad habendum corpora eorum coram prefatis iusticiariis apud N[orthallerton' die] supradicto. (*Margin* Manucaptores Gilleson')

[1] Destroyed.

[m. 9 d.] (*Margin* Capias sicut pluries Day) Preceptum fuit vicecomiti quod caperet Iohannem Day [95] de Nithirsdale Iohannem quondam seruientem [95] Iohannis Webster' de Azerlawe [Iohannem] quondam seruientem [95] Willelmi Vauasur' et Thomam (de)[1] Maulay [96], ita quod haberet corpora eorum coram iusticiariis ad hunc diem. Et vicecomes modo respondit quod predicti Iohannes Day Iohannes Iohannes et Thomas non fuerunt inuenti in balliua sua post recepcionem dicti precepti. Ideo preceptum est vicecomiti quod capiat sicut pluries predictos Iohannem (Day)[1] Iohannem Iohannem et Thomam etc., ita quod habeat [corpora eorum] coram prefatis iusticiariis apud Stokeslay die Iouis in crastino Natiuitatis Beate Marie Virginis proximo futuro [9 Sept.] [ad respondendum Domino Regi] de diuersis feloniis vnde indictati sunt.

(*Margin* Capias sicut pluries Fyssewyk') Preceptum fuit vicecomiti quod caperet sicut alias Ricardum de Fyssewyk' [107] Iohannem de Fyssewyk' [108] personam [ecclesie de Berningham Thomam] de Thornton' [109] concanonicum prioris de Nouo Burgo et Eliam de Wetherby [111, 112], ita quod haberet corpora [eorum coram iusticiariis] ad hunc diem. Et vicecomes modo respondit quod predictus Ricardus de Fyssewyk' Iohannes Thomas et Elias non [fuerunt inuenti] in balliua sua post recepcionem dicti precepti. Ideo preceptum est vicecomiti quod capiat sicut pluries predictos Ricardum de Fyssewyk' Iohannem Thomam et Eliam si etc. et saluo etc., ita quod habeat corpora eorum coram prefatis iusticiariis apud Stokeslay die Iouis in crastino Natiuitatis Beate Marie Virginis proximo futuro [9 Sept. 1361] ad respondendum Domino Regi de diuersis feloniis vnde indictati sunt etc.

[118] (*Margin* Venire facias pro Rege Halbarne) Iohannes Halbarne captus fuit per vicecomitem ad respondendum Domino Regi de eo quod per extorcionem cepit de Willelmo Diccinson' de Bruddeford' vij libras lane et de Iohanne Maunsell' vj libras lane et de Ada Kyng' de Bruddeford' vj libras lane in annis Regis nunc xxxiij et xxxiiij[to]; et allocutus est quomodo se velit acquietare de transgressionibus predictis, qui dicit quod in nullo est culpabilis et hoc tendit verificare per inquisicionem. Et Thomas Gretheued' qui sequitur pro Rege dicit quod est culpabilis et hoc petit quod inquiratur pro Rege.

Ideo preceptum est vicecomiti quod venire faciat xxiiij bonos et legales homines apud Stokeslay die Iouis in crastino Natiuitatis Beate Marie Virginis proximo futuro [9 Sept.] et qui predictum Iohannem nulla affinitate attingant etc. ad faciendum recognicionem predictam etc. Et inuenit Iohannem de Multon' et Willelmum de Kilning manucaptores suos ad habendum dictum Iohannem coram iusticiariis ad diem predictum et sic de die in diem donec iurata transiret. Ad quem diem vicecomes nullum breue retornauit; ideo preceptum est vicecomiti quod venire faciat sicut alias etc.

148 (*Margin* Langbergh' Capias)   Iurati dicunt super sacramentum suum quod Alanus de Mersk' Stephanus de Ormesby subballiuus de Cleueland' Thomas de Skelton' subballiuus de Witebystrand' et Iohannes Tailliour de Skelton' die Iouis proxima post festum Purificacionis [Beate Marie Virginis anno] regni Regis Edwardi tercij post conquestum xxvij° felonice interfecerunt Iohannem Broune de Hoton'...¹ apud Leleham in foresta de Danby et domum eiusdem Iohannis ibidem felonice combusserunt et bona et catalla...¹ Iohannis ibidem inuenta, videlicet anulos et fermulos argenteos et aureos et xxx solidos in denariis numeratis furtiue ceperunt et asportauerunt. Et preceptum fuit vicecomiti quod caperet predictos Alanum Stephanum Thomam et Iohannem ita quod haberet corpora eorum coram Waltero de Fauconberge et sociis suis apud Stokeslay die Iouis in crastino Natiuitatis Beate Marie Virginis proximo futuro [9 Sept.] ad respondendum Domino Regi de feloniis predictis.

149² (*Margin* Exig' Fulthorp')   Preceptum fuit vicecomiti quod caperet Iohannem filium Nicholai prepositi de Grenehowe ita quod haberet corpus eius coram Waltero de Fauconberge et sociis suis iusticiariis Domini Regis etc. apud Northallerton' ad istum diem ad respondendum Iohanni de Fulthorp'³ de placito quare noluit ei seruire secundum statutum de seruientibus inde editum. Et vicecomes modo respondit quod predictus Iohannes filius Nicholai non fuit inuentus in balliua sua post recepcionem predicti precepti. Et ideo preceptum est vicecomiti quod e[x]igi faciat predictum Iohannem filium Nicholai de comitatu in comitatum quousque etc. si non comparuerit et si comparuerit etc., tunc eum capiat et saluo custodiat, ita quod habeat corpus eius coram Waltero de Fauconberge et sociis suis apud Northallerton' die Mercurii in vigilia Sancti Dunstani Archiepiscopi proximo futura [18 May 1362] ad respondendum tam Domino Regi quam Iohanni de Fulthorp' de placito contemptus et transgressionis contra statutum de seruientibus editum etc.

150² (*Margin* Exig' Kirkeby Fletham)   Preceptum fuit vicecomiti quod caperet Iohannem filium Thome de Lilleburn' de Slingesby ita quod haberet corpus eius coram Waltero de Fauconberge et sociis suis iusticiariis Domini Regis etc. apud Northallerton' ad hunc diem ad respondendum Henrico vicario de Kirkeby Fletham de placito transgressionis contra statutum de seruientibus editum. Et vicecomes modo respondit quod predictus Iohannes non fuit inuentus in balliua sua post recepcionem precepti predicti. Et ideo preceptum est vicecomiti quod e[x]igi faciat predictum Iohannem de comitatu in comitatum etc. si non etc. et si comparuerit etc., tunc eum capiat et saluo custodiat, ita quod habeat corpus eius coram iusticiariis apud Northallerton' die

¹ Destroyed.
² Beginning of case not found.
³ On the commission of the peace.

Mercurii in vigilia Sancti Dunstani Archiepiscopi proximo futura [18 May 1362] ad respondendum tam Domino Regi quam Henrico vicario predicto de placito contemptus (contra)ᵉ et transgressionis contra statutum de seruientibus editum etc.

(*Margin* Preceptum Bella Landa Venire facias) Preceptum fuit vicecomiti quod venire faceret adhunc diem coram prefatis iusticiariis Willelmum de Helmeslay abbatem de Bella Landa Ricardum de Cundale Adam Yole [117] Adam vicarium de Fylicekirk' [116] Iohannem Halbarne [118] ad respondendum Domino Regi etc.; qui presentes sunt et allocuti sunt qualiter se velint de transgressionibus vnde indictati sunt acquietare, qui dicunt quod non sunt culpabiles et de hoc ponunt se super patriam. Ideo preceptum est vicecomiti quod venire faciat xij bonos et legales homines qui nec etc. quod sint coram prefatis iusticiariis apud Stokeslay die Iouis incrastino Natiuitatis Beate Marie Virginis proximo futuro [9 Sept. 1361] ad faciendum iuratam (iuratam)ᵉ predictam.

[m. 10] Adhuc placita coram Waltero de Fauconberge et sociis suis apud Stokeslay die Iouis incrastino Natiuitatis Beate Marie Virginis anno Regis nunc xxxv [9 Sept. 1361].

[116, 118, 117] (*Margin* Preceptum est venire xij) Preceptum fuit vicecomiti quod venire faceret xij inter Dominum Regem et Adam vicarium de Fyliskirk' et Iohannem Halbarne Willelmum de Helmes(lay abbatem de Bella Landa Ricardum de Cundale Adam Yole)¹. Et modo in respectu pro defectu iuratorum.

(*Margin* exig') Preceptum fuit vicecomiti quod caperet sicut pluries Iohannem Day de Nithirdale Iohannem quondam seruientem Iohannis Webster' de Azerlagh' Iohannem quondam seruientem Willelmi Vauasour [95] Ricardum de Fyschewyk' [107] Eliam de Wethirby [111, 112] Iohannem de Fyschewik' [108] personam ecclesie de Berningham et Thomam (de Thornton')¹ [109] concanonicum prioris de Nouo Burgo. Et vicecomes modo respondet quod Iohannes de Fyschewyk' persona ecclesie de Berningham captus est, cuius corpus etc., et quod Iohannes Day et alii in predicto precepto nominati non fuerunt inuenti in balliua sua post recepcionem predicti precepti. Et ideo preceptum est vicecomiti quod exigi faciat Iohannem Day de Nithirdale (*and the 5 others as above*) de comitatu in comitatum quousque secundum legem etc. vtlagentur si non comparuerint et si etc., tunc eos capiat etc. et saluo etc., ita quod habeat corpora eorum coram prefatis iusticiariis apud Northallerton' die Mercurii in vigilia Sancti Dunstani Archiepiscopi proximo futura [18 May 1362] ad respondendum Domino Regi de diuersis feloniis et transgressionibus vnde indictati sunt.

Et Iohannes de Fyschewyk' persona ecclesie de Berningham ductus per vicecomitem allocutus est quomodo se velit acquietare de eo quod receptauit Ricardum de Fyschewyk' apud Berningham sciens ipsum felonice depredasse Thomam le Tauerner' de Thrisk' de vj marcis argenti in Pilmore iuxta Cesay, et quod est communis latro, qui dicit quod in nullo est culpabilis etc. Et quia Ricardus de Fyschewyk' non est attinctus set modo ponitur in exegend', predictus Iohannes de Fyschewyk' manucapitur per Iohannem de Berningham et Rogerum Marschall' de Berningham ad habendum corpus predicti Iohannis de Fyschewyk' coram prefatis iusticiariis de die in diem quousque dictus Ricardus sit attinctus.

[148] (*Margin* Mersk') Preceptum fuit vicecomiti quod caperet Alanum de Mersk' (*and the* 3 *others likewise named*) ita quod haberet corpora eorum ad hunc diem ad respondendum Domino Regi de eo quod die Iouis (*exactly as in* 148). Et vicecomes modo respondet quod predictus Alanus (*and the* 3 *others*) capti sunt, quorum corpora etc. Et predicti Alanus Stephanus Thomas et Iohannes ducti per vicecomitem coram iusticiariis allocuti sunt quomodo se velint de feloniis predictis acquietare, qui dicunt quod in nullo sunt culpabiles et hoc parati sunt verificare. Et iurati electi et triati dicunt super sacramentum suum quod predictus Alanus Stephanus Thomas et Iohannes in nullo sunt culpabiles de morte predicti Iohannis Broune combuscione domus seu catallorum suorum inde furtiue furatorum. Quesiti si dicti Alanus Stephanus Thomas et Iohannes Tailliour se retraxerunt racione indictamenti predicti nec ne, dicunt quod non; ideo ipsi inde quieti etc. (*Margin* iudicium)

[83] Nicholaus Salter ductus per vicecomitem allocutus est quomodo se velit acquietare de forstallaria vnde indictatus est, qui ponit se in graciam Domini Regis et fecit finem pro forstallaria predicta Domino Regi pro xviij d., per plegium Thome de Houton' et Iohannis Cokeson'. (*Margin* fecit finem xviij d.)

[50, 51, 52] Nicholaus Penok' de Witeby ductus per vicecomitem allocutus est quomodo se velit acquietare de diuersis transgressionibus vnde ind[ictatus est, qui ponit] se in graciam Domini Regis et fecit finem Domino Regi pro transgressionibus predictis pro . . .[1] per plegium Nicholai Rosells et Alani de Mers[k']. (*Margin* fecit finem xl d.)

[103] Ricardus Hathewey ductus per vicecomitem allocutus est quomodo se velit acquietare de diuersis transgressionibus vnde indictatus est, qui ponit se in graciam Domini Regis et fecit finem Domino Regi pro transgressionibus predictis pro . . .,[1] per plegium Ricardi Walker de Burton' super Yore et Ade Dunfote. (*Margin* fecit finem xl d.)

[138] Iohannes filius Thome clerici de Wilton' ductus per vicecomitem fecit finem (cum)[c] Domino Regi pro transgressione facta Willelmo Penyman' de Lasingby pro xx d., per plegium Iohannis de Laysingby Willelmi de Lackenby Nicholai Rosells et Thome Clerk' de Wilton'. (*Margin* fecit finem xx d.)

[1] Blank.

[139] Idem Iohannes fecit finem Domino Regi pro transgressione facta Alicie vxori Roberti Penok' pro xx d., per plegium predictum. (*Margin* fecit finem xx d.)

[140] Idem Iohannes fecit finem Domino Regi pro transgressione facta Alicie vxori Iohannis Smith' de Lackenby pro xx d., per plegium supradictum. Et eciam inuenit predictos Iohannem de Laysingby Willelmum de Lackenby Nicholaum Rosells et Thomam clerk' de Wilton' plegios de bono gestu suo erga Dominum Regem et populum suum. (*Margin* fecit finem xx d.)

[147] Walterus de Erghhowe (de Iarum)[1] fecit finem Domino Regi pro transgressionibus factis cum ponderibus suis abusis post Pascham vltimo preteritam pro v s., per plegium Thome de Aghton' et Willelmi Tauerner de eadem. (*Margin* fecit finem v s.)

[147] Thomas de Aghton' de Iarum fecit finem Domino Regi pro eodem pro v s., per plegium Walteri de Erghhowe de Iarum et Willelmi Tauerner (de eadem).[1] (*Margin* fecit finem v s.)

[147] Willelmus Tauerner' de Iarum fecit finem Domino Regi pro eodem pro v s., per plegium Walteri de Erghhowe de Iarum et Thome de Aghton' de (eadem)[1]. (*Margin* fecit finem v s.)

[69] Iohannes filius Thome clerk' de Wilton' fecit finem Domino Regi pro transgressione facta Thome de Keldsyk' pro xij d., per plegium Iohannis de Laysingby Willelmi de Lackenby Nicholai Rosells et Thome clerk' de Wilton'. (*Margin* fecit finem xij d.)

[70] Idem Iohannes fecit finem Domino Regi pro transgressione facta Willelmo Rendur' de Gisburne pro xij d., per plegium supradictum. (*Margin* fecit finem xij d.)

[71] Idem Iohannes fecit finem Domino Regi pro transgressione facta Thome Cornay de Eston' pro xij d., per plegium s[upradictum]. (*Margin* fecit finem xij d.)

[m. 10 d.] [69] Thomas frater Iohannis filii Thome clerk' de Wilton' fecit finem Domino Regi pro transgressione facta Thome de Keldsy[ke pro ij s.], per plegium Iohannis de Laysingby Willelmi de Lackenby Nicholai Rosells et Thome clerk' de Wilton'. (*Margin* fecit finem ij s.)

[70] Idem Thomas fecit finem Domino Regi pro transgressione facta Willelmo Rendur' de Gisburne pro ij s., per plegium supradictum. (*Margin* fecit finem ij s.)

[71] Idem Thomas fecit finem Domino Regi pro transgressione facta Thome Cornay de Eston' pro ij s., per plegium supradictum. (*Margin* fecit finem ij s.)

[69] Willelmus frater Iohannis filii Thome clerk' de Wilton' fecit finem Domino Regi pro transgressione facta Thome de Keldsyke pro ...,[1] per plegium Iohannis de Laysingby Willelmi de Lackenby Nicholai Rosells et Thome clerk' de Wilton'. (*Margin* fecit finem ij s.)

[70] Idem Willelmus fecit finem Domino Regi pro trans-

[1] Blank.

gressione facta Willelmo Rendur' de Gisburne pro . . .,[1] per plegium supradictum. (*Margin* fecit finem ij s.)

[71]   Idem Willelmus fecit finem Domino Regi pro transgressione facta Thome Cornay de Eston' pro . . .,[1] per plegium supradictum. (*Margin* fecit finem ij s.)

[84]   Thomas de Derby quondam manens cum Petro de Richm' fecit finem Domino Regi pro transgressione facta Ricardo Bateman' quondam seruienti Henrici de Tesedale pro xl d., per plegium Rogeri de Warthcop' et Iohannis de Fyschewyk' persone ecclesie de Berningham. (*Margin* fecit finem xl d.)

[85]   Idem Thomas fecit finem Domino Regi pro transgressione facta Willelmo de Tugale pro xl d., per plegium supradictum. (*Margin* fecit finem xl d.)

[85]   Rogerus de Warthcop' fecit finem Domino Regi pro eodem pro xl d., per plegium Thome de Derby et Iohannis de Fyschewyk'. (*Margin* fecit finem xl d.).

[85]   Thomas de Moreton capellanus fecit finem Domino Regi pro eodem pro dimidia marca, per plegium Rogeri de Warthcop' et Thome de Derby. (*Margin* fecit finem dimidia marca)

[85]   Iohannes Preesteson seruiens Thome de Derby fecit finem Domino Regi pro eodem pro xij d., per plegium Rogeri de Warthcop' et Thome de Derby. (*Margin* fecit finem xij d.)

[79]   Iohannes de Seggefeld' iunior fecit finem Domino Regi pro transgressione facta Petro bercario domini Willelmi Mody capellani pro xl d., per plegium Iohannis de Seggefeld' senioris et Iohannis Porter'. (*Margin* fecit finem xl d.)

[80]   Willelmus Punderson' de Grenehowe fecit finem Domino Regi pro transgressione facta Willelmo Milner de Eseby pro ij s., per plegium [Iohannis] de Seggefeld' senioris et Iohannis Porter'. (*Margin* fecit finem ij s.)

[81]   Robertus de Malteby (de Midelsburgh')[1] fecit finem Domino Regi pro forstallaria pro xl d., per plegium Iohannis Smith de Midelsburgh' et Iohannis Cornebak de eadem. (*Margin* fecit finem xl d.)

[81]   Iohannes Smith de Midelsburgh' fecit finem Domino Regi pro eodem pro xl d., per plegium Roberti de Malteby de Midelsburg' et Iohannis Cornneebak' de eadem. (*Margin* fecit finem xl d.)

[81]   Iohannes Cornebak de Midelsburgh' fecit finem Domino Regi pro eodem pro xl d., per plegium Roberti de Malteby de Midelsburgh' et Iohannis Smith de eadem. (*Margin* fecit finem xl d.)

151[2] (*Margin* Exig' Carmel) Preceptum fuit vicecomiti quod caperet Robertum de Estby quondam manentem in Eboraco ita quod haberet corpus eius coram Waltero de Fauconberge et sociis suis iusticiariis Domini Regis etc. ad hunc diem. Et modo vicecomes respondit quod predictus Robertus non fuit inuentus in

---

[1] Blank.   [2] Beginning of case not found.

balliua sua post recepcionem predicti precepti. Et ideo preceptum est vicecomiti quod e[x]igi faciat dictum Robertum de comitatu in comitatum etc. si non comparuerit etc. et si comparuerit, tunc eum capiat et saluo etc., ita quod eum habeat coram prefatis iusticiariis apud Northallerton' die Mercurii in vigilia Sancti Dunstani proximo futura [18 May 1362] ad respondendum tam Domino Regi quam Iohanni de Snayth'[1] priori fratrum de Monte Carmel' de Northallerton' de placito contemptus et transgressionis contra statutum de artificibus et operariis editum.

[145] Simon de Wirksall' qui indictatus fuit de forstallaria, prout patet, fecit finem Domino Regi pro dicta transgressione pro xl d., per plegium Ricardi de Preston' de Iarum et Stephanus Milner' de Iarum. (*Margin* fecit finem xl d.)

[146] Iohannes Fyscher de Iarum qui indictatus fuit de forstallaria, prout patet, venit et fecit finem Domino Regi pro dicta transgressione pro xij d., per plegium Stephani Milner' et Iohannis Marschall'. (*Margin* fecit finem xij d.)

[m. 11] Adhuc placita coram eisdem iusticiariis apud Aluerton' die Iouis proxima post mediam Quadragesimam anno Regis nunc xxxvj[to] [24 March 1362].

151x [E 21] (*Margin* Aluerton') Iurati dicunt super sacramentum suum quod Iohannes filius Thome clerici de Wilton' felonice interfecit Willelmum filium Hugonis Wayneman' de Wilton' apud Laysyngby die Martis proxima post festum Sancti Martini anno Regis nunc xxxv. (*Margin* coram Rege)

152 [E 20][2] (*Margin* Aluerton') Item iurati[3] dicunt super sacramentum suum quod Iohannes Wade de Thormotby felonice interfecit Iohannem de Crakall' nuper armigerum cum persona de Bedall' apud Hornby in Cleueland' die Martis proxima ante festum Natiuitatis Beate Marie Virginis anno Regis nunc xxxv[to], et dicunt quod Stephanus Wade de Thormotby frater dicti Iohannis Wade fuit abectans et assenciens dicte felonie. (*Margin* coram Rege)

153 [E 17] (*Margin* Aluerton') Item iurati dicunt super sacramentum suum quod Robertus seruiens Willelmi de Bolton' de Northaluerton' sutor in festo Sancti Bartholomei anno Regis nunc xxxv interfecit felonice Andream Schether' de Northaluerton' in villa de Northaluerton'. (*Margin* coram Rege)

154 [E 18] (*Margin* Aluerton') Item iurati dicunt super sacramentum suum quod Willelmus de Brimston' (nuper balliuus de Northward)[1] de Northaluerton' Robertus seruiens eiusdem Willelmi et Iohannes Frereman' felonice interfecerunt Walterum Cok' manentem in Northaluerton' in villa de Northaluerton' in

---

[1] For this small house of the Carmelites (White Friars) no names of priors for this date are given in *V.C.H. Yorks.*, III, 270-1.

[2] The presentment in E 20, almost identical with D 152, was made by Langbaurgh jurors.

[3] Names of the Allerton jurors for nos. 151x-164 are given in E 17.

festo Sancti Martini in Yeme anno Regis nunc xxxv. (*Margin* coram Rege)

155 [E 19] (*Margin* Aluerton') Item iurati dicunt super sacramentum suum quod Thomas Fox de Westherlsay felonice interfecit Iohannem de Apilton' de Iarum (apud Iarum)[1] die Iouis proxima post festum Sancte Marie Magdalene anno Regis nunc xxxiiij^{to}. (*Margin* coram Rege)

156 (*Margin* Aluerton') Item dicunt super sacramentum suum quod Iohannes seruiens Roberti de Herlsay de Northaluerton' insultum fecit Iohanni seruienti Roberti Barbur' de eadem apud Northaluerton' die Martis proxima post Annunciacionem Beate Marie noctanter anno Regis xxxvj^{to} vi et armis contra pacem Domini Regis. Et super hoc venit Willelmus de Norham seruiens Iohannis del Lound' balliui etc. et voluit eos arestasse dictos Iohannem et Iohannem ad pacem, et dicti Iohannes et Iohannes insultum fecerunt dicto Willelmo cum cultellis extractis et aliis armis et noluerunt stare arestacioni dicti Willelmi seruienti balliui etc., et quod sunt communes noctiuagi et pacis perturbatores. (*Margin* fecerunt finem)

157 (*Margin* Aluerton') Item dicunt quod Willelmus Oxhird de Landmote verberauit (et)[1] wlnerauit Thomam filium Iohannis de Landmote apud Sigeston' die Iouis proxima post festum Sancti Iacobi anno regni Regis nunc xxxiiij^{to}, et quod est communis pacis perturbator. (*Margin* fecit finem)

158 (*Margin* Aluerton') Item dicunt super sacramentum suum quod Willelmus Oxhird' de Landmote et Radulfus de Landmote vi et armis verberauerunt et vulnerauerunt Thomam Whiteberd' de Landmote die Iouis proxima post festum Natiuitatis Sancti Iohannis Baptiste anno regni Regis nunc xxxv, et quod sunt communes pacis perturbatores. (*Margin* finis)

159 (*Margin* Aluerton') Item iurati dicunt super sacramentum suum quod (Iohannes Fyshegarth)^c (Monkman de cccc salmonibus)^{1c} Willelmus Belle de Wirksall' et Iohannes de Came de Wirksall' Iohannes Fowne de eadem Simon filius Thome (Ferur')[1] de Wirksall' et Iohannes Scotson' Thomas de Ingilby de Iarum et Walterus Carter' de eadem ceperunt salmones et saumonbrode tempore defensionis in aqua de Tese ad magnam destruccionem. (*Margin* fines)

160[1] (*Margin* Aluerton') Item iurati dicunt super sacramentum suum quod Simon de Wirksall' de Iarum et Thomas de Ingilby de eadem forstallauerunt c (maius)[1] salmones super aquam de Tese post festum Sancti Michelis anno regni Regis nunc xxxv, et quod sunt communes forstallatores. (*Margin* Memorandum alias)

161 (*Margin* Aluerton') Item iurati dicunt super sacramentum suum quod Rogerus de Wydington' de Eryom' verberauit vlnerauit et maletractauit Thomam Musters et Ceciliam

[1] *Cf.* nos. 145 and 144, *supra*, and p. 108.

vxorem eius die Dominica proxima post festum Sancti Iacobi
Apostoli anno regni Regis nunc xxxiiij to apud Eriom', [et quod est
communis] pacis perturbator. (*Margin* finis)

162 (*Margin* Aluerton') Item dicunt super sacramentum
suum quod Iohannes Belle capellanus die Dominica proxima
post festum Sancti Petri quod dicitur Aduincula [anno] Regis
nunc xxxiiij to intrauit domum Willelmi Scott' de Hoton' super
Wysk' noctanter et abduxit vnum equum dicti Willelmi, precii
v s., contra voluntatem suam et contra pacem Domini Regis.
(*Margin* finis)

163 (*Margin* Aluerton Preceptum est capere) Item iurati
dicunt super sacramentum suum quod Thomas de Holtby die
Dominica in quindena Pasche anno regni Regis nunc xxxv felonice
interfecit Iohannem filium Iohannis Amysson' de Neuby apud
Neuby super Wisk'. Ideo preceptum est vicecomiti quod capiat
predictum Thomam ita quod habeat corpus eius coram prefatis
iusticiariis apud Northaluerton' die Mercurii in vigilia Sancti
Dunstani proximo futura [18 May 1362] ad respondendum Domino
Regi de felonia predicta.

164 (*Margin* Aluerton') Item iurati dicunt super sacramentum suum quod Henricus de Colby de Smithton' die Lune
proxima post festum Sancte Agathe Virginis anno regni Regis nunc[1]
apud Estcouton' tria teines ferri et hernasia ferri pro carucis
Iohannis filii Alani, precii dimidie marce, et vnum cultre Iohannis
(Cobinott')[1], (Wilmote)[c] precii xviij d., et j sokum Iohannis Flessehewer de Smithton', precii xij d., furtiue cepit et asportauit. Et
idem Henricus die Dominica proxima post festum Sancti Nicholai
anno regni Regis nunc xxx nouem solidos argenti Thome Musters
apud Lemyng' inuentos in denariis numeratis furtiue furatus fuit
cepit et asportauit. Ideo preceptum est vicecomiti quod capiat
dictum Henricum ita quod habeat corpus eius coram prefatis iusticiariis apud Northaluerton' die Mercurii in vigilia Sancti Dunstani proximo futura ad respondendum Domino Regi de feloniis
predictis. Ad quem diem vicecomes respondit quod dictus Henricus
mortuus fuit etc. (*Margin* Preceptum est capere)

[145] Willelmus de Wirksall' qui indictatus fuit de forstall-
eria piscium venit in curiam et fecit finem Domino Regi pro
dicta transgressione, per plegium Roberti de Chilton' et Thome
Coltman' pro xij d. (*Margin* fecit finem xij d.)

[102] Adam del Bergh' qui indictatus fuit de extorcione
facta venit et fecit finem Domino Regi pro dicta transgressione
pro ij s., per plegium Thome de Fencotes et Thome Buteler'.
(*Margin* fecit finem ij s.)

(*Margin* Preceptum est venire iuratores Bella Landa) Preceptum fuit vicecomiti Eboraci quod venire faceret coram prefatis
iusticiariis ad hunc diem xij liberos et legales homines de wapentachio de [Bridford ?] ad faciendum quoddam iuratam inter

---

[1] No year given.

Dominum Regem et Willelmum de Helmeslay abbatem de Bella Landa et alios [117]; qui [respondit] quod mandauit balliuo libertatis (Beate Marie)[1] de Bella Landa ad faciendum predictos xij venire etc. Et quia videtur curie [iurata] nimis fauorabiliter fuit retornata etc., ideo preceptum est vicecomiti quod venire faciat xij de propinquioribus et [melioribus ?] qui predictum Willelmum abbatem de Bella Landa Ricardum de Cundale nec Adam Yole aliqua affinitate [non attingant] apud Thrisk' die Lune in tres septimanas Pasche [9 May 1362] ad faciendum iuratam predictam etc.

Adhuc placita coram prefatis iusticiariis ibidem die Veneris proxima post mediam Quatragesimam anno supradicto [25 March 1362].

(*Margin* Capias)   Preceptum fuit vicecomiti Eboraci quod venire faceret coram prefatis iusticiariis ad hunc diem Willelmum Oxhird de Landmote [157, 158] [Radulphum] de Landmote [158] (Iohannem Munkman de Fyschgarth')[c] Willelmum Bell' de Wirksall' Iohannem de Came de eadem Iohannem Fowne [de eadem] Simonem filium Thome Ferur' de eadem Iohannem Scotson' de eadem [159] Thomam de Ingilby de Iarum [159, 160] Walterum Carter de eadem [159] Simonem de Wirksall' [160] Rogerum de Wydington' [161] Iohannem Bell' capellanum [162]. Et vicecomes modo respondet quod predictus Willelmus et alii nominati non fuerunt inuenti in balliua sua post recepcionem huius precepti. Ideo preceptum est vicecomiti quod capiat dictos Willelmum et alios si etc. et saluo etc., ita quod habeat corpora eorum coram prefatis iusticiariis apud Thrisk' die Lune in tres septimanas Pasche proximo futuras [9 May 1362] ad respondendum Domino Regi de diuersis transgressionibus vnde indictati sunt etc.

(*Margin* Preceptum est distringere)   Preceptum fuit vicecomiti quod venire faceret coram prefatis iusticiariis adhunc diem xij liberos et legales homines de wapentachio de Bridford' ad faciendum quandam iuratam inter Dominum Regem et Adam vicarium de Fylicekirk' [116] et Iohannem Halbarne de Berouby [118] qui dictos Adam et Iohannem nulla affinitate attingerent. Quiquidem vicecomes retornauit vnam panellam de xij qui non venerunt; ideo distringas (vsque)[c] quod sint apud Thrisk' coram prefatis iusticiariis die Lune in tres septimanas Pasche proximo futuras [9 May 1362] ad faciendum iuratam predictam.

[m. 11d.] (*Margin* Capias sicut alias)   Preceptum fuit vicecomiti quod caperet quod caperet Iohannem filium Thome clerk' de Wilton [138] Iohannem Wade de Thormotby Stephanum Wade de eadem [152] Robertum seruientem Willelmi de Bolton' [153] de Aluerton' Willelmum de Brimston' de eadem Robertum seruientem dicti Willelmi Iohannem Frereman' [154] Thomam Fox de Westherlsay [155] Thomam de Holtby [163] et Henricum de Colleby [164] de Smithton', ita quod haberet corpora eorum coram prefatis iusticiariis adhunc diem. Et vicecomes modo respondet quod predicti (Thomas)ᶜ (Iohannes)¹ et alii nominati non fuerunt inuenti [in balliua sua post] recepcionem huius precepti. Ideo preceptum est vicecomiti quod capiat sicut alias predictos Iohannem et alios (supra)¹ nominatos si etc. [et saluo etc., ita quod habeat] corpora eorum coram prefatis iusticiariis apud Thrisk' die Lune in tres septimanas Pasche proximo futuras [9 May 1362] ad respondendum [Domino Regi de diuersis feloniis] vnde indictati sunt etc.

Adhuc placita coram eisdem iusticiariis apud Thrisk' die Lune proxima post festum Inuencionis Sancte Crucis anno regni Regis Edwardi tercij xxx[vj] [9 May 1362].
165 (*Margin* Brudford') Iurati presentant super sacramentum suum quod Willelmus Bruys de Barton Iohannes Pode seruiens eiusdem Willelmi Iohannes Rouke de Raskell' Robertus Spenser de eadem Willelmus Nelleson' de Husethwayte Thomas filius Stephani de Raskell' Iohannes de Condall' Iohannes Ewmondson' Willelmus Rouke Robertus Schephird (et)¹ Robertus Rynner' die Mercurii proxima ante festum Philippi et Iacobi anno regni Regis nunc xxxvjᵗᵒ noctanter venerunt ad domum Thome de Stapulton' apud Husthwayte (vi et armis)¹ et eundem Thomam extra domum suam tractauerunt et eum verberauerunt wlnerauerunt contra pacem Domini Regis, ita quod de vita eius disperabatur. Et preceptum est vicecomiti quod venire faciat predictos Willelmum et alios supranominatos coram prefatis iusticiariis apud Aluerton' die Mercurii proxima ante festum Sancti Dunstani proximo futurum [18 May 1362] ad respondendum Domino Regi de transgressione predicta. Et predicti Willelmus Broys et alii [venerunt] et fecerunt finem Domino Regi pro dicta transgressione pro xx s., plegii tam de fine quam de bono gestu suo erga Dominum Regem et populum suum Robertus de Yolton' et Iohannes Breteuill'. (*Margin* Preceptum est venire   Fecerunt finem xx s.)
[157] Willelmus Oxhird' de Landmote qui indictatus fuit de transgressione ductus est per vicecomitem et fecit finem Domino Regi pro dicta transgressione pro xl d., per plegium Iohannis de Crombwelbothom' et Iohannis del Lound'. (*Margin* fecit finem xl d.)
[157, 158] Willelmus Oxhird dc Landmote et Radulphus filius Ricardi de eadem qui indictati fuerunt de transgressione ducti sunt per vicecomitem et fecerunt finem Domino Regi pro dicta transgressione pro ij s., plegii Iohannes de Crombwelbothom' et Iohannes del Lound'. (*Margin* fecerunt finem ij s.)
[113, 114] Iohannes Clerk' de Knaresburgh' quondam feodarius domini de Moubray qui indictatus fuit de diuersis extorcionibus ductus est per vicecomitem et fecit finem Domino Regi pro dictis transgressionibus pro dimidia marca, per plegium Willelmi Fayrefax et Willelmi Leche. (*Margin* fecit finem vj s. viij d.)

[120, 162] Iohannes Belle capellanus qui indictatus fuit de transgressione ductus est per vicecomitem et fecit finem Domino Regi pro dicta transgressione pro xl d., per plegium Rogeri de Couton' et Thome Coltman'. (*Margin* fecit finem xl d.)

[159] Iohannes Scotson' de Wyrksall' qui indictatus fuit de transgressione ductus est per vicecomitem et fecit finem Domino Regi pro [dicta transgressione pro] ij s., per plegium Iohannis del Lound' et Roberti de Chylton'. (*Margin* fecit finem ij s.)

[159] Simon filius Thome Ferur' de Wirksall' qui indictatus fuit de transgressione ductus per vicecomitem et fecit finem Domino Regi pro dicta transgressione pro ij s., per plegium Iohannis del Lound' et Thome de Fencotes. (*Margin* fecit finem ij s.)

[156] Iohannes famulus Roberti de Herlsay de Aluerton' qui indictatus fuit de transgressione ductus est per vicecomitem et fecit finem Domino Regi pro dicta transgressione pro xij d., per plegium Iohannis del Lound' et Thome de Fencotes. (*Margin* fecit finem xij d.)

[156] Iohannes famulus Roberti de Barbur' de Aluerton' qui indictatus fuit de transgressione ductus est per vicecomitem et fecit finem Domino Regi pro dicta transgressione pro xij d., per plegium Roberti Barbur et Thome Tailliour. (*Margin* fecit finem xij d.)

[161] Rogerus de Wydington' de Eryom super Tese qui indictatus fuit de transgressione ductus est per vicecomitem et fecit finem Domino Regi pro dicta transgressione pro xij d., per plegium Iohannis Mymott chiualer et Iohannis de Wydington'. (*Margin* fecit finem xij d.)

[159] Willelmus Belle de Wirksall' qui indictatus fuit de transgressione ductus est per vicecomitem et fecit finem Domino Regi pro dicta transgressione pro xij d., per plegium Ricardi de Wirksall' et Petri filii Willelmi de eadem. (*Margin* fecit finem xij d.)

[159] Iohannes de Came de Wirksall' qui indictatus fuit de transgressione ductus est per vicecomitem et fecit finem Domino Regi pro dicta transgressione pro xij d., per plegium Ricardi de Wirksall' et Petri filii Willelmi de eadem. (*Margin* fecit finem xij d.)

[159] Iohannes Foune de Wirksall' qui indictatus fuit de transgressione ductus est per vicecomitem et fecit finem Domino Regi pro dicta transgressione pro xij d., per plegium Ricardi de Wirksall' et Petri filii Ricardi de eadem. (*Margin* fecit finem xij d.)

[117, 116, 118] (*Margin* Iurata inter Dominum Regem et abbatem de Bella Landa et alios) Thomas Darell' Willelmus de Kilmington' Willelmus de Dalton Iohannes de Topclif' Willelmus Olyuer' Thomas de Thornbergh Radulphus Spynay Willelmus Raynaldson' Adam Mulgreue Willelmus de Brudford' Robertus de Skelton (et)[1] Iohannes filius Roberti de Dalton iurati dicunt super sacramentum suum quod Willelmus de Helmeslay abbas de Bella Landa Ricardus de Condale Adam Yole Adam vicarius de

Fylicekirk' et Iohannes Halbarne non sunt culpabiles de transgressionibus vnde indictati sunt; ideo eant hic quieti.

(*Margin* Capias sicut pluries)　Preceptum fuit vicecomiti sicut alias quod caperet Iohannem filium Thome Clerk' de Wilton' [138] ... (*and the first* 7 ut supra, pp. 119-20), ita quod haberet corpora eorum coram prefatis iusticiariis ad hunc diem.　Et vicecomes respondit quod predicti Iohannes et alii superius nominati non fuerunt (inuenti)[1] in balliua sua post recepcionem huius precepti. Ideo preceptum est vicecomiti sicut pluries quod capiat predictum Iohannem et alios superius nominatos et quod eos saluo etc., ita quod habeat corpora eorum coram prefatis iusticiariis apud Northaluerton' die Mercurii in vigilia Sancti Dunstani proximo futura [18 May 1362] ad respondendum Domino Regi de feloniis vnde indictati sunt; et interim diligenter inquirat que bona et catalla terras et tenementa predicti Iohannes filius Thome Clerk' de Wilton' ... (*and the* 7 *others*, ut supra) habuerunt in balliua tua die Iouis proxima post medium Quatragesime anno regni **Regis** Edwardi tercij xxxvj[to] seu postea, et fideliter appreciat, et eadem bona et catalla terras et tenementa capiat in manum Domini Regis et ea saluo custodiat donec inde habuerit aliud in precepto; et quid inde fecerit nobis distincte certificet etc.

Preceptum fuit vicecomiti quod caperet Simonem de Wirksall' [159, 160; cf. 145] Thomam de Ingilby de Iarum [159, 160] et Walterum Carter' de eadem [159], ita quod haberet corpora eorum coram prefatis iusticiariis ad hunc diem.　Et modo vicecomes respondet quod predicti Simon et alii superius nominati non fuerunt inuenti in balliua sua post recepcionem huius precepti. Ideo preceptum est vicecomiti sicut alias quod capiat predictos Simonem Thomam et Walterum si etc. et saluo etc., ita quod habeat corpora eorum coram prefatis iusticiariis apud Northaluerton' die Mercurii in vigilia Sancti Dunstani proximo futura [18 May] ad respondendum Domino Regi de transgressionibus predictis etc.

[m. 12] Adhuc placita coram iusticiariis apud Esingwald' die Mercurii proxima post festum Sancti Iohannis Beuerlaci anno regni Regis Edwardi tercij etc. xxxvj[to] [11 May 1362].

166　(*Margin* Bulmer' finis)　Iurati[1] presentant super sacramentum suum quod Thomas de Stapilton' die Martis proxima ante festum Apostolorum Philippi et Iacobi (anno Regis nunc xxxvj[to])[1] verberauit et maletractauit Iohannem Frere de Raskellf' in alta strata inter villam de Roucliff' et Clifton' iuxta Eboracum vi et armis et contra pacem, et quod est communis malefactor. Ideo preceptum est vicecomiti quod venire faciat predictum Thomam coram prefatis iusticiariis apud Helmeslay die Sabbati proximo futura [14 May 1362] ad respondendum Domino (Regi)[1] de transgressione predicta.　Et dictus Thomas venit et fecit finem

---

[1] Names of the Bulmer jurors for nos. 166-8 are given in E 22.

Domino Regi pro dicta transgressione pro xviij d., plegii tam de fine quam de bono gestu suo erga Dominum Regem et populum suum Iohannes de Topcliff' et Alexander Wodward'. (*Margin* Venire facias fecit finem xviij d.)

167 [E 22] (*Margin* Bulmer') Item presentant super sacramentum suum quod Robertus filius Roberti Wegbayne et Iohannes filius Simonis de Ferlington' die Dominica proxima post festum Pasche anno regni Regis nunc xxxvj to apud Marton' in wapentachio de Bulmer' verberauerunt vulnerauerunt et maletractauerunt Robertum Styring de Ferlington' vi et armis et contra pacem Domini Regis, et quod sunt communes malefactores. (*Margin* coram Rege)

Idem preceptum est vicecomiti quod venire faciat predictos Robertum et Iohannem coram prefatis iusticiariis apud Malton' die Lune proxima ante festum Sancti Dunstani proximo futurum [16 May 1362] ad respondendum Domino Regi de transgressione predicta. (*Margin* Venire facias)

168 (*Margin* Bulmer' finis) Item presentant super sacramentum suum quod Iohannes de Twysilton' de Eboraco est communis emptor lanarum, et quod emit iiij petras lane in Clifton' iuxta Eboracum de Thoma Blaunfrount de Thormotby die Lune proxima post Pentecostem anno regni Regis nunc xxxv per petras ponderantes xij libras et dimidiam, contra statutum Domini Regis super hoc editum.[1] Ideo preceptum est vicecomiti quod venire faciat predictum Iohannem coram prefatis iusticiariis apud Northaluerton' die Mercurii in vigilia Sancti Dunstani proximo futura [18 May] ad respondendum Domino Regi de transgressione predicta. Et Iohannes venit et fecit finem Domino Regi pro dicta transgressione pro xl d., per plegium Hamonis de Heszay et Willelmi Graa de Eboraco. (*Margin* Venire facias fecit finem xl d.)

Adhuc coram prefatis iusticiariis apud Northaluerton' die Mercurii in vigilia Sancti Dunstani anno supradicto [18 May 1362].

169 (*Margin* Brudford') Iurati[2] presentant super sacramentum suum quod Iohannes Wodward de Raskelf' die Mercurii proxima post festum Sancti Benedicti Abbatis anno regni Regis nunc xxxvj to cepit vnam vaccam, precii vj s. viij d., de Matilda de Catton' de Thurkilby apud Thurkilby et dictam vaccam detinuit quousque dictus Iohannes leuauerit de dicta Matilda vj s. viij d. per extorcionem. Ideo preceptum est vicecomiti quod venire faciat predictum Iohannem coram prefatis iusticiariis (apud Pykering)[1] die Lune proxima post festum Assencionis Domini proximo futurum [30 May 1362] ad respondendum Domino Regi de transgressione predicta. (*Margin* Preceptum est venire memorandum alias)

---

[1] Clearly after the proclamation; *cf. supra*, pp. 16-18, 98-9.
[2] Names of the Birdforth jurors for nos. 169-71 are given in E 23.

170 (*Margin* Brudford' finis) Item presentant super sacramentum suum quod Petrus Pinder' de Kiluington' die Martis in crastino Sancti Marci Ewangeliste anno regni Regis nunc xxxvj to vi et armis videlicet gladio et fustibus etc. verberauit vulnerauit et maletractauit Iohannem filium Stephani Hude de Thrisk' apud Southkiluington' contra pacem Domini Regis, et quod est communis malefactor et pacis perturbator. Ideo preceptum est vicecomiti quod venire faciat dictum Petrum coram prefatis iusticiariis apud Pikering' die Lune proxima post festum Assencionis Domini proximo futurum [30 May] ad respondendum Domino Regi de transgressione predicta. Et predictus Petrus venit et fecit finem Domino Regi pro dicta transgressione pro xij d., plegii tam de fine quam de bono gestu suo erga Dominum Regem et populum suum Alanus de Mersk' et Robertus de Chilton'. (*Margin* Preceptum est venire   fecit finem xij d.)

170x (*Margin* Brudford' finis) Item presentant super sacramentum suum quod Petrus Pinder' de Kiluington' die Mercurii in septimana Pasche anno regni Regis nunc xxxvj° (vi et armis videlicet gladio etc.)[1] verberauit vulnerauit et maletractauit Iohannam vxorem Thome de Bedford de Fylicekirk' in Vpsale in quodam loco vocato le Wode contra pacem Domini Regis, et quod est communis malefactor et pacis perturbator. (*The rest as above.*)

171 [E 23] (*Margin* Brudford') Item presentant super sacramentum suum quod Iohannes filius Roberti Lambhird' de Dighton' die Martis proxima post festum Sancti Barnabe Apostoli anno regni Regis Edwardi tercij xxxv apud Dyghton' verberauit vulnerauit et maletractauit Iohannem Langlandes de Dighton' contra pacem Domini Regis, et quod est communis malefactor et pacis perturbator. Ideo preceptum est vicecomiti Eboraci quod venire faciat dictum Iohannem filium Roberti coram prefatis iusticiariis apud Pykering' die Lune proxima post festum Assencionis Domini proximo futurum [30 May 1362] ad respondendum Domino Regi de transgressione predicta. (*Margin* preceptum est venire   coram Rege)

172 (*Margin* Whiteby finis) Iurati presentant super sacramentum suum quod die Dominica proxima post festum Sancti Mathei Apostoli anno nunc xxxv Nicholaus Penok' de Whitby noctanter insultum fecit vi et armis Willelmo Ferur' de Whitby et illum fugauit ad domum suam, et ostium dicti Willelmi fregit et dictum Willelmum verberauit vulnerauit et maletractauit, et quod est communis malefactor et pacis perturbator. Et Nicholaus venit et fecit finem pro dicta transgressione pro xij d., plegii tam de fine quam de bono gestu suo erga Dominum Regem et populum suum Iohannes Smith de Whitby et Iohannes Salm[an de eadem]. (*Margin* fecit finem xl d.)

173 (*Margin* Whitby finis) Item presentant quod idem Nicholaus Penok' vi et armis fecit insultum Iohanni Clerk' serui-

enti Alani Penok' apud [Whitby] verberauit vulnerauit et maletractauit die Mercurii in secunda septimana Quadragesime anno
Regis nunc xxxvj to. Et dictus [Nicholaus venit et fecit finem] pro
dicta transgressione pro xl d., plegii tam de fine quam de bono
gestu suo erga Regem et populum suum Iohannes Smith de
Witby et Ioh[annes Salman de eadem]. (*Margin* fecit finem xl d.)

174 (*Margin* Whitby finis) Item presentant quod idem
Nicholaus Penok' vi et armis insultum fecit Iohanni Fyschell' de
Whitby in Whitby et dictum Iohannem verberauit vulnerauit et
maletractauit die Lune proxima post festum Sancti Iohannis
Beuerlaci anno Regis nunc xxxvj, et quod est communis malefactor et pacis perturbator. Et dictus Nicholaus venit et fecit
finem Domino Regi pro dicta transgressione pro xl d., plegii tam
de fine quam de bono gestu suo erga Dominum Regem et populum
suum Iohannes Smith de Whitby et Iohannes Salman' de eadem.
(Margin fecit finem xl d.)

175 (*Margin* Whitby finis) Item presentant quod idem
Nicholaus Penok' die Martis in tercia septimana Quadragesime
anno Regis nunc xxxvi vi et armis ad domum Rignardi Walker'
venit noctanter in Whitby et fregit ostium domus dicti Rignardi
et ostium camere sue et dictum Rignaldum verberauit vulnerauit
et maletractauit, et quod est communis malefactor et pacis perturbator. Et dictus Nicholaus venit et fecit finem Domino Regi
pro dicta transgressione pro xl d., plegii tam de fine quam de bono
gestu suo erga Dominum Regem et populum suum Iohannes
Smith de Whitby et Iohannes Salman' de eadem. (*Margin* fecit
finem xl d.)

176 (*Margin* Whitby finis) Item presentant quod idem
Nicholaus Penok' die Veneris proxima post festum Inuencionis
Sancte Crucis anno Regis nunc xxxvj vi et armis insultum fecit
Iohanni Outremethe piscatori de Lumbardia in Flaundres in
Whitby, et obsedit eum in naue sua, ita quod non fuit ausus exire
de naue sua, et minauit eum occidere quia noluit esse ward' suum
et eciam noluit arestari per constabularium ville nec per balliuum,
et quod est communis malefactor et pacis perturbator.

177[1] (*Margin* Whitby) Item presentant quod Iohannes
Midschipman de Whitby felonice interfecit Thomam Leker' de
Whitby in Whitby die Dominica in prima septimana Quadragesime
anno Regis nunc xxxvj to. (*Margin* coram Rege)

178[1] (*Margin* Whitby) Item dicunt quod die Lune proxima
post festum Sancti Michelis anno Regis nunc xxxv Adam Ferur'
de Whitby intrauit domum Alicie Marschall de Whitby in Whitby
noctanter et dictam Aliciam verberauit vulnerauit et maletractauit et dictam Aliciam felonice depredauit de sex denariis argenti
in denariis numeratis. (*Margin* coram Rege)

[m. 12 d.] [163] Thomas de Holteby indictatus de eo quod
idem Thomas felonice interfecit Iohannem filium Iohannis Amys-

[1] Not found in E, in spite of "coram Rege."

son' de Neuby supra Wisk' apud Neuby die Dominica in quindena Pasche anno Regis nunc xxxv. Et dictus Thomas venit ad
hunc diem per vicecomitem ductus [et] allocutus qualiter se
voluerit de felonia predicta acquietare, dicit quod in nullo est
inde culpabilis et hoc de bono et malo ponit se super patriam.
Iurati de visneto de Neuby super Wisk' ad hoc electi examinati
et diligenter triati dicunt super sacramentum suum quod dictus
Thomas non est culpabilis de felonia predicta nec vnquam se
retraxit; ideo dictus Thomas eat inde quietus. (*Margin* Quietus)

[151] Preceptum fuit vicecomiti quod exigi faceret Robertum de Estby quondam manentem in Eboraco de comitatu in
comitatum quousque secundum legem et consuetudinem (regni)[1]
Anglie fuerit vtlagatus si non comparuerit; et si comparuerit,
tunc corpus eius haberet coram Waltero de Fauconberge et sociis
suis iusticiariis apud Northaluerton' ad hunc diem ad respondendum
tam Domino Regi quam Iohanni de Snayth' priori fratrum de
Monte Carmel' de Northaluerton' in placito contemptus et transgressionis contra statutum de operariis artificibus et seruitoribus
editum. Et modo vicecomes retornat quod predictus Robertus
exactus fuit secundum formam dicti precepti et (non)[1] comparuit.
Et modo pupplice vocatus et non venit; ideo per iudicium vtlagatur.
(*Margin* Vtlagatus)

[150] Preceptum fuit vicecomiti quod exigi faceret Iohannem
filium Thome de Lilleburn de Slingesby de comitatu in comitatum
[quousque secundum] legem et consuetudinem (regni)[1] Anglie
fuerit vtlagatus si non comparuerit; et si comparuerit, quod tunc
corpus eius haberet coram [prefatis] iusticiariis apud Northaluerton' ad hunc diem ad respondendum tam Domino Regi quam
Henrico vicario de Kirkebyfletham [in placito] contemptus et
transgressionis contra statutum de operariis artificibus et seruitoribus editum. Et modo vicecomes retornat quod predictus
Iohannes exactus fuit secundum formam dicti precepti et non
comparuit. Et modo pupplice vocatus et non venit; ideo per
iudicium vtlagatur. (*Margin* Vtlagatus)

[119] Preceptum fuit vicecomiti quod exigi faceret Robertum hagger' de Tollerton' de comitatu in comitatum quousque
secundum legem et consuetudinem regni Anglie fuerit vtlagatus
si non comparuerit; et si comparuerit, quod tunc corpus eius
haberet coram prefatis iusticiariis apud Northaluerton' ad hunc
diem ad respondendum Domino Regi de diuersis transgressionibus
vnde (indictatus)[1] est. Et modo vicecomes retornat quod predictus Robertus exactus fuit secundum formam dicti precepti et
non comparuit. Et modo pupplice vocatus et non venit; ideo per
iudicium vtlagatur. (*Margin* Vtlagatus)

[149] Preceptum fuit vicecomiti quod exigi faceret Iohannem filium Nicholai prepositi de Grenhowe de comitatu in comitatum quousque secundum legem et consuetudinem regni Anglie
fuerit vtlagatus si non comparuerit; et si comparuerit, quod tunc

corpus eius haberet coram prefatis iusticiariis apud Northaluerton'
ad hunc diem ad respondendum tam Domino Regi quam Iohanni
de Fulthorp' in placito contemptus et transgressionis contra statutum de operariis artificibus et seruitoribus editum. Et modo
vicecomes retornat quod predictus Iohannes exactus fuit secundum
formam dicti precepti et non comparuit. Et modo pupplice vocatus
et non venit; ideo per iudicium vtlagatur. (*Margin* Vtlagatus)

Preceptum fuit vicecomiti quod exigi faceret Robertum
Pecche [82] de Danby in Blakemore Ricardum de Fyschewyk'
[107] Thomam de Thornton' [109] canonicum prioris de Nouo
Burgo Iohannem Coluill' [126] quondam seruientem Roberti Bruys
Iohannem Day [95]¹ de Nithirdale Iohannem [95]¹ quondam
seruientem Iohannis Webster de Azerlagh' Rogerum de Thornton'
[28] de Carlton' Thomam [28] fratrem eiusdem Rogeri Iohannem
de Thornton' [28] de Helmeslay Willelmum [28] fratrem eiusdem
Iohannis Willelmum [29, 30] filium Gilberti de Auldbiland' Willelmum Porter [31, 32] de Gilling' in Rydale Henricum Gardener
[17] de Thornton' Hugonem [17] filium eiusdem Henrici Rogerum
Plughmayster [10] de Nouo Burgo Willelmum Bullok' [9] de
Soureby Willelmum Gibson [8] quondam manentem in Erdensyde
Willelmum Knight [8] nuper seruientem Willelmi monachi
(abbatis)¹ de Bella Landa Iohannem Coltman [4] quondam clericum
ecclesie de Leke Willelmum Frost [3] de Esingwald Ricardum
Makado [41] de Schirburn' capellanum Walterum Howeson' [41]
de Scardeburgh' et Eliam de Wethirby [111, 112] de comitatu in
comitatum quousque secundum legem et consuetudinem regni
Anglie fuerint vtlagati si non comparuerint; et si comparuerint,
quod tunc corpora eorum haberet coram prefatis iusticiariis apud
Northaluerton' ad hunc diem ad respondendum Domino Regi de
diuersis feloniis vnde indictati sunt. Et modo vicecomes respondit
quod predicti Robertus et alii in isto precepto nominati exacti
fuerunt secundum formam dicti precepti et non comparuerunt.
Et modo pupplice vocati et non venerunt; ideo per iudicium
vtlagantur. (*Margin* Vtlagati)

(*Outer cover of parchment*).
Eboracum
Speciales processus ad diuersas transgressiones in comitatu
Eboraci (Lanc')ᶜ puniendas anno xxxvᵒ E iij
Eboracum

---

¹ Included in the exigends on Coroner's Roll 217 (J.I. 2), m. 3 d. for
which no outlawry was recorded; see Introduction, *supra*, p. xxxvi.

ASSIZE ROLL 1143, mm. 2-4¹   (E) NORTH RIDING

(*Writ attached to edge of m.* 2)

Edwardus Dei gracia Rex Anglie Dominus Hibernie et
Aquitanie dilectis et fidelibus suis Waltero Facombergh' et sociis
suis iusticiariis ad pacem nostram necnon ad diuersas felonias et
transgressiones in Northridingo nostro in comitatu Eboraci audiendas et terminandas assignatis... (*Tested by Thomas de Ingelby,
23 June* 1362, *identical with the writ attached to B, m.* 5, *asking
that undetermined indictments be sent to the king's bench by* 27 *June*.)²

[m. 2 j] Dominus Rex Anglie mandauit breue suum Waltero
de Fauconberge Ricardo Lescrop' Roberto de Roucliff' Iohanni de
Fulthorp' et Willelmo de Lascells patens in hec verba. Edwardus
Dei gracia Rex Anglie Dominus Hibernie et Aquitanie dilectis
et fidelibus suis Waltero Fauconberge... (*the names repeated*)
salutem. (*There follows the enrolment of the commission of the
peace of* 20 *March* 1361, *in the same form as that on m.* 1, D, *supra,
p.* 80, *with a few slight verbal changes*).

Presentaciones et indictamenta inchoata et non terminata
coram Waltero Fauconberge et sociis suis iusticiariis Domini
Regis ad diuersas felonias et transgressiones in Northtridingo in
comitatu Eboraci factas audiendas et terminandas assignatis de
annis regni Regis nunc tricesimo quinto et tricesimo sexto [1361,
1362].³

1 (*Margin* Bulmerschire) Iurati wapentacii de Bulmer'
videlicet Robertus de Yolton' Rogerus de Schupton' Rogerus de
Fosseton' Geruasius de Roucliff' Willelmus de Estrinton' Robertus
de Barneby Iohannes de Grantham Iohannes filius Patrici de
Barton' Nicholaus Louell' Thomas Gower' et Iohannes de Thwenge
et Nicholaus de Ellerker' presentant super sacramentum suum
quod Willelmus filius Thome [capias]⁴... D 20.

2 Item presentant quod Willelmus del Vykers [capias]
... D 22.

3 Item presentant quod Iohannes del Wode [capias]
... D 23.

[m. 2 d.] 4 (*Margin* Brudford') Duodecim iurati (wapen-
tacii)¹ de Brudford' videlicet Thomas Darell' Willelmus de Kil-
uington' Willelmus Attewell' de Dalton' Iohannes de Stapilton'
Iohannes de Topcliff' Willelmus de Multon' Willelmus Buscy
Iohannes Coke de Thrisk' Adam Mulgreue Willelmus Oliuer' de
Silton' Willelmus filius Radulphi de Silton' Radulphus Spynay

---

¹ For a description of 1143, mm. 2-4 see Introduction, *supra*, p. xviii.
² "Fris[by]" in the lower right-hand corner, as in B, *supra*, p. 32.
³ The 23 indictments here enrolled duplicate those in D which have
"coram Rege" on the margin or implied (omitting D 14, 123, 177, 178),
and supply in addition the names of the presenting jurors never given in D.
⁴ Included in the writ of capias, printed in App., *infra*, pp. 139-40;
henceforth in this roll [capias] after a name refers to this writ.

Willelmus de Brudford' (13 *names*) presentant . . . quod Robertus de Wode . . . D 11.

5   Item presentant quod idem Robertus . . . D 12.

6   Item presentant quod idem Robertus . . . D 13.

7   Item presentant quod predictus Robertus . . . D 110.

8   (*Margin* Rydale)   Duodecim iurati wapentacii de Rydale videlicet Willelmus de Garton' Robertus de Sproxton' Iohannes de Holme Robertus de Flaynburgh' Thomas de Lokton' Thomas Styward Iohannes Cokes Thomas de Swynton' Petrus del Clay Thomas de Colton' Iohannes Aspylion' Ricardus de Garton' presentant . . . quod Henricus capellanus [capias] . . . D 24.

9   (*Margin* Scarthburgh')   Duodecim iurati de Scarthburgh' videlicet Adam Dyotson' Adam Carter' Robertus Grenehode Iohannes de Barton' Robertus de Acclom' Henricus de Ruston' Willelmus Hobson' Iohannes de Broune Iohannes de Swathorp' Stephanus Carter Iohannes de Tokkewith et Petrus Percy presentant . . . quod Iohannes Stacy [capias] . . . D 44.

10   (*Margin* Langbergh')   Duodecim iurati wapentacii de Langbergh' videlicet Nicholaus de Crathorne Ricardus de Aton' Iohannes Capon' de Vplithom' Nicholaus Rosells Thomas del Spense Willelmus Gylett de Malteby (Willelmus de Lackenby)ᶜ Willelmus de Pothowe Robertus Waxand' Robertus del Chaumber' Robertus Bayhuse Thomas Benet de Cotom' et Iohannes de Boynton' presentant . . . quod Iohannes Gylson' . . . Willelmus filius Ricardi [exigend]¹ . . . (5 *others*) . . . D 75.

[m. 3]   11   (*Margin* Libertas Richmundschire)   Duodecim iurati de wapentacio de Halikeld' in Richemundschire videlicet Willelmus de Symthwayte Rogerus Vauasur' Iohannes de Balderby Iohannes Mauleuile Walterus Dalling' Willelmus filius Elie Rede Robertus filius Iohannis de Tanfeld' Adam Milnerson' de Thekeston' Walterus de Lascells Stephanus del Dale et Thomas Smelt' (11 *names*) presentant . . . quod Iohannes Day de Nithirdale Iohannes quondam seruiens [exigend] Iohannis Webster' de Azerlagh' et Iohannes quondam seruiens [exigend] Willelmi Vauasur' . . . D 95.

12   Et dicunt . . . quod Thomas filius Petri . . . D 96.

13   (*Margin* Pykeringlith')   Duodecim iurati de Pykeringlith' videlicet Henricus de Gerthstane Iohannes Sadeler Iohannes Chiphill' Iohannes Loukeland' Galfridus Truttok' Robertus Litester' Iohannes Benne Thomas de Kirkham Willelmus Salter' senior Willelmus Salter' iunior Alanus Tailliour Henricus de Scortburgh' presentant . . . quod Willelmus Milner (ponit)¹ . . . (*John de Wighale and John Webster omitted*)² . . . D 124.

¹ Included in the list of exigends described in Introduction, *supra*, p. xxxvi; *cf.* also B, p. 33, note 3. Henceforth in this roll [exigend] after a name refers to this list.

² Tried at gaol delivery on same charges as in D 123, 124, 125 and three others brought before the sheriff; see App., *infra*, pp. 148-9.

14   Item presentant quod idem Willelmus ... (*same* 2 *omitted*) ... D 125.

15   Item presentant quod Adam Lang [capias] ... D 127.

16   Item presentant quod dictus Adam ... D 128.

17   (*Margin* Libertas de Aluerton') Duodecim iurati de Aluerton' et Aluertonschire videlicet Iohannes del Lound' Iohannes de Wartre Thomas de Kiluington Adam [Warte ?] Robertus Katerinson' Iohannes de Kilpin Iohannes Cobka Willelmus Archer Robertus Warde Ricardus de Romondby Iohannes de Iafford Walterus Stut' presentant ... quod Robertus seruiens [exigend] Willelmi de Bolton' ... D 153.

18   Item presentant ... quod Willelmus de Brimston'[1] (quietus per cartam)[1] nuper balliuus de Northward de Northaluerton Robertus seruiens [exigend] eiusdem Willelmi et Iohannes Frereman' [exigend] .... D 154.

19   Item presentant ... quod Thomas Fox [exigend] ... D 155.

20   (*Margin* Langbergh') Duodecim iurati de wapentacio de Langberg' videlicet Iohannes Capon' de Vplithom' Willelmus de Lackenby Willelmus Gilett' Robertus Bayhuse Ricardus de Boynton' Nicholaus Bagott de Crathorn' Iohannes de Eseby Ricardus de Preston' Iohannes filius Adam Thomas de Aghton' Thomas de Werdale et Willelmus Tauerner presentant ... quod Iohannes Wade [exigend] de Thormotby et Stephanus Wade [exigend] ... D 152.

21   Item presentant ... quod Iohannes filius [exigend] Thome clerici de Wilton' ... D 151x.

[m. 3 d.] (*blank*)

[m. 4 ij] 22 (*Margin* Bulmerschire) Duodecim iurati de wapentacio de Bulmer videlicet Nicholaus de Ellerker Robertus de Yolton' Robertus de Barnby Iohannes de Barnby Willelmus Tutinbusk' Nicholaus Luuell' Iohannes filius Andree Iohannes de Malton' Thomas Blaunfrount Willelmus Milner' de Stelington' Iohannes Brok' et Thomas Harpur' presentant ... quod Robertus filius Roberti Wegbayne [capias] et Iohannes filius Simonis de Ferlington' [capias] ... D 167.

23   (*Margin* Brudford) Duodecim iurati de wapentacio de Brudford videlicet Iohannes Grenewode Iohannes Coke Thomas Litester Iohannes de Bagby Robertus Cok' Robertus Hude Willelmus Walker' Willelmus Nelleson' Iohannes de Crosseby Iohannes filius Iurdani Robertus ...[2] Nelleson presentant ... quod Iohannes [capias] filius Roberti Lambhird ... D 171.

(*Endorsed*) Presentaciones et indictamenta inchoata et non terminata coram Waltero de Fauconberge et sociis suis [iusticiariis]

---

[1] For the process in king's bench, see App., *infra*, pp. 147-8.

[2] Illegible; space for a surname after "Robertus" and for a first name before "Nelleson."

Domini Regis ad diuersas felonias et transgressiones in North-tridingo in comitatu Eboraci factas audiendas et [termin] andas assignatis de annis regni Regis nunc tricesimo quinto et tricesimo sexto.

APPENDICES: CALENDARS AND DOCUMENTS

APPENDIX I (A) and (B)

(1) DATES AND PLACES OF SESSIONS

Statutory dates for 1361 and 1362 (to Oct.); 25 March, 20 July, 29 Sept., 6 Dec.

Actual dates			Place	Reference
1361	Tuesday	25 May	Kilham	p. 4
	Thursday	10 June	Howden	pp. 5, 6
	Monday	21 June	Sledmere	p. 7
	Monday	26 July	Hedon	pp. 10, 12
	Wednesday	15 Sept.	Kingston-upon-Hull	p. 18
	Monday	27 Sept.	York	pp. 21, 22
	Monday	20 Dec.	Pocklington	p. 25
1362	Monday	3 Jan.	Kilham	p. 25
	Monday	7 Feb.	York	p. 27
	Sunday	24 April	Pocklington	p. 28
	Wednesday	8 June	York	p. 20
	Thursday	9 June	Howden	p. 30
	Saturday	30 July	Beverley	Session not held pp. 29-30

(2) THE KING'S BENCH

K.B. 27/407 Trinity term 36 Edward III, 1362 York
Case of John Boseuill' and Cecily (A 106-8, B 37-45)
[Rex m. 21 d.] (*Margin* Eboracum) Alias coram Willelmo de Aton' et sociis suis iusticiariis Domini Regis ad diuersas felonias et transgressiones in Estrithyngo in comitatu Eboraci audiendas et terminandas assignatis extitit presentatum quod Iohannes Boseuill' de Spaldyngton' [B 40] vi et armis die Lune proxima post festum Ascensionis Domini anno regni Regis nunc tricesimo quarto in Willelmum Philipot de Spaldyngton' apud Spaldyngton' insultum fecit et ipsum verberauit vulnerauit et male tractauit contra pacem Domini Regis. Item presentatum fuit quod idem Iohannes Boseuill' [B 41] vi et armis die Mercurii proxima post festum Natiuitatis Sancti Iohannis Baptiste anno regni Regis nunc tricesimo quarto in Iohannem Power seruientem Thome del Hay de Spaldyngton' apud Spaldyngton' insultum fecit et ipsum verberauit vulnerauit et male tractauit contra pacem Regis. Item presentatum fuit quod idem Iohannes Poseuill' [B 42] die Martis proxima post octabas Pasche anno regni Regis nunc tricesimo quinto cepit quendam equum de Willelmo Godifer apud Spaldyng-

ton' et posuit in caruca sua contra voluntatem dicti Willelmi et contra pacem Regis. Item presentatum fuit quod idem Iohannes Boseuill' [B 43] die Iouis proxima post festum Sancti Martini anno regni Regis nunc tricesimo quinto vi et armis in Thomam Swynerd communem porcarium ville de Spaldyngton' insultum fecit apud Spaldyngton' et ipsum verberauit vulnerauit et male tractauit contra pacem Domini Regis et dictus Iohannes est communis malefactor et perturbator pacis Domini Regis. Item presentatum fuit quod idem Iohannes Boseuill' [B 44] die Iouis proxima ante festum Sancti Hillarii anno regni Regis nunc tricesimo quinto vi et armis apud Spaldyngton' in Iohannem filium Iohannis de Lascels de Escrik' clericum et ministrum Domini Regis insultum fecit et ipsum verberauit vulnerauit et male tractauit eo quod prosecutus fuit negocium versus predictum Iohannem Boseuill' coram iusticiariis Domini Regis de pace in Estrithingo in comitatu Eboraci in contemptum Domini Regis et contra pacem etc. et in adnullacionem communis legis Anglie. (*Margin* Estrithing') Item presentatum fuit quod idem Iohannes Boseuill' [B 45] die Veneris proxima ante festum Sancti Hillarii anno regni Regis nunc tricesimo quinto Iohannem filium Iohannis Lascels de Escryk' insidiabatur per viam inter Spaldyngton' et villam de Bubwyth et apud Bubwith' in dominum Iohannem filium Iohannis de Lascels vi et armis insultum fecit et ipsum ibidem per longum tempus imprisonauit contra pacem Domini Regis ipsumque Iohannem filium Iohannis Lascels interficere minatur si versus dictum Iohannem Boseuill' pro aliquo prosecutus fuerit vel si ipsum per aliquod implacitauerit. Et eciam presentatum [fuit] quod predictus Iohannes Boseuill' [A 107, B 38] die Martis proxima post festum Sancti Martini anno regni Regis nunc tricesimo quarto felonice furatus fuit duas multones apud Spaldyngton' de Iohanne Prat de Spaldington', precii ij s. viij d. Et quod Cecilia filia Nicholai de Thex [A 108, B 39] fuit auxilians et consenciens ad eandem feloniam de predictis multonibus factam. Et quod idem Iohannes [A 106, B 37] die Lune proxima ante festum Natiuitatis Sancti Iohannis Baptiste anno supradicto domum Roberti Laxton' de Spaldyngton' burgauit et inde felonice cepit vnum quarterium frumenti, precii vj s., duo quarteria pisarum, precii quarterii iiij s. iiij d.

Per quod preceptum fuit vicecomiti quod caperet predictum Iohannem et Ceciliam si etc. Et modo isto eodem termino coram Domino Rege apud Eboracum venit predictus Iohannes et reddidit se prisone marescalli Domini Regis occasionibus predictis qui committitur marescallo. Et statim per marescallum ductus venit et allocutus est qualiter de feloniis predictis se velit aquietare dicit quod ipse in nullo est inde culpabilis et inde ponit se super patriam. Ideo veniat inde iurata coram Domino Rege etc. Iuratores ad hoc electi et iurati dicunt super sacramentum suum quod predictus Iohannes Boseuill' in nullo est culpabilis de feloniis predictis nec vnquam se subtraxit occasionibus predictis. Ideo eat inde quietus. Et quo ad transgressiones etc. petit ipsum ad finem faciendum cum Domino Rege occasionibus predictis et admittitur prout patet per rotulos finium de isto eodem termino etc. Ideo ipse eat inde sine die. (*Margin* Quietus Non subtraxit Finis Sine die)

Case of John Sherman (B 22)

[Rex m. 17 d.] (*Margin* Eboracum) Alias coram Willelmo de Aton' et sociis suis iusticiariis Domini Regis ad pacem etc. conseruandam extitit presentatum quod Iohannes Sherman die Iouis in festo Sancti Botulphi Abbatis anno regni Regis nunc tricesimo quinto felonice interfecit Henricum de Whaplade apud Hedon' (*Margin* Estrithing'); quod quidem indictamentum Dominus Rex inter alia certis de causis coram eo venire fecit terminandum. Per quod preceptum fuit vicecomiti quod caperet eum si etc. Et modo isto eodem [termino] coram Domino Rege apud Eboracum venit predictus Iohannes et reddidit se prisone marescalli Domini Regis occasione predicta qui comittitur marescallo. Et statim per marescallum ductus venit et allocutus est qualiter de felonia predicta se velit aquietare, dicit quod ipse in nullo est inde culpabilis et inde ponit se de bono et malo super patriam. Ideo veniat etc. et postea quietus est per patriam videlicet isto eodem termino etc.

K.B. 27/408 Michaelmas term. 36 Edward III, 1362 York

A road case[1] (B 29) involving the king, the abbot of St. Mary of York and Ralph Lascels, kn., also Nicholas Dammory

[Rex m. 44] (*Margin* Eboracum abbas Beate Marie et Lascels) Alias coram Willelmo de Aton' et sociis suis iusticiariis ad diuersas felonias et transgressiones in Estrithingo comitatus Eboraci audiendas et terminandas assignatis extitit presentatum quod regia via inter parcum abbatis Beate Marie Eboraci et boscum de Escryk' qui est Radulfi de Lascels est ita stricta cum subbosco ibidem crescente que est valde periculosa in defectu ipsorum abbatis et Radulfi; quod quidem indictamentum Dominus Rex inter alia venire fecit coram eo terminandum etc. Per quod preceptum fuit vicecomiti quod venire faceret predictos abbatem et Radulfum. Et modo scilicet isto eodem termino coram Domino Rege apud Eboracum veniunt predicti abbas et Radulfus per Iohannem de Sadyngton' attornatum suum et super premissis allocuti qualiter de transgressione predicta se velint acquietare, qui quidem abbas protestando quod non cognoscit aliquam regiam

---

[1] Although the coram Rege enrolment has been printed by Mr. C. T. Flower in his *Public Works in Mediæval Law*, Selden Soc., vol. xl (1923), 240-4, it is here reprinted both because of its intrinsic interest and its connexion with our whole subject and because Mr. Flower failed to recognise that the case began in the sessions of the peace under William de Aton. Instead (p. 247), he states that Aton was "justice itinerant in Yorkshire between 35 Edward III and 37 Edward III."

viam ibidem esse prout per presentacionem predictam supponitur, dicit quod parcus de Escrik' includitur fossatis et haijs et in eodem parco nullus defectus per presentacionem predictam inuenitur nec assignatur; et solum extra fossatum eiusdem parci in quo per presentacionem predictam dicta regia via supponitur esse est liberum tenementum Radulfi de Lascels et Nicholai Damory vbi idem abbas nichil habet neque clamat habere nisi tantum dominium et seruicia predictorum Radulfi et Nicholai, nec idem abbas nec predecessores sui aliquam viam seu chiminum ibidem vnquam reparabant nec reparare tenentur et hoc paratus est verificare etc.

Et predictus Radulfus de Lascels per predictum Iohannem de Sadyngton' attornatum suum dicit quod quo ad hoc quod presentatum est quod regia strata inter parcum abbatis Beate Marie et boscum de Escryk' qui est Radulfi de Lascels est ita stricta cum subbosco ibidem crescente quod nemo ibidem transire potest etc., quod regia strata est de villa de Selby vsque ad villam de Rikhall' et de villa de Rikall' vsque Eboracum per Stilyngflet et Morby ex parte occidentali parci abbatis Beate Marie Eboraci; et regia strata ex parte una bosci predicti Radulfi versus orientem est de Houden' vsque Eboracum. Et dicit quod nunquam fuit regia strata inter parcum dicti abbatis et boscum dicti Radulfi prout per presentacionem predictam supponitur, immo est et fuit ibidem quedam orbita cum equis et peditibus de villa de Rykall' vsque Escryk', et dicit quod predicta orbita satis et sufficiens est larga pro equis et peditibus, vt predictum est et hoc paratus est verificare etc.

Et Ricardus de Fris[by] qui sequitur pro Domino Rege dicit quod est quedam regia via inter parcum abbatis Beate Marie Eboraci et boscum de Escryk' qui est Radulfi de Lascels que quidem regia via est ita stricta cum subbosco ibidem crescente que est valde periculosa in defectum ipsorum abbatis et Radulfi, prout per presentacionem predictam supponitur et hoc pro Domino Rege offert verificare etc; et predicti abbas et Radulfus similiter. Ideo veniat inde iurata etc. apud Eboracum die Lune proxima post quindenam Sancti Martini [28 Nov.] etc. Ad quem diem et postea continuato inde processu coram Domino Rege de die in diem per iuratas positas in respectum vsque diem Lune proximam post festum Sancti Andrei Apostoli [5 Dec.]. Ad quem diem coram Domino Rege apud Eboracum veniunt tam predictus Ricardus de Fris[by] qui sequitur pro Domino Rege quam predicti abbas et Radulfus per attornatum suum predictum. Et iuratores similiter veniunt qui ad hoc electi et iurati dicunt super sacramentum suum quod parcus de Escryk' includitur fossatis et haijs et solum extra fossatum predictum vbi regia via supponitur esse, est liberum tenementum Radulfi de Lascels et Nicholai Dammory; et dicunt quod non est ibidem nec fuit aliqua regia via, immo quedam orbita que ducit de villa de Escryk' vsque villam de Rykall' pro hominibus equitantibus et peditibus; quam quidem orbitam predictus abbas nec

predecessores sui vnquam fecerunt nec reparauerunt nec eam facere
nec reparare tenentur, set dicunt quod predicti Nicholaus et
Radulfus predictam orbitam facere elargari et reparare tenentur
et debent. Ideo consideratum est quod predictus abbas eat inde
inde quietus; et quod predicti Nicholaus et Radulfus distringantur
ad orbitem predictam reparandam cum necesse fuerit etc. (*Margin*
Quietus)

Case of William Wymark (B 16)

[Rex m. 62 d.] (*Margin* Eboracum) Alias coram Willelmo
de Aton' et sociis suis iusticiariis ad diuersas felonias et transgressiones in comitatu Eboraci audiendas et terminandas assignatis
extitit presentatum quod Willelmus Wymark' de Holm' in Spaldyngmore felonice furatus fuit ibidem vnum equum de Willelmo
Tang' de Holm' die Iouis in septimana Pentecostes anno regni
Regis nunc tricesimo quinto. Et eciam coram vicecomite comitatus
predicti similiter extitit presentatum quod predictus Willelmus
die Mercurii proxima ante festum Natiuitatis Sancti Iohannis
Baptiste anno supradicto tricesimo quinto felonice furatus fuit
vnum iumentum de Willelmo Tank' apud Holm', precii xvj s.
(*Other presentments before the sheriff and others follow*); que quidem
indictamenta Dominus Rex venire fecit coram eo terminanda etc.
Per quod preceptum fuit vicecomiti quod caperet eum si etc. Et
modo scilicet die Mercurii proxima post quindenam Sancti Martini
isto eodem termino coram Domino Rege apud Eboracum veniunt
predicti Willelmus Wymark' (*and 3 others*) per vicecomitem ducti
qui committuntur marescallo etc. Et statim per marescallum
ducti veniunt et allocuti singillatim qualiter se velint de feloniis
predictis acquietare, dicunt separatim quod ipsi in nullo sunt inde
culpabiles et de bono et malo ponunt se super patriam. Ideo fiat
inde iurata. Iuratores ad hoc electi et iurati dicunt super sacramentum suum quod predicti Willelmus Wymark' (*and the 3 others*)
in nullo sunt culpabiles de feloniis predictis sibi impositis. Ideo
ipsi eant inde quieti. Iuratores quesiti de catallis eorum etc.
quia retraxerunt se etc. qui dicunt quod . . . predictus Willelmus
Wymark' nulla habet bona seu catalla etc. (*Margin* Catalla
nulla)

Capias for list of people indicted for trespass in East and
North Ridings; to be produced coram Rege on 12 Nov. 1362
[Rex m. 54] (*Margin* Eboracum) Preceptum fuit vicecomiti
quod caperet Robertum de Crull' (*and 13 others, none of them
identified on my rolls*[1]), Robertum Toy[2] de Skalby Alanum Rede[2]
de Baltoft' Patricium [B 3] filium Willelmi de Elmyngton' Iohann-

---

[1] Undoubtedly indicted before the justices of the peace in the West
Riding; the roll of their sessions has not survived, but see *supra*, p. xlvi.
[2] Indicted before Richard de Aske acting as seneschal of the liberty of
Howden; Assize Roll 1143, m. 1, described *supra*, pp. xviii-xix.

em Cok' iuniorem [B 5] de Swanland' Thomam [B 6] seruientem
Iohannis del Hill' de Driffeld' Iohannem Bell' [B 9] de Beuerlay
quondam seruientem Iohannis Chaumberleyn Simonem Barker
[B 14] Iohannem Rust' [B 17] de Besewyk⸱ Iohannem [B 18] de
Derby seruientem Ricardi de Lound Willelmum [B 18] seruientem
Thome de Hesellarton' Robertum Ingram [B 18] de Burton'
Flemyng' Iohannem [B 18] de Hekelyngton' Iohannem Taillour
[B 18] Nicholaum [B 24] filium Hugonis de Risseby Henricum de
Camelland' [B 25] de Cliff' Robertum Berwald' [B 26] de Hull'
Iohannem [B 27] filium Galfridi Milner de Nafferton' Iohannem
Moy [B 30, B 31] de Escryk' Aliciam [B 32] filiam Willelmi Daw-
esson' de Farlyngton' Thomam [B 35] de Laxton' Willelmum
[B 35] filium Iohannis Loreyn de Shirburn' Iohannem Shephird
[B 45] de Southcliff' Willelmum Prat [B 47] de Neubald' Willel-
mum Sawe [B 47] de eadem Willelmum Braken [B 48] de Skelton'
Willelmum [B 52] de Hothom capellanum Hugonem le Shephird
[B 53] quondam seruientem Roberti Rabace de Osgotby Adam
Olion [B 54] de Skelton' Willelmum filium Thome [D 20, E 1]
filii Rogeri de Tollerton' Willelmum del Vikers [D 22, E 2] de Sut-
ton' Iohannem del Wode [D 23, E 3] quondam seruientem
Roberti Fox Henricum [D 24, E 8] capellanum de Malton' seruien-
tem quondam Willelmi de Touthorp' Iohannem Stacy [D 44,
E 9] wryght' de Scardburgh' Adam Lang' [D 127, 128, E 15, 16]
de Pykeryng' Robertum [D 167, E 22] filium Roberti Wegbayne
Iohannem [D 167, E 22] filium Simonis de Ferlyngton' et Iohannem
[D 171, E 23] filium Roberti Lambhird de Dyghton' si etc. et saluo
etc., ita quod haberet corpora eorum coram Domino Rege ad hunc
diem scilicet in crastino Sancti Martini [12 Nov.] ad respondendum
Domino Regi de diuersis transgressionibus extorsionibus dampnis
et grauaminibus vnde coram senescallo et custodibus pacis comitatus predicti indictati sunt.   Et ipsi non veniunt et vicecomes
retornat quod non sunt inuenti etc.   Ideo preceptum est vicecomiti quod exigi faciat eos de comitatu in comitatum quousque
etc. predicta Alicia wayuietur et predicti Robertus et alij vtlagentur si non etc.; et si etc., tunc eos capiat et saluo etc., ita quod
habeat corpora eorum coram Domino Rege in octabis Sancti
Iohannis Baptiste [1 July 1363] vbicumque etc. (*Margin* Exig')

(3) GAOL DELIVERY

Gaol Delivery Roll (J.I. 3) 145
        [m. 21] Deliberacio gaole Domini Regis Castri Eboraci facta
ibidem coram Willelmo de Skipwith' et Willelmo Ryse iusticiariis
Domini Regis ad gaolam Castri Eboraci deliberandam assignatis
die Mercurii in tercia septimana Quadragesime anno regni Regis
Edwardi tercij post conquestum Anglie tricesimo sexto [23 March
1362].

Case of Hugh Coluill' (A 98)

[m. 22] (*Margin* Eboracum) Hugo Coluill' de Guthmundham captus pro morte Ricardi de Santon' felonice interfecti in campo de Wyghton' die Martis proxima post octabas Pasche anno regni Regis nunc tricesimo primo vnde coram Marmaduco Conestable vicecomite Eboraci indictatus est venit per vicecomitem ductus et per iusticiarios allocutus qualiter se velit de morte predicta acquietare, dicit quod ipse alias coram Willelmo de Aton' et sociis suis iusticiariis Domini Regis ad diuersas felonias et transgressiones in Estrithingo in comitatu Eboraci factas audiendas et terminandas assignatis de morte predicta extitit indictatus et per iuratam patrie in quam idem Hugo coram eisdem iusticiariis se posuit apud Killum die Lune proxima post festum Circumsisionis Domini anno regni Regis nunc tricesimo quinto [3 Jan. 1362] de morte illa quietus recessit, vnde non intendit quod Dominus Rex ipsum Hugonem vlterius inde occasionare velit etc.; et de hoc vocauit recordum rotulorum predicti Willelmi de tempore predicto etc. habeat etc. hic ad proximam deliberacionem etc. Et interim idem Hugo remittitur prisone in custodia Marmaduci Conestable vicecomitis etc. (*Margin* Remittitur prisone pro defectu recordi)

Postea ad deliberacionem factam coram prefatis iusticiariis apud Eboracum die Veneris proxima post festum Sancti Iacobi Apostoli anno regni Regis nunc xxxvij^o venit predictus Hugo Coluill' per vicecomitem ductus et super hoc Dominus Rex mandauit prefatis iusticiariis suis hic breue suum clausum in hec verba. Edwardus Dei gracia Rex Anglie Dominus Hibernie et Aquitanie dilectis et fidelibus suis Willelmo de Skipwith' et sociis suis iusticiariis nostris ad gaolam nostram Castri Eboraci deliberandam assignatis salutem. Tenorem recordi et processus cuiusdam inquisicionis in quam Hugo Coluill' de Guthmondham de morte Ricardi de Santon' indictatus de bono et malo se posuit, quem coram nobis in cancellaria nostra venire fecimus, vobis mittimus sub pede sigilli nostri mandantes vt inspecto tenore predicto vlterius inde ad prosecucionem predicti Hugonis fieri faciatis quod de iure et secundum legem et consuetudinem regni nostri fuerit faciendum.

Teste me ipso apud Westmonasterium xx die Iunij anno regni nostri tricesimo septimo [1363].

Brcue Domini Regis clausum Willelmo de Aton' inde directum sequitur in hec verba. Edwardus Dei gracia Rex Anglie Dominus Hibernie et Aquitanie dilecto et fideli suo Willelmo de Aton' salutem. Cum Hugo Coluill' de Guthmondham de morte Ricardi de Santon' indictatus coram vobis et sociis vestris custodibus pacis ac iusticiariis nostris ad diuersas felonias et transgressiones in comitatu Eboraci audiendas et terminandas [assignatis] allocutus fuisset ac per inquisicionem in quam inde de bono et malo se posuit coram vobis et sociis vestris predictis compertum existat quod predictus Hugo de morte predicta in nullo est culpabilis, vt accepimus, Nos volentes certis de causis super tenore recordi et processus inquisicionis predicte cerciorari, vobis mandamus quod tenorem recordi et processus predictorum nobis in cancellaria nostra sub sigillo vestro distincte et aperte sine dilacione mittatis et hoc breue.

Teste me ipso apud Westmonasterium primo die Maij anno regni nostri tricesimo septimo [1363].

Placita corone coram Willelmo de Aton' Iohanne de Bentelay et Ricardo de Ask' iusticiariis Domini Regis ad pacem necnon ad statuta apud Wyntoniam Northamptoniam pro conseruacione pacis eiusdem edita in omnibus et singulis suis articulis in partibus de Estrithingo in comitatu Eboraci tam infra libertates quam extra custodienda et custodiri facienda ac eciam de quibuscumque feloniis et transgressionibus in partibus Estrithingi factas, necnon ad quosdam alios articulos in dicta comissione contentos audiendos et terminandos assignatis apud Killum die Lune proxima post festum Circumsicionis Domini anno regni Regis Edwardi tercij post conquestum tricesimo quinto.

Iurati diuersorum wappentaciorum presentauerunt quod Hugo Coluill' de Guthmondham die Martis proxima post octabas Pasche anno regni Regis nunc tricesimo primo felonice interfecit Ricardum de Santon' in campo de Wyghton'[1].

Per quod preceptum fuit vicecomiti quod caperet eum. Et modo ad hunc diem coram prefatis iusticiariis etc. hic venit prefatus Hugo per vicecomitem ductus et per iusticiarios allocutus qualiter se velit de felonia predicta acquietare, dicit quod in nullo est culpabilis de felonia predicta et de hoc de bono et malo ponit se super patriam. Ideo fiat inde iurata. Iuratores ad hoc electi triati et iurati dicunt super sacramentum suum quod predictus Hugo in nullo est culpabilis de felonia predicta nec vnquam se subtraxit occasione predicta. Ideo ipse eat inde quietus etc. Et viso (tenore)[1] recordi et processus predicti consideratum est quod predictus Hugo (quo ad presens)[1] eat inde sine die etc.

(4) The Exchequer

See entry in Appendix III (4)

APPENDIX II   (C)

(1) Dates and Places of Sessions

Statutory dates for 1363; 6—13 Jan., 22 Feb.—1 March, 21 May—24 June, 29 Sept.—6 Oct.

Actual dates		Place	Reference
1363 Thursday	23 March	York	p. 44
Tuesday	23 May	Pocklington	pp. 46, 49

[1] "Dighton'," in A 98.

1363 *Actual dates*		*Place*	*Reference*
Wednesday	24 May	Pocklington	p. 47
Thursday	25 May	Pocklington	p. 55
Friday	26 May	Pocklington	p. 55
Saturday	27 May	Pocklington	pp. 46-7
Monday	12 June	Stamford Bridge	p. 56
Monday	2 Oct.	Kilham	pp. 62, 66
Wednesday	4 Oct.	Kilham	p. 64
Friday	6 Oct.	Kilham	p. 64

Statutory dates for 1364; 6—13 Jan., 14—21 Feb., 12 May—24 June, 29 Sept.—6 Oct.

	Actual dates		*Place*	*Reference*
1364	Monday	15 Jan.	York	p. 65
	Monday	11 March	Pocklington	p. 70
	Monday	27 May	Sledmere	Session not held p. 74

(2) THE EXCHEQUER

Sheriffs' Accounts   E 199/56/1

[m. 32] (*Margin* Eboracum) Thomas Musegraue vicecomes de primo dimidio anno, Marmaducus Conestable vicecomes de secundo dimidio anno, anni xl^{mi}

Idem vicecomes debet xvij li. xviij s. x d. de finibus extractis et amerciamentis diuersorum quorum nominibus preponitur t in rotulo de finibus extractis et amerciamentis coram Willelmo de Aton' et sociis suis iusticiariis ad pacem Regis in comitatu Eboraci conseruandam assignatis annis xxxvij° et xxxviij°. De quibus ciues Eboraci respondent de viij d. Et debet xvij li. xviij s. ij d.

See also entry in Appendix III (4)

Lay Subsidies

Accounts of collection of the triennial 10th and 15th granted in 1352 and of the penalties under the statutes of labourers[1]

The East Riding

Collection	*Tax*			*Penalties*		
	l	s	d	l	s	d
1	1053	13	0			
2	1053	13	0	44	15	10
3	1053	13	0	137	13	6
Total	3160	19	0	182	9	4

[1] Similar tables have been compiled for the three collections in all the counties of England and printed in my *Stat. Lab.*, app. 315-21.

Third collection   28 Edward III, 1354 E 179/202/53 (12 mm.)

[m. 1] Compotus Gerardi de Grymeston' et Iohannis de Burton' collectorum x^e et xv^e tercij anni triennalium Domino Regi vltimo a layco concessarum in Estrythingo in comitatu Ebor' anno regni regis Edwardi tercij post conquestum Anglie xxviij^o videlicet de tercio anno solucionis earundem.[1]

. . . .

[m. 3]   Herthill'

South' Burton'	vij li. xs.	Inde de excess' laborar'	xxxiijs. vjd.
Scorburgh'	xxijs.		
Bubbewyth'	ls.	Inde de excess' laborar'	xs.
Kylyngwyk' iuxta Watton'	lxxs.	Inde de excess' laborar'	xvs.
Spaldyngton'	lvjs. viijd.	Inde de excess' laborar'	vjs. viijd.
Wilardeby	lxs.		
North' Feriby	lvjs. viijd.	Inde de excess' labor'	xiijs. iiijd.
Benteley	lxijs.	Inde de excess' labor'	xs.
Howton'	xxxijs.		
Skyren	xxxiiijs.		
Braken	iiij li. xvijs.	Inde de excess' laborar'	xs.
Hothom	xxjs.	Inde de excess' tam de laico quam lib'	xxs.
Santon'	xxxiiijs.	Inde de excess' laborar'	xs.
Wolfreton'	xxs.	Inde de excess' labor'	vs. iiijd.
South' Broune	lxvijs.		
Brantyngham	xxxiiijs.	Inde de excess' de lib' et laico	xxxiijs.
Tibthorp'	vj li.		
North' Cliff'	xxiiijs.	Inde de excess' laborar'	iiijs.
Midelton'	iiij li. xiijs. iiijd.	Inde de excess' labor'	xxs.
Anlaghby'	lxxvjs.	Inde de excess' labor'	xxs.
Wilughtoft	xiiijs.		
Skidby	vj li. xs.	Inde de excess' labor'	xxxs.
Rippelyngham	xxxviijs.		
Hesill'	viij li. xiijs. iiijd.	Inde de excess' labor'	xxxvjs. viijd.
Schupton'	lxxjs. ijd.	Inde de excess' labor'	xijs.
Folkerthorp'	xviijs.	Inde de excess' laborar'	viijs.
Waldeby	xls.		
South' Cliff'	xxvijs.		
Erughs	xxviijs.	Inde de excess' lab'	xijs.
Hundesleye	xxxiijs.		
Nessyngwyke	iiij li. viijs.	Inde de excess' lab'	xs.
Elughton'	vj li. ixs.	Inde de excess' lab'	xxs.
Swanlond'	Cxs.	Inde de excess' lab'	xvjs.
Bryghton'	xls.		
Herlethorp'	xxs.		
Besewyke	ls.	Inde de excess' lab'	vs.

[1] Only a small portion of this invaluable account is given here; a still smaller extract is printed in my *Stat. Lab., ut supra*, 359 ; also similar extracts for the collection of the second year in the East Riding, of the third year in the North Riding, and of the second and third years in the West Riding; *ibid.*, 358-9, 360-3.   A few earlier Yorkshire tax accounts have been printed by the *Yorks. Arch. Soc.*; *Yorkshire Lay Subsidy, being a Ninth collected in* 25 *Edward I* (1297), ed. W. Brown, vol. 16 (1894); *Yorkshire Lay Subsidy being a Fifteenth collected* 30 *Edward I* (1301), ed. W. Brown, vol. 21 (1896); *Lay Subsidy Rolls,* 1 *Edward III, N.R. Yorks., and the City of York*, ed. Col. Parker, vol. 74 (1929), pp. 104-71 (vol. II of *Miscellanea*).

Hoton' Crauncewyke	Cs.	Inde de excess' lab'	xxvjs. viijd.
Sutton' super Derwent'	xxxvs.		
North' Caue	iiij li.	Inde de excess' lab'	xxiiijs.
Sculcotes	xxxiiijs.		
Kylyngwyke Percy	xxxs.	Inde de excess' lab'	vjs. viijd.
Lokyngton'	iiij li. xiiijs.		
Estethorp'	ls.	Inde de excess' lab'	xiijs. iiijd.
Wilberfosse	xxvjs. viijd.		
Ellerton'	ls.		
South' Caue	iiij li.	Inde de excess' lab'	xxxiijs.
Grippethorp'	xxiiijs.		
Wyghton'	viij li.	Inde de excess' lab' per G[rymeston']	xxs.
Lathum	xxs.		
Loftesom	xvs.		
Melburn' cum Storthwayt'	xlijs.		
Brunby	lxs.	Inde de excess' lab'	xs.
Guthmondeham	xxxs.	Inde de excess' lab'	xvjs.
Vllesthorp'	vjs. viijd.	Inde de excess' lab' per G[rymeston']	iijs. iiijd.
[m.4] Hayton'	iiij li. xiijs. iiijd.	Inde de excess' lab'	xxiiijs.
Lounesburgh'	lxxvijs. xjd.		
Alwarthorp'	liijs. iiijd.		
Waplyngton'	xxviijs. iiijd.	Inde de excess' lab' per G[rymeston']	xjs. vijd.
Euerthorp'	ls.	Inde de excess' lab'	xxxs.
Sunderlandewyke	xijs.		
Yapom	xxxvjs.	Inde de excess' lab'	iijs. iiijd.
Aghton'	xxxs.		
Foulesutton'	xxxiijs.		
Belby	liijs. iiijd.		
Wartr'	iiij li. xiijs. iiijd.	Inde de excess' lab'	xiijs. iiijd.
Seton'	xliijs.	Inde de excess' lab'	xijs.
Catton'	xxxjs.		
Bolton'	xxxiijs. iiijd.		
Thorneton'	ls.		
Fangfoss'	lxs.	Inde de excess' lab'	xs.
Hundeburton' et Pons belli	xxxiiijs. iijd.		
Wilton'	lxxviijs.		
Etton'	liijs.		
Hugate	lxxs.		
Estebrunne	lxxs.		
Rottese	xxviijs. xd.		
Wyton'	lxxs.	Inde de excess' lab'	xxiijs. iiijd.
Eluelaye	Cs.		
Holm' in Spaldyngmore	Cs.	Inde de excess' lab'	xvs.
Baynton'	vij li. xiijs. iiijd.	Inde de excess' lab'	xvs.
Eueryngham	lxs.		
Neuton' super Derwent'	xxvjs. viijd.		
Lunde	iiij li. xs.	Inde de excess' lab'	xxvs.
Yolthorp'	xvijs.	Inde de excess' lab'	vjs. viijd.
Meltenby	xijs.	Inde de excess' lab'	iijs. iiijd
Bronhem'	xxxvs. ijd.	Inde de excess' lab'	xs.
Neusom and Wrende	lxiijs.		
North' Geueldale	xviijs.		
Westbroune	lxs.		
Thorp' Hersewell'	xxvjs. viijd.		
Gouthorp'	ixs.	Inde de excess' lab'	iiijs
Wresell'	xxviijs.		

Molscroft'	xxs.		
North' Dalton'	iiij li. xs.	Inde de excess' lab'	xxvjs. viijd.
Lekenfelde	xxiijs.		
Faxflete	xxjs.		
Dreweton'	xxs.	Inde de excess' lab'	xs.
Watton'	xviijs.		
Cotyngham	xxij li.		
	xx		
Summa	CCiiij vij li. iiijd.		

. . . .

[m. 7]   Antiqua dominica

Pokelyngton'	viij li. xijs.
Killum	x li. xvs.
Driffeld'	x li.

. . . .

Adhuc de Herthill'

Sydeso Wodmanse Thorn'	xlvjs.
Mylyngton' de baronia	ixs.
Rauenthorp'	xs.
Wythelay	xxvjs. viijd.
Hueden' Ake	xvs.
Kelyngthorp Summa	ixs.

De manerio de Killum ad xv   xxs.

. . . .

Summa totalis x^e et xv^e mille liij li. xiij s.

Infra quas quidem summas continentur Cxxxvij li. xiij s. vj d. de denariis prouenientibus de finibus operariorum in comitatu predicto sicut continetur in quodam rotulo de particulis xv^e et x^e consimiliter in thesauria liberato.[1]

APPENDIX III   (D) and (E)

(1) DATES AND PLACES OF SESSIONS

Statutory dates for 1361 and 1362 (to Oct.); 25 March, 20 July, 29 Sept., 6 Dec.

Actual dates		Place	Reference
1361 Monday	14 June	Northallerton	p. 80
Tuesday	15 June	Easingwold	p. 84
Wednesday	16 June	Helmsley	p. 85
Thursday	17 June	Scarborough	p. 87
Friday	18 June	Whitby	p. 90
Monday	21 June	Guisborough	p. 91
Monday	12 July	Richmond	p. 96
Wednesday	14 July	Thirsk	p. 99
Thursday	15 July	Pickering	p. 104
Wednesday	21 July	Stokesley	p. 106

[1] For these same figures see the table, *supra*, p. 143.

Actual dates		Place	Reference
1361 Wednesday	18 Aug.	Northallerton	p. 110
Thursday	9 Sept.	Stokesley	p. 115
1362 Thursday	24 March	Northallerton	p. 119
Friday	25 March	Northallerton	p. 122
Monday	9 May	Thirsk	p. 123
Wednesday	11 May	Easingwold	p. 125
Saturday	14 May	Helmsley	p. 125
Monday	16 May	Malton	p. 126
Wednesday	18 May	Northallerton	p. 126
Monday	30 May	Pickering	p. 126

(2) THE KING'S BENCH

K.B. 27/408 Michaelmas term 36 Edward III, 1362 York
Case of William de Brimston (D 154, E 18)

[Rex m. 2d.] (*Margin* Eboracum) Alias scilicet coram Waltero de Fauconberg' et sociis suis iusticiariis Domini Regis ad diuersas felonias et transgressiones in Northryngo in comitatu Eboraci audiendas et terminandas assignatis extitit presentatum quod Willelmus de Brimston' nuper balliuus de Northward' de Northallerton' die Veneris in festo Sancti Martini anno regni Regis nunc tricesimo quinto felonice interfecit Walterum Cok' manentem in Northaluerton' in villa de North Aluerton'; quod quidem indictamentum Dominus Rex inter alia venire fecit coram eo terminandum. Per quod preceptum fuit vicecomiti quod caperet eum. Et modo scilicet die Lune proxima post octabas Sancti Michelis isto eodem termino coram Domino Rege apud Eboracum venit predictus Willelmus et reddidit se prisone marescalli Domini Regis occasione predicta qui comittitur marescallo etc. Et statim per marescallum ductus venit et allocutus est qualiter se velit de felonia predicta acquietare, qui dicit quod Dominus Rex per cartam suam pardonauit ei sectam pacis sue etc. ac eciam vtlagariam etc.; quam quidem cartam profert hic in hec verba. Edwardus Dei gracia Rex Anglie Dominus Hibernie et Aquitanie omnibus balliuis et fidelibus suis ad quos presentes littere peruenerint salutem. Sciatis quod de gracia nostra speciali et pro bono seruicio quod Willelmus de Brymston' nuper balliuus de Northward de Northallerton' nobis in vltimo viagio nostro in partibus Francie in comitiua dilecti et fidelis nostri Henrici fitz Hugh' impendit[1], sicut idem Henricus nobis est testificatus, pardonauimus eidem Willelmo sectam pacis nostre que ad nos pertinet pro morte Walteri Cok' vt dicitur interfecti vnde indictatus rectatus vel appellatus existit ac eciam vtlagariam si qua in ipsum ea occasione fuerit promulgata, et firmam pacem nostram ei inde concedimus, ita tamen quod stet recto in curia nostra si quis versus eum loqui voluerit de morte predicta.

[1] For long lists of pardons for similar reasons see *C.P.R. 1358-61,* 370 *et seq.*

In cuius rei testimonium has litteras fieri fecimus patentes.
Teste me ipso apud Westmonasterium quartodecimo die
Aprilis anno regni nostri tricesimo sexto (1362)ᵃ.¹

Quarum pretextu predictus Willelmus petit ipsum a prisona
Domini Regis deliberari etc. Et quia in curia Regis hic per plures
fidedignos testatum est quod predictus Walterus Cok' tantum
et Walterus Cok' manens in Northaluerton' sunt vna et eadem
persona, ideo consideratum est quod predictus Willelmus de
Brymston' eat inde quietus. (*Margin* Quietus per cartam)

Profertᵃ¹ eciam quoddam breue Domini Regis clausum
iusticiariis hic in hec verba. Edwardus Dei gracia Rex Anglie
Dominus Hibernie et Aquitanie dilectis et fidelibus suis Henrico
Grene et sociis suis iusticiariis ad placita coram nobis tenenda
assignatis salutem. Cum de gracia nostra speciali et pro bono
seruicio quod Willelmus de Brimston' nuper balliuus de Northward de Northallerton' nobis in vltimo viagio nostro in partibus
Francie in comitiua dilecti et fidelis nostri (*continues as before with
slight verbal changes*) prout in litteris nostris patentibus inde confectis plenius continetur, ac idem Willelmus inuenerit coram
vicecomite nostro Eboraci et coronatoribus nostris comitatus predicti sufficientem securitatem de se bene gerendo exnunc erga
nos et populum nostrum iuxta formam statuti inde editi sicut per
securitatem illam de mandato nostro captam et in cancellariam
nostram retornatam plene liquet, vobis mandamus quod ipsum
Willelmum contra tenorem litterarum nostrarum predictarum non
molestetis in aliquo seu grauetis.

Teste me ipso apud Westmonasterium xxv die Iunii anno
regni nostri tricesimo sexto (1362).

Quod quidem breue affilatur inter breuia Regis de isto
eodem termino.

For writ of *capias*, see Appendix I (2), *supra*.

(3) Gaol Delivery

Delivery of gaol of York Castle before William de Skipwith
and William Ryse on Wednesday, 23 March 1362.²

Case of John de Wyghall' and John Webster (D 123,
D 124, D 125; *cf.* E 13, E 14)
Gaol Delivery Roll (J.I.3) 145

[m. 21 d.] (*Margin* Eboracum) Iohannes de Wyghall' et
Iohannes Webster de Beuerlay³ capti per indictamentum factum
coram Marmaduco Conestable vicecomite Eboraci de eo quod ipsi
felonice depredauerunt Willelmum Chapman de Bathersby draper
super moram de Kildale die Lune proxima ante festum Natiuitatis
Sancti Iohannis Baptiste anno regni Regis nunc xxxvᵗᵒ de v den-

¹ The "a" in the MS. indicates that the "breue..clausum" belongs
before "Quarum pretextu."
² For this heading see *supra*, App. I, 3. The same justices acted in
1363 and 1364; mm. 29, 36.
³ William Milner indicted in D 123 etc. is omitted.

ariis argenti in denariis numeratis; et similiter de eo quod felonice
depredauerunt Iohannem de Duresme gardiner super moram de
Ingelby iuxta Grenhowe de xvij solidis vj denariis argenti in
denariis numeratis die Martis tunc proximo sequente; et similiter
de eo quod felonice depredauerunt Iohannem Iakson' de Kildale
dicto die Martis apud Waywath in Kyldale de 1 denario obolo
argenti;[1] et similiter de eo quod felonice depredauerunt Radulfum
Draper de Hoton' in campo de Gisburn' predicto die Lune de vno
anguillo, precij xviij d.; et de eo quod sunt communes latrones et
depredatores hominum;[1] et de eo quod tenuerunt passum communiter[1] in mora de Blakhowe anno regni Regis nunc xxxv to in
estate. (*Other indictments follow before the bailiff of the liberty of
Richmond.*) . . . . veniunt per vicecomitem ducti et per iusticiarios
singillatim allocuti qualiter se velint de feloniis predictis sibi
impositis acquietare, dicunt singillatim quod ipsi in nullo sunt
inde culpabiles et de hoc de bono et malo ponunt se super patriam.
Ideo fiat inde iurata. Iuratores ad hoc electi triati et iurati dicunt
super sacramentum suum quod predicti Iohannes de Wyghall'
Iohannes Webster et Iohannes Blaunfrount (*indicted before the
bailiff of Richmond*) culpabiles sunt de feloniis predictis sibi
impositis. Ideo ipsi suspendantur. Nulla habent catalla terras seu
tenementa. (*Margin* Suspensus Suspensus Suspensus Catalla nulla)

(4) THE EXCHEQUER.

Sheriffs' Accounts   E 199/55/8
     [m. 5] (*Margin* Eboracum) Thomas de Musgraue vicecomes
de anno xxxviij°
     . . . Et debet xv s. j d. Et xj li. xvij s. vj d. de finibus ex-
tractis et amerciamentis diuersorum quorum nominibus preponitur t in rotulo de finibus extractis et amerciamentis coram
Thoma de Wythornwyk' et sociis suis iusticiariis ad pacem et
statuta in partibus de Holdernesse custodiendam assignatis annis
xxxv to et xxxvj to.[2]
     Idem vicecomes debet xxxiij li. xvij s. viij d. de finibus ex-
tractis et amerciamentis diuersorum quorum nominibus preponitur t in rotulo de finibus extractis et amerciamentis coram
Waltero de Fauconberge et sociis suis iusticiariis ad diuersos transgressiones felonias et excessus operariorum in Northrithyngo in
comitatu Eboraci audiendos et terminandos assignatis annis
xxxv to xxxvj to. De quibus ciues Eboraci respondent de xxx s.
iiij d. Et burgenses de Scard' respondent de x s. Et debet xxxj li.
xvij s. iiij d. Et lxxvj s. ix d. de finibus extractis et amerciamentis diuersorum quorum nominibus preponitur t in rotulo de
finibus extractis et amerciamentis coram Willelmo de Aton' et
sociis suis iusticiariis ad pacem Regis in Estrithingo in comitatu
Eboraci conseruandam assignatis anno xxxvj to.

     [1] Not included in the indictments in the sessions of the peace.
     [2] For their commissions see references in C, pp. 61, 62, note 1.

INDEX OF PERSONS AND PLACES

Persons are entered under surnames, wives being entered under the surnames of their husbands, and sons and daughters under those of their fathers. The place of origin of a family is treated as a surname, thus, John de Ferlington is entered as ' Ferlington, John de,' and not as ' John, of Farlington.'

Particulars of relationship, such as 'wife of Simon', or 'son of Adam,' are added where possible. Occupations are only given in the case of men holding local office, ecclesiastics, or where it is necessary for purposes of identification. The place of abode is added where possible.

Place-names are entered under their modern forms, with cross-references, where necessary, from the form in the text. All places are in Yorkshire unless otherwise stated. The name of the wapentake is given in round brackets, after each place-name in the East and North Riding.

The index does not include place-names in marginals.

Abbreviations. (All.) Allerton wapentake; (Bird.) Birdforth; (Buck.) Buckrose; (Bul.) Bulmer; (Dick.) Dickering; (Gill. E.) Gilling East; (Gill. W.) Gilling West; (Hal.) Halikeld; (Hang E.) Hang East; (Hang W.) Hang West; (Hart.) Harthill; (Hold.) Holderness; (How.) Howden; (Lang. E.) Langbargh East; (Lang. W.) Langbargh West; (Ouse and Der.) Ouse and Derwent; (Pick. Lythe) Pickering Lythe; (Rye.) Ryedale; (Whit. Strand) Whitby Strand.

Jur. juror; jnr. junior; snr. senior.

Abell', William, of Cliffe, 79
Abot, Abot', Abbot, Abott', William, 58, 69, 76
——, Robert, of Easingwold, 103
Acclom', John de, 88
——, ——, of Scarborough, 89
——, Robert de, 88
——, ——, jur., 132
——, ——, of Scarborough, 90
Acclum, Alexander de, of Buckton, 51
Acklam, Acclum, Akclom (Buck.), 15, 59, 60, 61
Acliff', Alice de, 100
Adam, bailiff of Wansford, 11
——, servant of Robert Paytefyn, 54, 66
——, servant of the abbot of Byland, 83
——, servant of William de Grenefeld, 53
——, s. of John, 11
——, s. of Robert, 50
——, vicar of Felixkirk, 101, 115, 122, 124
Aghton', see Aughton
Aghton', Thomas de, jur., 133
——, ——, of Yarm, 92, 110, 117
Aglyon, Aglion', Agelioun, William, of Leconfield, 13, 14, 19

Agnes, of Belby, 35
——, d. of John, s. of Peter, 59
——, prioress of Wilberfoss, 39n
——, servant of Adam de Boulton, 55, 76
——, servant of the chaplain, 54
Aike, Ake (Hart.), 6, 10, 15, 19, 23, 146
Ake, Beatrice de, 76
——, Thomas, 15
——, Thomas de, 20, 23
Alburn', Thomas, of Fraisthorpe, 50, 66
Aldbrough, Aldburgh' (Hold.), xl, 37
Aldburgh', Alice de, d. of William, s. of Roger, 37
——, Thomas de, s. of Agnes, 37
Aldeburgh, Richard de, xl
——, Aldeburgh', William de (of Aldbrough ?), J.P., xl, 1, 2, 4, 5, 32
Aldingham, Aldyngham (Lancs.), 5, 7
Aldstede, Le, see Oldstead
Aldwark, Aldwerk' (Bul.), 84
Alice, servant of Margaret de Cayton, of Staxton, 50, 54
——, w. of Robert, 58, 76
Alioi, Adam, of Skelton, 42
——, see also Olion

Skegholf', Robert, 61
Skelton, Skelton', xli, 31, 41, 42, 93, 114, 140
Skelton, Skelton', Alice de, w. of St . . . , 42
——, Ellen de, w. of Robert, of Pocklington, 69
——, Robert de, jur., 124
——. ——, of Pocklington, 69
——, Thomas de, sub-bailiff of Whitby Strand, 114
Skerll', Roger, 97
Skerne, Skyren (Hart.), 69, 76, 144
Skidby, Skitby (Hart.), 37, 144
Skill, Simon, 15
Skinner, John, of Stillingfleet, 60
——, William, 78
Skinnergrene, John de, jun., 90
Skipwith, Skipwith', family, xliii
——, William de, xl, 140, 141, 148
Skirne, Martin, chaplain, of Sutton upon Derwent, 23, 24
Skitby, see Skidby
Skithby, John de, 81, 103
——, William de, 81, 103
——, ——, sen., 103, 104
Skott', Agnes, 52
——. Joan, 52
——. see also Scot and Scott
Skynner, William, 20
——, ——. of Howden, 70
Skyren, see Skerne
Skyren, Alice de, 58, 69, 76
Sledmere, Sledmer (Buck.), xxiv, xxix, xxixn, 7, 34n, 36n, 135, 143
Slengesby, John de, 35
Slingsby, Slingesby (Rye.), 86, 114, 129
Smeaton, Smithton', 96, 102, 111, 112, 121, 122
Smeaton, Little, Parua Smithton' (All.), 102
Smelt', Thomas, jur., 132
Smert, Smert', Agnes, 52
——, Thomas, 98
Smith, Smith', Smyth', Alice, w. of John, of Lackenby, 109, 117
——, Edene, of Sewerby, 53
——, Gilbert, of Guisborough, 93
——, Joan, w. of John, 64
——, John, of Easingwold, 103
——, ——, of Middlesbrough, 94, 118
——, ——, of Pocklington, 64
——, ——, of Whitby, 127, 128
——, Robert, of Newton, 21
——, ——, of Rudby, 110
——, William, 53
——. ——, of Escrick, 23, 24
——, ——, of Potto, 93
——, ——, s. of John, of Easingwold, 103

Smithton', see Smeaton
Snayth', John de, prior of Mount Carmel of Northallerton, 119, 129
Snell, William, 52, 65
Snoder, Hugh, of Easingwold, 102
Somer, Robert, of Yokefleet, 78
Sordenall', Sourdenall', William, 19, 20
Sotheron, Sotheron', Agnes, of Westow, 71
——, Emma, of Towthorpe, 72
——, William, 20
——, see also Sutheron
Soureby, Alice de, of Huggate, 72
Souter, Souter', Agnes, of Spaldington, 45
——, Joan, 76
——, Thomas, 101
South' Burton', Southburton', see Burton, Bishop
South Caue, Southcaue, see Cave, South
South' Cliff', Southcliff', see Cliffe, South
Southampton (Hants.), xiin
Southburn, South' Broune (Hart.), 144
Southburton', see Burton, Bishop
Southduffeld', see Duffield, South
Southegate, Southgate, Simon de (del), 58, 76
Southkiluington', see Kilvington, South
Sowerby, Soureby (Bird.), 82, 83, 95, 130
Spaigne, John de, 6
Spaldington, Spaldyngton' (Hart.), 28, 29, 39, 40, 41, 45, 135, 136, 144
Spaldyngton', John de, 15
——, ——, jur., 41
——, Robert (de), 50, 66
Spayndale, Alice de, 24
Spede, Joan, w. of Richard, of Easthorpe, 73
——, Richard, of Easthorpe, 73, 74
Speeton, Speton' (Dick.), 52,
Spense. Thomas del, jur., 132
——, William del, of Whorlton, 93
Spenser, Robert, of Raskelf, 123
Speton', see Speeton
Speton', John de, jur., 57
Spicer, John, 97
——, see also Le Spicer
Sprotlee, John de, jur., 36
Sproxton, Sproxton' (Rye.), 86
Sproxton', Henry de, of Elvington, 23, 24
——, Robert de, jur., 132
Spynay, Ralph, jur., 124, 131
Spynes, Thomas, of Hilderthorpe. 53

Swynerd, Thomas, 136
——, ——, of Spaldington, 40
Swynton', Thomas de, jur., 132
Sydeso, *see* Seyce
Symer, Thomas, 53
Symthwayte, William de, jur., 132
Sywardeby, *see* Sewerby

Tag', Tang', Tank', William, of
   Holme upon Spalding Moor, 36,
   139
Taillour, Alan, jur., 132
——, John, of Skelton, 114, 116
——, Thomas, 124
——, ——, of Alne, 85
Taillour, Geoffrey, jur., 37
——, Hugh, 52, 65
——, Joan, w. of Hugh, 52, 65
——, Joan, w. of John, 54, 71
——, John, 36, 54, 71, 72, 140
——, ——, of Ruston Parva, 22
——, Matilda, d. of John, 54, 71
——, Robert, of Sutton upon Der-
   went, 72
——, Robert, of Tibthorpe, 45, 73,
   74
——. Walter, 52, 65
Tamworth, John, clerk of chancery,
   1, 1n, 62, 68,
Tanfeld', Robert de, s. of John, jur.,
   132
Tang', Tank', *see* Tag'.
Tapcald', William, 51, 58
Tapy, Matilda, 71, 76
Tardcurtays, Tartecurtays. Mar-
   garet, d. of John, 71, 79
Tassenot', Alan, 76
Tauerner, Tauerner', Nicholas, of
   York, 85
——, William, jur., 133
——, ——, of Yarm, xxviiin, 92, 110,
   117
——, *see also* Le Tauerner
Teb, Beatrice, 20
Tebbe, Agnes, of Sutton upon Der-
   went, 77
Tees, Teese, Tese, R., xliv, 93, 94,
   110, 120
Teesegares, 94
Tegale, William de, 96
Terry, William, 108
Tesedale, Henry de, 96, 118
Thame, John de, master of Mount
   St. John preceptory, 100n
Thaumbleyn, William, of Bainton, 13
Theakston, Thekeston' (Hal.), 132
Theker, Theker', Joan, 76
——, John, 58, 76
——, John, s. of Elias, 51
——, Peter, of Rudston, 50, 66
——, Thomas, 91

Thex, Thex', Cecily de, d. of Nicholas, xxxv, 28, 29, 40, 136
Thirkleby, Thurkilby (Bird.), xli, 126
Thirsk, Thrisk' (Bird.), 83, 84, 98,
   99, 100, 101, 116, 122, 123, 127,
   131, 146, 147
Thixendale, Sixendale (Buck.), 26
Tholthorpe, Thorlthorp' (Bul.), 84
Thomas, clerk of Beverley, *see* Low-
   thorpe, Thomas de
——, clerk, of Wilton, 116, 117
——, *see also* John, s. of Thomas,
   clerk, of Wilton, Thomas, s. of
   Thomas, clerk, of Wilton, and
   William, s. of Thomas, clerk, of
   Wilton
——. of Oulston, 100
——, servant of Isabella Storme, of
   Merton, 31
——, servant of John del Hill, of
   Driffield, 34, 140
——, servant of Philip de Cotum,
   53, 65
——, servant of Robert atte Kirk,
   of Elmswell, 76
——, s. of Henry, 85
——. s. of Robert, s. of Juliana, 23
——. s. of Roger, 85
——, s. of Thomas, clerk, of Wilton,
   92, 117
——, the servant, 63
——, wheelwright, of East Witton,
   98
Thorlthorp', *see* Tholthorpe
Thormanby, Thormotby (Bul.), 119,
   122, 126, 133
Thormetby, . . . de, 108
Thormotby, *see* Thormanby
Thornbergh, Thomas de, jur., 124
Thorne, Thorn' (Hart.), 146
Thornethorp', *see* Thornthorpe
Thorneton', *see* Thornton
Thornhill', William de, 78
Thornholm, Thornholme, John de,
   11, 13
Thornholmman, Alan, 12, 13
Thornthorpe, Thornethorp' (Buck.),
   16, 59, 70
Thornton, Thorneton', 15, 84, 95, 145
Thornton on the Hill, Thornton'
   super le Hill, Thornton' iuxta
   Baxby (Bird.), 83, 103
Thornton, Thornton', John de, of
   Helmsley, 86, 95, 130
——, M.E., *see* Craster, H. H. E.
   and Thornton, M. E.
——, Roger de, of Carlton, 86, 95,
   130
——, Thomas de, 86, 95, 130
——, ——, canon of Newburgh
   priory, 99, 113, 115, 130

Veyle, *see* Veille
Vgelwardby, *see* Ugglebarnby
Vghtred, Thomas, kn., *see* Ughtred, Thomas, kn.
V.C.H., Yorks., cited, xin, xxiin, xxxviiin, xxxixn, 10n, 14n, 15n, 39n, 51n, 59n, 82n, 83n, 86n, 92n, 96n, 100n, 119n
Vikerman, Vikerman', John, of Easingwold, 103
——, Richard, of Acklam, 60
Vikers, Vykers, William del, of Sutton, 85, 131, 140
Vllesthorp', *see* Ousethorpe
Vlram, *see* Ulrome
Vlueston', *see* Oulston
Vplithom, *see* Upleatham
Vse and Derwent, *see* Ouse and Derwent
Vtting, Alice, w. of Richard, of Pickering, 105
——, Richard, of Pickering, 105
Vykers, *see* Vikers

Wacelyn, Wasceleyn, John, 11, 31
——, ——, jur., 5, 8, 33
——, Robert, 73, 74
——, ——, jur., 63
——, Stephen, 59
——, ——, jur., 63
——, Thomas, 16, 70
——, ——, jur., 34
Wade, John, of Thormanby, 119, 122, 133
——, Stephen, of Thormanby, 119, 122, 133
Waghen, Ellen de, of Beverley, 4
——, John de, 20, 35
——, Thomas de, 20n
Wake, Simon, of Helmsley, 87
Wakefeld, John de, of Helmsley, 87
Wald', John del, 23, 24
Waldeby, *see* Wauldby
Waldeby, William de, 11
Waldham, *see* Wolds, The
Walkelyn, Thomas, 24
Walker, Walker', Henry, 107
——, ——, of Skelton, 93
——, John, of Easingwold, 103
——, Matilda, 52
——, Richard, of Burton on Ure, 116
——, ——, of Hotham, 4, 6
——, ——, of Manby, 93
——, Rignard, 128
——, Robert, of Bedale, 97
——, William, 52, 65
——, ——, jur., 133
Walkere, Alice, w. of William, of Howden, 31
Walkington, Walkyngton' (Hart.), 15, 23

Walron', Matilda, 76
Walter, servant of Henry del Hall, 26
Wandesford', Adam de, s. of John, 12
Wandisford', William de, 52, 65
Wansford, Wandesford', Wandesford', Wandisford, Wandisford', (Dick.), 11, 12, 23, 38, 54, 62
Waplington, Waplyngton' (Hart.), 145
Ward, Ward', Warde, John, of Garton, jur., 33
——, Peter, of Yokefleet, 58, 78
——, Robert, 111
——, ——, jur., 133
——, Thomas, of Easingwold, 102
Wardby, 34
Wardrop', William del, 87
Warlullay, Joan de, 100
Warner, Elias, of Malton, 46, 48
——, Richard, s. of Simon, of Shipton, 77
Warrum, William de, 23
——, *see also* Wharrum
Warte, Adam, jur., 133
Warter, Wartr' (Hart.), 145
Warter, Wartre, Adam de, 16
——, John de, jur., 133
——, ——, of Acklam, 59
——, ——, of Garton, jur., 49
——, ——, of Pocklington, 63, 64, 79
——, Robert de, 53, 65
——, Thomas de, chaplain, 26
Wartr', *see* Warter
Warthop', Warthtop', Warthcop', Roger de, 96, 102, 118
Warton', William de, jur., 8
Warwick (Warws.), xvii
Wasceleyn, *see* Waceleyn
Wassand', Alice, 52
Wasteneys, Edmund de, jur., 36
Wateby, Richard de, of York, 85
Watsand', Joan de, 76
——, Richard de, of Hutton Cranswick, 58, 76
Watton, Watton' (Hart.), 34, 146
Wauldby, Waldcby (Hart.), 144
Waxand', Robert, jur., 132
Waykebaynson, Robert, 78
Wayneman', William, s. of Hugh, of Wilton, 119
Waynman', John, s. of Walter, of Whorlton, 93
Wayworth, Waywath in Kyldale (Lang. E.), 149
Weaverthorpe, Wirthorp', Wyrthorp', Wyrethorp' (Buck.), 16, 22
Webbester, Agncs, w. of William, of Pocklington, 26

INDEX OF SUBJECTS

This index covers the Introduction only. An exception is, however, made in the case of references to statutes and manuscripts, for which entries covering the whole volume are provided. Manuscripts printed in the text are not included.

Made in the USA
Middletown, DE
23 October 2021

50855005R00146